ALON ULMAN

SUCESSO NÃO É SORTE

TRADUÇÃO
MARCIA BLASQUES

astral cultural

Título original: Success is not a fluke
Publicado originalmente em Língua Inglesa por Watkins Publishing

Esta tradução foi publicada em acordo com Columbine Communications & Publications, Walnut Creek, Califórnia, EUA, www.columbinecommunications.com

Este livro foi revisado segundo o Novo Acordo Ortográfico da Língua Portuguesa.

Produção editorial Aline Santos, Bárbara Gatti, Jaqueline Lopes, Mariana Rodrigueiro, Natália Ortega e Renan Oliveira
Preparação de texto Alline Salles
Revisão Luciana Figueiredo
Capa Marcus Pallas
Foto do autor Arquivo pessoal

Dados Internacionais de Catalogação na Publicação (CIP)
Angélica Ilacqua CRB-8/7057

Ulman, Alon
Sucesso não é sorte / Alon Ulman ;
tradução de Marcia Blasques. — Bauru, SP :
Astral Cultural, 2021.
336 p.

ISBN: 978-65-5566-127-9
Título original: Success is not a fluke

1. Autoajuda 2. Sucesso 2. Prosperidade
I. Título II. Blasques, Marcia

21-1147
CDD 158.1

Índice para catálogo sistemático:
1. Autoajuda

ASTRAL CULTURAL EDITORA LTDA.

BAURU
Av. Duque de Caxias, 11-70
CEP 17012-151
Telefone: (14) 3235-3878
Fax: (14) 3235-3879

SÃO PAULO
Rua Major Quedinho 11, 1910
Centro Histórico
CEP 01150-030
Telefone: (11) 3048-2900

E-mail: contato@astralcultural.com.br

Dedicado à minha esposa, Ortal, o amor da minha vida, e aos meus tesouros, Bar, Gaya e Gal: vocês são a rocha da minha existência.

"A felicidade depende de nós mesmos."
Aristóteles

SUMÁRIO

INTRODUÇÃO

Recebemos um tempo precioso aqui. Não vale a pena vivê-lo da melhor forma possível?

Dizem que o tempo opera maravilhas. Mas, para o tempo operar maravilhas, ele simplesmente precisa continuar passando. O que determina aonde chegamos em nossas vidas e o que o futuro reserva para nós e nossos filhos é o que fazemos enquanto o tempo está criando maravilhas.

É impossível desperdiçar tempo. É possível desperdiçar nossa vida. É impossível ganhar tempo. É possível ganhar vida. Nossa vida. Será que a vida é apenas uma longa lista de tarefas que temos que completar só para que outra lista nos seja apresentada? Não pode ser, certo? Tem que ser mais do que isso!

Eu me fiz essa pergunta inúmeras vezes até os quarenta anos. Mas nunca "tive tempo" de conferir qual era a resposta de verdade. Só nós podemos nos libertar (e aos nossos filhos). Levei mais de 40 anos, até que um dia mudou minha vida, quando acabei entendendo...

Daquele momento em diante, fui tomado por um desejo insano que ficou mais forte a cada instante. Comecei a dedicar minha vida a explorar, mapear, modelar e disponibilizar para pessoas e organizações o DNA do sucesso prático, da realização, da felicidade, do desempenho — e qual é a diferença entre os vencedores e as demais pessoas. Ajudo pessoas a reconhecer, entender e aplicar as regras do sucesso prático para, assim, encontrar e incorporar a melhor versão de si mesmas.

Como pode ser que, sob as mesmas circunstâncias, algumas pessoas, não importa o que aconteça, vão reclamar, desmoronar ou trazer o caos, consciente ou inconscientemente, perturbando a si mesmas, aos seus filhos e às outras pessoas, e piorando ainda mais a situação? Enquanto, com os vencedores, mesmo se jogá-los em um poço, amarrar suas mãos, depois jogar escorpiões e cobrir o poço com uma tampa, se você voltar dois anos depois, verá que a grama está crescendo, os escorpiões dançando sapateado e todo o resto em melhores condições do que estava antes.

Qual é a diferença? É a personalidade? O carma? Destino? Sorte?

E como conceder esse poder para todo mundo?

Quando eu era bem jovem, o conhecimento que tinha não era o bastante para me dar a resposta para esse enigma. Em casa, por exemplo, nunca me ensinaram sobre dinheiro — como ganhar ou como gerenciá-lo. Então, fui estudar Economia e, durante todos os meus anos na vida acadêmica (tenho diploma de bacharel em Economia e mestrado em Administração de Empresas, ambos com distinção), não havia uma única aula que tratasse sobre "como fazer dinheiro". Nenhuma. O conhecimento que obtive com meus estudos de Administração foi fascinante e importante — um pouco de teoria e algumas partes práticas, mas nenhum dos meus professores era dono de negócios. Isso parece lógico para você? Para mim, não.

E, é claro, ninguém nunca me ensinou como ser feliz. Hoje, sei o quanto não entendia naquela época. Em uma palestra que fui com minha esposa, Ortal, muitos anos depois que estudei na universidade, fui exposto a novas informações sobre as quais não tinha conhecimento até então. Para mim, foi uma revelação completa em relação ao dinheiro. Com 43 anos, sentado em um auditório lotado, rompi em lágrimas. Ortal, que sabe que não choro com frequência, me perguntou o que aconteceu.

— Não pode ser! — respondi a ela. — Isso não pode ser real! Não pode ser que eu não soubesse disso até agora. E nem é algo complicado!

Minha frustração vinha do fato de que todos nós realizamos ações todos os dias que são baseadas em conhecimentos muito mais complexos do que a informação básica mais importante que recebi naquela palestra. Contudo, por algum motivo, são na verdade perguntas simples, mas necessárias, que evitamos fazer a nós mesmos:

- O que é felicidade?
- O que é dinheiro?
- O que é liberdade financeira?
- Como alcançá-la?
- O que é sucesso prático?
- Onde estamos agora em nossas vidas?
- Aonde queremos chegar?
- Como fazer para chegar lá de verdade — não na teoria?

A verdade é que — exatamente como disse para minha esposa, com lágrimas escorrendo pelo rosto — não é complicado. Mas, já que a maioria de nós nunca fez as perguntas certas, tampouco ouvimos as respostas.

Comecei rapidamente a me aprofundar e pesquisar, quase de maneira obsessiva. Comecei a devorar livros e pesquisas; investiguei e procurei aqueles que eram considerados os especialistas em suas áreas. Fiz as malas e fui conhecer grandes professores, os maiores especialistas do mundo nos temas de eficácia, realização, liberdade financeira e felicidade. Queria me conectar com eles, aprender com eles "cara a cara".

...

Em última análise, este livro é baseado no conhecimento que foi adquirido ao longo de milhares de anos, por centenas de professores sobre o sucesso, que me ajudaram a ir além dos meus próprios limites e a me tornar um *Ironman* — e a alcançar outros objetivos com os quais, antes, eu nem ousaria sonhar. Desenvolvi um modelo, uma metodologia clara, prática e aplicável para o sucesso na vida e nos negócios, chamado "O código do vencedor". Criei cinco empresas que integram o grupo "O Código do Vencedor" e o "Ultrapassando os limites" — e, por meio delas, levamos centenas de organizações e mais de 250 mil pessoas a alcançarem seus objetivos e sucesso com rapidez e poder que nunca conheceram antes. Sucesso não é sorte. As empresas que criei se tornaram, em pouco tempo, líderes em seus ramos de atuação, e desenvolvi uma metodologia aplicável para o sucesso prático.

Então, como podemos ultrapassar os limites e conseguir tudo o que queremos, não de um jeito aleatório, mas por meio de um método acessível e prático que possa ser aplicado como estilo de vida? Isto é, para que possamos alcançar nossos objetivos e nosso sucesso tangível com uma intensidade e rapidez que nunca conhecemos antes.

A metodologia que desenvolvi para isso é baseada na compreensão de que:

1. Sucesso não é sorte; tem regras claras.

2. Pessoas "normais" podem ter resultados extraordinários repetidas vezes.

3. Somos nós quem escrevemos o roteiro de nossa vida.

4. O sucesso pode ser aprendido. Sim, é possível obter controle imediato de nossa vida.

Antes, acreditava que isso fosse possível. Hoje tenho certeza.

Desde o momento em que entendi a natureza do sucesso, dediquei, apaixonadamente, minha vida a pesquisar, mapear, criar modelos e tornar essa informação acessível.

Então, qual é a diferença entre os vencedores e o resto das pessoas? Qual é o DNA do sucesso prático? Todo mundo quer ter sucesso, ser rico, saudável, alegre e ter boa aparência, ser um bom pai/mãe e ter um relacionamento satisfatório com os filhos. Mas, cá entre nós — e só entre nós, não conte para mais ninguém —, a maioria das pessoas não é nada disso. Eu me sinto mal em dizer isso. A maioria das pessoas não terá a felicidade como modo de vida, não será rica e não será bom pai ou boa mãe. No entanto, não é porque essas pessoas sejam incapazes. A maioria simplesmente não será nada disso. Mas você não é a maioria das pessoas. E a maioria não escolheria um livro como este.

Neste exato momento, enquanto está segurando este livro e começando a lê-lo, você já está no ponto de partida. Para quê? Para sua vida. Cada momento é um novo ponto de partida. Abençoo você pela decisão de embarcar nesta jornada. Tenho certeza de que tem outras coisas para fazer além de sentar e ler este livro. O fato de estar segurando esta obra neste instante mostra que você pertence a um grupo limitado de pessoas que está assumindo a responsabilidade por sua vida.

Este livro não é sobre mim. Minha história é só uma plataforma. Vim falar com você e sobre você. Para seu coração. Cada pessoa — segundo o tamanho de seu próprio "mecanismo de busca" e o ponto em que está na vida — encontrará *insights* e ferramentas nestas páginas e implementará cada um deles para seu próprio sucesso.

Este livro é sobre a habilidade que cada pessoa tem de elevar sua vida por meio de esforços conscientes e de criar, com base nisso, a obra-prima com a qual sempre sonhou. Sucesso não é sorte, e pessoas normais podem obter resultados extraordinários. Estamos todos escrevendo, de modo consciente ou inconsciente, o roteiro da nossa vida e, o mais importante, isso ainda pode ser aprendido, podemos assumir controle imediato de nossa vida. Nem todo mundo pode ser o CEO de uma empresa ou o presidente do próprio país, mas cada pessoa pode ser duas, quatro, 17 vezes mais do que é hoje.

Ser uma versão melhor e maior de si mesmas. Em quê? Em qualquer área que escolherem: no casamento, na maternidade ou paternidade, na carreira, nos relacionamentos, no condicionamento físico, nas finanças, em qualquer aspecto de sua vida. Essa percepção só aumenta meu desejo de levantar toda manhã e fazer do mundo um lugar melhor, permitindo que as crianças também vivam uma vida melhor, por meio dos adultos que estão assumindo sua vida e se sentindo melhores. Pela minha experiência pessoal, sei que quando as pessoas talentosas se sentem insatisfeitas, elas não são gentis consigo mesmas, com seus cônjuges ou seus filhos.

...

Na verdade, existem três tipos de objetivos, conforme definição do autor de best-seller e *coach* Bob Proctor.

Os objetivos tipo A estão no primeiro nível: são as metas que você sabe que pode alcançar. Como sabe? Porque já conseguiu alcançá-las no passado. Portanto, são objetivos que estão no nível da sobrevivência: objetivos que nos ajudam a permanecer exatamente onde estamos agora. Se, por exemplo, ganhou R$ 3.000,00 no mês passado, você sabe exatamente o que precisa ser feito para ganhar R$ 3.000,00 em um mês. Se você se levantar todas as manhãs deste mês e fizer exatamente o que fez no mês passado, ou no mês anterior, é razoável presumir que ganhará a mesma quantia.

Todo mundo tem vários objetivos tipo A. Algumas pessoas chamam isso de "pagar as contas" ou "chegar ao final do mês". *Survivor* (sobrevivente) não é só tema de reality show, e a maioria de nós não fica na praia com roupa de banho coletando cocos. Em vez disso, estamos "sobrevivendo" financeiramente a fim de conseguir pagar o financiamento imobiliário, a escolinha de futebol, as aulas de piano ou o *bar mitzvah* de nossos filhos.

E isso não é bom ou ruim, nem certo ou errado. Não há juízo de valor. Mas tenho certeza de que, quando alguém se levanta todas as manhãs e realiza uma longa cadeia de ações a fim de voltar a dormir, e se levanta na manhã seguinte e refaz a mesma coisa a fim de conseguir "pagar as contas" e "chegar ao final do mês", não importa se consegue ganhar R$ 3.000,00 ou R$ 15.000,00 no fim do mês. É verdade que a situação financeira será diferente nos dois níveis de receitas. Todavia, o nível de consciência não mudou um milímetro.

O que acontecerá se essa pessoa conseguir alcançar seu objetivo? Vai pagar as contas. Vai sobreviver. E depois? Vai continuar desejando chegar ao mesmo lugar — pagar o próximo lote de contas e riscar os itens de sua lista diária de tarefas. Não vai querer, desejar alcançar ou realizar qualquer outra coisa. Portanto, não tomará nenhuma atitude para mudar sua situação.

Esta é a lei do sucesso, assim como as leis da física. Afinal, quando foi a última vez que você conheceu alguém que acorda pela manhã, um minuto antes do despertador tocar, acorda os filhos com entusiasmo, canta no chuveiro e diz em voz alta: "Que dia maravilhoso vou ter hoje! Que animador! Vou colocar mais um ladrilho para pavimentar minha incrível estrada para..." pagar as contas? Eu me permito presumir que você nunca conheceu alguém assim!

Então, da próxima vez que encontrar um amigo que lhe diz "Se eu pudesse terminar o mês com R$ 15.000,00, eu faria...", não acredite. Não faz diferença alguma, porque dinheiro é uma coisa maravilhosa, porém é só um amplificador. Torna as pessoas boas ainda melhores e permite que as pessoas más fiquem ainda piores. Algumas pessoas — não você — param nesse tipo de objetivos de sobrevivência, e isso é a vida delas.

Objetivos tipo B são os que você *pensa* que pode alcançar. Tive muitos objetivos desse tipo até os quarenta anos. Certamente, você já alcançou objetivos desse tipo — afinal, é uma pessoa acima da média! Eu não sabia, na época, que se chamavam "objetivos tipo B", porém tinha muitos deles: avançar para a próxima etapa na carreira, conseguir o diploma de bacharel e, depois, o diploma de mestrado etc.

O que nos faz pensar que podemos alcançar esses objetivos do tipo B? O que nos faz estabelecer esses objetivos para nós mesmos? Em geral, é o fato de que "todo mundo" — as pessoas ao nosso redor, com as quais nos comparamos — conquista essas coisas. Isso perpetua a "lei da média social", é claro, porque se você age como todo mundo ao seu redor, terá os mesmos resultados que todo mundo teve.

Os objetivos tipo B podem ser de curto ou longo prazo, fáceis ou difíceis. Você precisa dedicar alguns anos de sua vida estudando para conseguir um nível acadêmico. E há vários outros objetivos desse tipo. Mas o que acontece depois? Você trabalhou duro, se esforçou bastante, investiu tempo e habilidades e, no fim, alcançou seu objetivo. Arruma-se todo, fica animado, vai para a cerimônia de graduação e diz para si mesmo: "Vem aí! Vem aí a felicidade que me prometeram".

Quando estamos no jardim da infância, as pessoas nos prometem que, se nos esforçarmos, seremos recompensados na escola... E, quando estamos na escola, nos prometem que, se nos dedicarmos, então chegaremos na universidade... E, na universidade, dizem que, se dermos tudo de nós, conseguiremos um trabalho; depois... Depois o quê? O que vai acontecer depois? Vamos nos aposentar? É o que vai acontecer? Essa é a glória final que espera todos nós como resultado de nossos esforços?

Quando eu estava na escola, devo dizer que, para mim, não era importante ser um aluno excelente. Os preceitos do ambiente no qual cresci não correspondiam com a excelência: eu gostava de basquete e de futebol e me interessava, principalmente, por garotas e pela praia. Ia para a escola do mesmo jeito que os adultos ao meu redor iam para o trabalho. Eles iam para o trabalho para ganhar a vida porque não tinham opção além de aguentar o dia passar, e eu ia para a escola para conseguir um diploma.

Anos mais tarde, fui para a universidade com preceitos distintos, depois de servir em treinamentos de comandante naval e também em navios lança-mísseis —, decidi me destacar. Perguntei "Quanto é uma pontuação de 'destaque'"?, e me disseram 87. "Ótimo", respondi. "O que preciso fazer para conseguir uma pontuação maior do que 87"?

Cerrei os dentes, me esforcei muito, me apliquei e consegui terminar com excelência. No dia da cerimônia de graduação, tomei um banho, me vesti, me preparei, fui até lá e esperei que a sensação chegasse... Aquela coisa que nos prometeram que ia acontecer: felicidade. Naquela época, ainda achava que a felicidade era uma emoção, e esperei que essa emoção chegasse.

Sim, tive uma sensação de satisfação, e imediatamente depois veio aquele pensamento com o qual você certamente é familiar: *Legal*, disse para mim mesmo. *Legal, você alcançou seu objetivo. Agora, você vai sossegar um pouco, pelo menos por duas semanas. E em seguida? O que vem?*

Essa insatisfação perpétua, essa sensação de que você conquistou uma colina que é, no fim das contas, apenas outra colina em uma longa fileira de dunas de areia... É como você se sente quando a vida é construída com base em uma coleção de objetivos tipo B.

Ainda não entendia o que era a felicidade, não entendia o que era a felicidade prática, nem como alguém podia viver neste estado contínuo. Eu era muito bom em realizar coisas e conquistei muitas metas e objetivos, mas... Não era isso. Hoje é claro, para mim, que há uma diferença entre *conquista* e *realização*. Não são a mesma coisa, porém, definitivamente, podem ser combinadas. Como? Com *objetivos tipo C*.

Um objetivo tipo C vem de um nível mais alto de consciência. Se um objetivo tipo A é o que EU SEI que posso conquistar e um objetivo tipo B é o que EU PENSO que posso conseguir, então um objetivo tipo C é o que eu realmente QUERO!

Um objetivo tipo C atende a três critérios: ele nos entusiasma e ao mesmo tempo nos aterroriza e não temos ideia de por onde começar. Não temos planos para conquistá-lo.

Por um lado, é um objetivo que nos envolve, uma meta que estamos ansiosos por conquistar. Por outro lado, acabamos apenas "fazendo muito barulho", porque não temos ideia de como conquistar um objetivo desse. Não temos mapa ou plano de ação. Se tivéssemos um plano de ação, certamente já teríamos conquistado esse objetivo.

Um objetivo tipo C, sem nenhuma conexão com suas dimensões ou essência, é um objetivo que vale a pena. Nos motiva a pagar o preço que só por ele estamos dispostos a pagar, e exige uma transformação na consciência — uma transformação que faz nossa consciência ir de "Não tenho ideia de como fazer isso" ou "Não tem como isso dar certo" para "Talvez eu consiga? Sim! Eu consigo". São nos objetivos tipo C que vamos nos concentrar nas próximas páginas.

...

Este livro foi esculpido na pedra da minha vida. Foi escrito no decorrer de um processo muito longo, baseado nos 52 anos de minha própria experiência e em milhares de anos de conhecimento dos professores com os quais aprendi. E foi escrito com uma paixão tremenda. É apresentado para você com amor e um forte desejo de compartilhar a habilidade de viver a vida que merece. Para permitir que você eleve sua vida até o próximo nível com um esforço consciente. Para viver poderosamente. Convido-o a transformar este livro em um amigo. A lê-lo do início ao fim e do fim ao começo. A usá-lo como ferramenta para o sucesso. A escrever nele, marcar e sublinhar trechos, e voltar até ele de vez em quando.

A maioria das pessoas não está vivendo a vida que poderia viver. Nascemos para ter sucesso, para crescer, para sermos capazes de doar. Você tem todo o hardware e o software de que precisa para ter sucesso. Estou aqui para ajudá-lo a assumir o controle imediato de sua vida, a entender as regras, a construir o quadro vitorioso de sua existência, a compreender o que o impede e como superar isso, a adquirir os hábitos de um vencedor e a alcançar a melhor versão de si mesmo. Para conseguir o que você deseja de sua vida com o poder e a rapidez como nunca conheceu. Até agora.

Dizem que o tempo opera maravilhas. O que determina aonde chegaremos e o que o futuro reserva para nós e para nossos filhos é o que fazemos enquanto o tempo está operando maravilhas.

"Viva poderosamente."
Alon Ulman

CAPÍTULO 1

Imagine um avião

Imagine um avião voando a 33 mil pés de altitude sobre o mar Mediterrâneo. Estou preso em meu assento pelo cinto de segurança. Em um instante repentino, respiro fundo e... Não tenho ar. É isso, está tudo acabado. De repente, entendo que vou morrer. É uma sensação muito clara, que não dá para confundir. É um conhecimento absoluto, acompanhado de um silêncio insano. O oxigênio acaba. Há um vácuo. Está tudo acabado. Não há mais nada.

Era exatamente como estava me sentindo. Há o céu sobre minha cabeça, o mar abaixo de mim, tudo tão azul, e me sinto melancólico. Não consigo respirar. Estou ofegando, ofegando, tentando inalar o ar, mas... Nada. É uma emergência. *Quem vai me ajudar?* Olho para Ortal, minha esposa, que está cochilando no assento ao meu lado. Está tão cansada. Acabamos de concordar que seria melhor se ela tentasse dormir um pouco. Ela precisa muito descansar. Entendo que se tentar despertá-la e explicar do que preciso, não conseguirei chegar ao final da frase. A 33 mil pés acima do mar Mediterrâneo, o avião já passou do ponto de retorno e agora deve chegar ao seu destino. Não há combustível suficiente no tanque para voltar ao local de onde decolamos, mesmo se um dos passageiros estivesse disposto a pagar muito dinheiro por isso. Imediatamente, entendo que minha vida também alcançou um ponto do qual não é possível retornar. Só tenho duas opções: pousar pacificamente ou cair.

Estou com medo. Em uma fração de segundos, das profundezas do meu cérebro, me lembro da Ordem de Tarmiz nº 10. As Ordens de Tarmiz são ordens operacionais para batalha — uma parte inseparável da doutrina de combate em navios lança-míssil. Como comandante de um navio lança-mísseis, sou capaz de recitar as Ordens de Tarmiz de cor, mesmo dormindo. As Ordens de Tarmiz passam diante dos meus olhos, em claras letras vermelhas: "Provisões obrigatórias". Em minha mente, chego ao final do livro, onde o apêndice aparece com as dez Ordens de Tarmiz para Comandantes — os Dez Mandamentos durante os tempos de guerra. Lembro-me da décima ordem: "É precisamente no calor da batalha que o comandante deve permanecer calmo, para que possa falar com clareza e ter controle de si e de seus guerreiros".

Olho ao meu redor. Não, não há anjos com trombetas e sinos por aqui. Não parece ser o momento da morte, de a alma deixar o corpo, como é sempre retratado em livros e filmes. Mas a sensação é muito clara: outro minuto a mais e me vou. Vácuo. Morto. Uma aeromoça caminha pelo corredor estreito e seu casaco quase esbarra em meu ombro. Eu a seguro com uma mão, puxo-a em minha direção e sinalizo para ela com a outra mão, fazendo a forma de um ninho de pássaros sobre meu nariz. Ela imediatamente entende, e uma máscara de oxigênio é colocada diante do meu rosto no mesmo instante.

Agarro a máscara, começo a respirar por ela, me recosto e me concentro. *Não entre em pânico, fique calmo.* Tento me acalmar. *O pânico não é recomendado em nenhuma situação*, repito para mim mesmo. Uma dor excruciante atinge a parte inferior das minhas costas, abaixo das costelas. Tento, com toda força, ignorá-la e me concentrar na respiração. Simplesmente respirar. Lembro-me do meu treinamento de mergulho com equipamento antigo, quando às vezes a válvula parava de funcionar da forma certa, e havia um fluxo repentino e intenso de oxigênio. Era essa a sensação. Sugo o oxigênio pela máscara, como se não bebesse nada há dez dias. Uma comoção começa ao meu redor: dúzias de olhos horrorizados me encaram, fixos em mim, refletindo para mim o que está acontecendo. Tento não saber mais da minha condição por eles. Fecho os olhos.

Não sei quanto tempo se passou. Quando abro os olhos, descubro que uma mão invisível colocou um grande tanque de oxigênio perto de mim. *O quê? Tudo isso por minha causa? Sou um cara saudável. E jovem. O que está acontecendo aqui?* Toda aquela preocupação é constrangedora para mim. A aeromoça não desiste; me obriga a interagir com ela, tentando descobrir se estou bem. Sua voz parece vir de muito longe, e percebo que ela me pergunta se devemos fazer um pouso de emergência. Conheço a rota da Turquia para Israel. *Aonde vamos pousar neste momento? No Chipre? Não é exatamente do que preciso agora.* Não tenho fôlego para muitas palavras, então economizo e respondo brevemente:

— Não. Siga para Israel.

Quem teria acreditado que, apenas dezoito horas antes, Ortal e eu estávamos no meio de fantásticas férias na Turquia? Voamos para Anatólia com três outros casais para comemorar juntos meu aniversário de trinta anos. Quando viajo com a mulher que amo e com amigos queridos, não importa realmente para onde vamos. Eu tinha acabado de completar meu posto como comandante de um navio lança-mísseis e tinha sido condecorado com um cargo que realmente queria: instrutor-chefe da Academia Naval Israelense. O melhor entre os melhores! Esperava aproveitar as férias para me esquecer de tudo por alguns dias, para desfrutar um raro e curto descanso da alta pressão operacional da vida militar. Ainda naquela noite, tínhamos saído e nos divertido; voltamos bem tarde para o hotel. Alguma coisa me impedia de respirar normalmente, mas ignorei. Eu fumava muito naquela época. Passei a chave digital do nosso quarto, abri a porta como um cavalheiro e fiz um gesto nobre para que Ortal entrasse primeiro.

Estou dois passos atrás dela, a porta ainda aberta, e sinto de repente uma dor aguda no peito. É uma dor que me faz, instintivamente, curvar o corpo; minha respiração para e despenco no carpete. Tento respirar, mas não consigo. Ortal fecha a porta atrás de nós, vem até mim e me pergunta baixinho: “O que aconteceu”?

Não consigo dizer uma palavra. Meus lábios se movem, mas a voz não passa pela minha garganta. A dor me paralisa completamente e, então, outra onda de dor me atravessa no mesmo instante. Seguro as costelas do lado esquerdo com a mão direita e curvo o corpo novamente com a intensidade da dor. Quando a dor melhora por um segundo, consigo falar baixinho: “Chame um médico”.

Daquele momento em diante, minha percepção de tempo se torna relativa. Às vezes parece uma eternidade, em outras, passa em um instante. Tudo o que acontece a partir daquele ponto é um quebra-cabeças composto por minhas lembranças fragmentadas e pelas histórias que ouvi em retrospecto das pessoas que estavam ali.

A dor continua a me atacar em ondas. Ortal liga para a recepção do hotel e pede que mandem um médico com urgência para o quarto 517. Uma eternidade de dor se passa até que alguém bate à porta. Ortal se levanta com um pulo para abri-la, e agora... Imagine um cheiro. Uma nuvem de álcool invade o quarto. Alguns passos atrás entra um homem; está bêbado, usa um bigode e arranha no inglês. Não consigo entender o que ele me pergunta e não tenho muita certeza do que ele está diagnosticando. Um cheiro pesado de aguardente inunda o quarto todo. Por trás do bigode, ele diz: “Sou alemão, não falo inglês”. Parece que o incomodei no meio de uma noite de farra no centro da cidade.

É tudo de que preciso, penso comigo mesmo. Estou na Turquia, sentindo dor, com um médico que só fala alemão. Lembro-me de que os pais de Gerra, meu amigo que está dormindo com a esposa no quarto ao lado do nosso, vieram da Alemanha. Eles sempre falam alemão em casa. Certamente, ele vai entender algumas frases.

Nesse exato momento, a lateral do meu corpo é vítima de um ataque combinado de dor. Tento me curvar novamente, dizer a mim mesmo que aquilo vai passar a qualquer segundo, mas a dor continua piorando, em uma espiral ascendente e assustadora. Será que, a esta altura, a nuvem de álcool mencionou "uma séria disfunção renal"? Acho que o ouvi dizer algo sobre ir imediatamente para o hospital. Hospital? Na Turquia? E se eu adormecer com dois rins e, ao acordar, descobrir que um deles foi vendido?

— Ortal, chame Gerra — decido.

— Às duas da manhã? — ela hesita.

— Não temos escolha. Ele fala alemão. Preciso que vá chamá-lo.

Ortal sai correndo do quarto, a ouço bater na porta ao lado da nossa — uma batida inequívoca que diz "Urgente". Alguns segundos depois, Gerra entra no quarto, envolto em um robe do hotel meio aberto na altura do peito. A dor é nítida em meu rosto, mas lhe abro um sorrisinho tenso, acenando com a cabeça para dizer que tudo ficará bem. Gerra me ignora e parece concentrado em sua conversa com Ortal. Ela explica a sequência de acontecimentos para ele.

Nesse meio tempo, o Dr. Nuvem de Álcool está inclinado sobre mim no carpete. O fedor que sai dele é insuportável e dificulta ainda mais minha respiração. Em adição à dor, preciso procurar algum sopro de ar limpo. Ele afere minha pressão sanguínea. Gerra fala com ele em um alemão surpreendentemente fluente. A conversa entre eles me deixa desconfortável: a experiência (de não ter ideia do que estão dizendo sobre mim, e ainda mais em alemão) é insuportável. Aparentemente, o subconsciente coletivo judeu tem mais controle sobre mim do que imaginava.

Gerra olha para mim pela primeira vez desde que entrou no quarto e parece estressado pela situação. Entre nossos amigos, sou o guerreiro forte e heroico. Sou aquele que sempre cuida dos demais. Minha impotência constrange a todos, exceto o médico, que está selado em uma nuvem de álcool que bloqueia todos os seus receptores de entrada e saída.

Nunca senti uma dor como aquela, tão surpreendente e intensa. Tento me acalmar com pensamentos racionais: *Talvez eu tenha comido algo estragado. Talvez tenha contraído algum vírus em uma toalha na casa de banho turca. Talvez tenha pegado um resfriado no jantar porque me sentei muito perto do ar-condicionado.* Encho minha mente com pensamentos de "talvez" que vêm de uma esperança carregada de dor que me ataca em ondas de frequências variadas.

Gerra pergunta:

— Irmão, a dor está pior ou continua com a mesma intensidade?

— Ela vai e vem — sussurro para ele, e outro ataque atravessa minhas costas. Eu me encolho e gemo.

O médico explica mais uma vez para Gerra que meu rim está com problema e que preciso ser levado para o hospital.

Gerra olha para mim e sua expressão muda. Olha para Ortal, depois novamente para mim, e pergunta:

— Você tem seguro?

Confirmo com a cabeça.

Agora, Gerra começa a falar com Ortal e pede a ela ligar para a recepção para que chamem uma ambulância. Ortal vê que balanço a cabeça com veemência.

— Não! Nada de hospital.

— Você precisa ir — Gerra tenta me explicar. — Tem algo de errado com seu rim; você precisa ir para o hospital.

Puxo o roupão de Gerra para fazê-lo se aproximar.

— Não quero ir para o hospital, não para o hospital.

— Ninguém sai daqui para ir ao hospital — Ortal me apoia. — Só sairemos deste quarto para voltar para Israel. — Ortal é minha melhor amiga. Conhece-me há anos. Vejo em seus olhos que ela entende que esta é uma situação incomum. Com gentileza, ela passa a mão na minha testa, secando o suor que brotou com a dor. — Não se preocupe, não vamos para o hospital — diz. — Mas como você vai aguentar tanta dor?

No passado, circularam alguns boatos e histórias aterrorizantes em Israel sobre tráfico de órgãos em alguns países. De repente, todos voltam à minha mente, e sinto como o medo se esgueira lentamente em meus pensamentos e como as explicações reconfortantes que havia formulado para mim mesmo — é intoxicação alimentar ou um vírus — estão dando lugar a pensamentos sobre roubos de órgãos em um hospital local. Todas as histórias e boatos voltam à minha mente.

Nunca verifiquei a autenticidade dessas histórias, mas não tinha a intenção de começar a fazê-lo naquele momento. Sem chance de doar meu corpo em prol desse tipo de verificação da realidade.

Meus pensamentos correm para todas as direções. *O que estou fazendo? Como podemos deter esta dor?* Tento me recompor. *Você é um comandante, maldição. Controle-se!* Grito para mim mesmo por dentro. *O que um comandante faria neste tipo de situação? O que você faria por um de seus soldados neste tipo de situação?*

Nunca tive que lidar com algo similar. Mesmo nos exercícios militares, sempre fui aquele que estava na liderança, a cargo, dando ordens e provendo soluções. Nunca me deitei em uma maca. Agora estou aqui, no chão, todo curvado de dor, incapaz de me mover. Não posso me permitir ficar desamparado agora. *Qual é a primeira coisa que preciso fazer? Parar a dor!*

De repente, vejo diante de mim a imagem da "garrafa maravilhosa" que sempre é mantida no cofre do comandante nos navios lança-míssil. É uma garrafinha que se parece muito a um vidro de paracetamol líquido. Não entendo nada de medicina, mas sei o que é morfina. Um dos paramédicos me disse certa vez que aquela era a garrafa salva-vidas, uma garrafa dos momentos de graça, destinada às vítimas, para que pudessem suportar a dor. Perguntei quando ele achava que aquilo deveria ser utilizado, e ele me explicou em um tom de voz sério: "No navio, usamos no período que acontece entre o ferimento e a evacuação das vítimas para receber tratamento médico integral".

— Peça morfina para ele — exclamo para Gerra. — Preciso de morfina. Algumas doses, só o suficiente para aguentar a dor até voltarmos para Israel. Ele deve vir em intervalos de poucas horas e me dar uma injeção. Preciso de morfina!

Gerra entende que, daquele momento em diante, nós damos as ordens para o Dr. Álcool, não o contrário. Ele percebe que voltei a estar no comando, e minha exclamação o faz se alinhar comigo imediatamente. Ele pede ao médico que me dê morfina. Eles conversam. A discussão parece demorar demais para mim, e a dor faz com que cada segundo pareça uma eternidade.

— Vamos pagá-lo — sussurro.

— Ele sabe — responde Gerra. — Relaxe. Ele vai trazer a morfina.

Um hospital turco. É exatamente disso que preciso. Eles vão notificar minha amada esposa que morri acidentalmente na mesa de cirurgia. E mal começara meu prestigiado trabalho. Seria uma pena perder tudo isso. Eu era um oficial condecorado, considerado um dos garotos de ouro da Marinha. Tinha um caminho que parecia ser muito promissor. O que estava acontecendo naquele quarto de hotel provavelmente arruinaria todos os meus planos.

Então, tomei uma decisão baseada no medo e não na grandeza: *Não vou para um hospital! Vou tomar morfina e aguentar firme até o voo para Israel.*

Anos depois, durante uma palestra que me convidaram para dar em Moscou, um rabino conhecido por ser uma pessoa muito confiável me diria que, de fato, havia tráfico de órgãos na Turquia. De onde venho, a decisão que tomei é conhecida como *post factum plus*. Nos *debriefings* militares feitos após o retorno do campo de batalha, há uma tabela na qual o comandante analisa o quanto as decisões tomadas em tempo real em todos os momentos da operação foram bem-sucedidas. A decisão que você tomou durante os acontecimentos é analisada — aquela que você tomou com base nas informações disponíveis naquele instante. Você tomou a decisão correta ou não? A decisão é analisada uma segunda vez com base nos fatos que você conhece hoje. São duas coisas diferentes; ou seja, com base no que sabe hoje, você tomaria a mesma decisão novamente? Se a decisão for "sim", você marca um sinal positivo.

— Quanto tempo dura o efeito da morfina? — pergunto.

— Quatro horas.

— Então, diga para ele voltar em quatro horas — digo para Gerra, que repete as instruções em alemão.

Recebo a primeira injeção de morfina do médico às três da manhã. Gerra faz sinal para que ele espere enquanto deixa o quarto. Quando retorna, coloca uma cédula dobrada na mão do médico. Sorrio para ele com um amor tremendo. Que amigo. Um cavalheiro europeu, em um roupão de banho branco, fluente em alemão e que, na hora da verdade, sabe exatamente como são os costumes mediterrâneos e como as coisas funcionam.

Antes de o Dr. Álcool sair do quarto, ele fala para Gerra que, dali em diante, íamos vê-lo a cada poucas horas para reforçar a dose de morfina. Está claro para todo mundo que a morfina é a única coisa que vai manter minha sanidade com esta dor excruciante. Para mim, é difícil falar, já que estou completamente drogado e só quero me recuperar imediatamente desse "vírus".

Depois da primeira injeção, não consigo dormir. Fico acordado a noite toda, com medo de cair no sono, assustado em perder a consciência e acabar perdendo o voo para casa, o único lugar no qual estou preparado para receber tratamento médico. Só que o próximo voo para Israel não parte em menos de doze horas. Nunca estive diante de uma situação como aquela. Tenho boa saúde. Como oficial sênior da Marinha, me asseguro de fazer check-ups regulares e me manter em forma. É verdade que fumo... *Talvez sejam os cigarros?* Não estou familiarizado com esse grau de dor e fraqueza. Algumas horas depois do primeiro ataque, a náusea chega e começo a vomitar. Meu lado racional está satisfeito: *Não falei? Eu sabia. É um vírus. Um vírus sério, mas é só um vírus.* Estou pronto para vomitar esse vírus indefinidamente, desde que tenha algum alívio da dor.

Todo mundo vai tomar café da manhã no restaurante do hotel, e eu estou exausto. O médico me dá outra injeção de morfina. É a última antes de irmos para o aeroporto. Despeço-me dele, agradeço e coloco em sua mão o resto do dinheiro local que tenho comigo. Começamos a viagem para o aeroporto; olho pela janela, mas basicamente olho para dentro de mim. *Como me sinto? O que está acontecendo com a dor?* Está escuro lá fora, e a iluminação das ruas que passam por nós é tudo o que vejo. Procuro, no escuro, a mão de Ortal e a pego, sentindo-me mais seguro, mais calmo, no controle.

Fico para trás de todo mundo no aeroporto em Anatólia. Não estou acostumado a ser aquele que fica para trás, porém estou completamente acabado. Nossos amigos compram lembranças, presentes e doces no duty-free.

Estão todos de bom humor. Eu me deito no chão da sala de embarque. *Talvez isso me ajude.* Atrás de mim, tenho doze horas repletas de morfina, lembranças confusas, vômito, dor e a preocupação corroendo minha masculinidade. Toda vez que Ortal se afasta de mim por alguns minutos, fico estressado. *Isso não tem lógica*, penso comigo mesmo. *Desde esta manhã, estou cercado de amigos que não saem do meu lado, e ainda preciso dela, só dela — que esteja ao meu lado, que mantenha contato visual comigo.* Não vou admitir, mas um medo oculto se aninha em mim. Ortal se senta ao meu lado, olhando para mim. Sorrindo. Conheço esse olhar: há tanto amor nele, mas agora ganhou um novo matiz com o qual não estou familiarizado. Então, é assim que a preocupação se parece.

Ela acaricia minha mão e sussurra:

— Vai ficar tudo bem. Tudo bem.

Não suporto a preocupação em seus olhos e em sua voz, me sinto tenso por dentro. Não devo sentir pena de mim mesmo e não posso ser fraco. Estou no controle. Sento-me em um banco, tento me livrar da sensação de medo e murmuro:

— Estou bem, vai passar.

Durante toda minha vida, sempre "soube" o que precisava fazer. Nunca esperei que outra pessoa resolvesse meus problemas. Meu avô sempre costumava dizer: "Alon? Não estou preocupado com ele". Ele nunca me falou isso diretamente, mas se assegurou de que o ouvisse dizer. Eu amava aquela frase dele. Em retrospecto, para dar crédito a ele, acho que construí mesmo um motor interno que me levou a ter sucesso, a sempre ter sucesso, a ser forte, a liderar, a ser vitorioso. O fracasso não era uma opção para mim, qualquer que fosse a situação. Também tive êxito em campos e eventos que, olhando friamente agora, não me interessavam. Bastava aparecer um desafio que me exigisse provar que era capaz de entrar em ação. Hoje, sei que cada um de nós está contando a si mesmo uma história interna.

Uma história interna é um pensamento que se repete sem parar. É o jeito pelo qual uma pessoa percebe, entende e interpreta o mundo e os acontecimentos ao seu redor. Uma das histórias internas que contei para mim mesmo, desde muito jovem, era que eu *tinha que ter sucesso*. Que a única pessoa de quem podia depender era de mim mesmo. Não é uma crença fácil para uma criança, e não recomendo isso para ninguém. Naquela época, ainda não sabia de onde isso vinha. Ao longo dos anos, aprendi a confiar nos outros, mas nunca me ocorreu dizer "Isso é difícil para mim" ou "Não aguento mais" para qualquer outra pessoa no mundo.

Mesmo quando passei por grandes dificuldades ou quando pensamentos terríveis cruzavam minha mente, nunca fui capaz de pronunciar essa combinação de palavras: "É difícil para mim".

Segundo minha história interna, na qual acreditava verdadeira e honestamente, não havia lugar para essas palavras, e eu não conhecia um jeito diferente de ser. Em retrospecto, não havia nada que pudesse compartilhar porque não tinha ninguém que me entendesse e não tinha ninguém em quem me apoiar.

Agora, passo o tempo interminável que resta até que chamem nosso voo pelos alto-falantes em um banco perto do portão de embarque. Ortal se levanta para comprar alguns doces turcos, e afundo na dor implacável que se recusa a me deixar. A morfina a entorpece um pouco, mas ela ainda está ali o tempo todo. Quando o avião, por fim, decola, estamos todos exaustos. Era nossa segunda noite seguida sem dormir. Ortal se acomoda em seu assento e tira os sapatos. Digo para ela, ou quero dizer:

— Durma um pouco, você precisa.

Ela percebe meu desamparo e diz:

— Me acorde se precisar de mim.

Em questão de segundos, ela mergulha no abismo do sono profundo. A dor piora... Não estou respirando. *Não estou respirando. Meu Deus.* De repente, entendo. *Estou sufocando!* Coloco a mão em Ortal, mas ela está sonolenta. Tenho medo de não ter ar suficiente nos pulmões para pronunciar uma única frase. Como explicarei para ela?

Bem naquele momento, a aeromoça passa e eu faço sinal para indicar que estou com problemas. Em um movimento rápido, ela solta a máscara de oxigênio que cai em meu rosto. O oxigênio puro que entra em mim pela máscara me traz gradualmente de volta ao equilíbrio. A náusea vem, vai e vem de novo. Tiro a máscara. Quero vomitar. Faço um bom uso do meu saco de vômito, assim como o da minha esposa. Ortal, que retornou imediatamente ao estado de alerta total, segura minha mão e não solta. O tempo passa. Com os olhos fechados, mexo os dedos para mostrar que não perdi a consciência. Permaneço no controle o tempo todo, sabendo exatamente o que acontece comigo. Minha respiração se acalma gradualmente e começa a se regularizar. Com esforço contínuo, consigo levar um pouco de ar para os pulmões e me sinto um pouco melhor. *Não entre em pânico*, digo para mim mesmo. *O pânico não ajuda.*

Finalmente aterrissamos. *Estamos em Israel.* A tripulação nos informa que uma ambulância nos espera no aeroporto. Quando o avião para no portão, me oferecem uma maca.

— Você está bem? — a aeromoça pergunta a cada dez minutos.

Estou constrangido. Não gosto de incomodar os outros e, em especial, não gosto de ser a pessoa em necessidade.

— Está tudo bem — garanto.

Ortal, minha maravilhosa esposa, me segura enquanto desço do avião andando, sofrendo com uma dor excruciante na lateral esquerda do corpo, acima das costelas. Espero chegar em casa o mais rápido possível, mas os paramédicos nos colocam em uma ambulância. Viro de um lado para outro na maca durante o percurso e ouço o motorista relatar para alguém pelo rádio:

— Outro caso do cassino na Turquia.

O quê? Ei! Consigo ouvi-lo! Consigo escutá-lo, apesar da dor que tomou conta de todo o meu ser, como gás enchendo um quarto. Escuto, mas não consigo entender o que o motorista quer dizer.

Eu? Cassino? Do que você está falando? E o que um cassino tem a ver com minha condição? Claramente, sinto o desdém na voz dele.

Ele me leva ao posto de saúde mais próximo. *Onde estamos? Em Lida?* Uma mão habilidosa me conecta rapidamente ao soro. Não tenho mais nada dentro de mim para vomitar, mas meu estômago se contrai mais uma vez. Durante as últimas 24 horas, vomitei vinte vezes. E não comi ou bebi nada por causa da dor. O soro, gradualmente, recompõe minhas forças. Sinto-me muito melhor.

— Me libere — peço para o paramédico.

— Sem chance, senhor — ele assegura. — Vou levá-lo ao hospital.

— Não se preocupe, eu vou para o hospital — respondo em um tom igualmente assertivo. — Mas perto da minha casa, em Haifa.

— Você promete? — ele questiona e me faz assinar uma declaração na qual concordo em ir até o Hospital Rambam.

É isso, digo para mim mesmo. *O pior ficou para trás.* Estou convencido de que o vômito e a extrema falta de apetite me fizeram ficar desidratado. O soro repôs os fluidos que perdi, e estou me sentindo muito melhor. Ainda não entendo que todo o problema é só uma questão menor, um apêndice do meu problema real, do qual ninguém ainda sabe o significado.

Chegamos em casa de táxi, com toda nossa bagagem. *Pronto,* me acalmo. *Tudo dito e feito, retornamos das férias na Turquia. Está tudo bem.* Na entrada da nossa casa há um pequeno lance de escadas. Paro diante dele, respiro fundo o ar tão familiar para mim de Monte Carmel, e a dor imediatamente atravessa meu corpo novamente. *São apenas sete degraus,* digo para mim mesmo. *Depois de vinte horas de dor excruciante, sentidos entorpecidos, perda de fôlego, algumas doses de morfina, três horas de voo, uma viagem de duas horas do Aeroporto Ben Gurion até nossa casa em Haifa, sete degraus e é só isso, estamos em casa. Vamos lá. Um degrau, mais outro... Chega. Não consigo continuar.*

Percebo que não é um problema com minhas pernas. Aparentemente, tampouco é um problema com meu corpo. Fico parado ali e olho para mim mesmo de fora. Tudo parece igual: um homem alto, de trinta anos, cabeleira cheia, em boa forma. Sempre pensei que o homem que olhava para mim do meu reflexo no espelho é o que tipicamente é chamado de “em boas condições”. Portanto, minha mente se recusa a entender. Mas os dois degraus até a entrada da minha casa significam um limite, o momento da verdade. São duas da manhã e tenho que admitir que entrei em colapso. Que preciso de ajuda.

— Hospital — consigo dizer para Ortal antes de desmaiar.

CAPÍTULO 2

"109, aproxime-se!"

Quando abro os olhos, não tenho ideia de onde estou. Há cortinas azuladas ao meu redor e um teto de painel acústico sobre mim. O cheiro inconfundível de Lysol e o brilho das luzes fluorescentes deixam claro que estou no hospital, provavelmente na emergência. *Como e quando cheguei aqui?* Não faço ideia. Tento me sentar e descubro que a dor ainda está lá, no mesmo lugar e com a mesma intensidade. *Que vírus teimoso*, penso comigo mesmo quando mãos afastam a cortina e Ortal vem até minha cama.

— Você desmaiou nos degraus da frente. Trouxemos você em uma ambulância.

— Quem me trouxe? — pergunto.

— Israel e eu.

— Em uma ambulância, hein? Você causou uma cena e tanto — provoco.

Ortal me olha com uma expressão triste. Consigo perceber que ela andou chorando.

— Só estou brincando... — Estendo a mão para que ela se aproxime.

— Eu não estou — ela diz e se vira de costas para que não veja as lágrimas que enchem seus olhos.

— Onde está Israel? — Tento diminuir um pouco a tensão.

— Não sei.

Israel Inbar, que é casado com a mãe de Ortal, é um advogado brilhante e experiente, especializado em negligência médica.

— Onde estamos?

— Na emergência do Hospital Rambam — Ortal responde, ainda de costas para mim.

— Cadê Bar? Na casa de sua mãe? — Tento mudar de assunto.

— Não, ele está em casa. Minha mãe está lá com ele — ela responde com honestidade. — Desde que acordou, ele está perguntando onde estamos. Disse para ele que nosso avião quebrou e que vamos chegar em casa um pouco mais tarde.

Nós dois ficamos em silêncio. Sabemos muito bem que não foi o avião que quebrou, mas, sim, o pai de Bar. Ainda não temos ideia do que é este problema ou como vamos resolvê-lo. O silêncio é muito alto. Nunca ficamos tanto em silêncio. Além de ser minha melhor amiga, Ortal é o amor da minha vida e mãe do meu tesouro. Sempre falo abertamente com ela sobre tudo. E agora tem tanta coisa passando em minha cabeça e não tenho nada para lhe dizer. Não consigo encontrar as palavras para expressar meus pensamentos. Ortal parece exausta.

— Você comeu alguma coisa? — pergunto.

— Não estou com fome — sussurra.

— Que tal se pedirmos alguma coisa mesmo assim? — Tento alimentar a conversa, para que o silêncio pesado vá embora.

— Esqueça, não estou com fome. De todo jeito, a qualquer momento vão nos trazer os resultados dos raios-X.

Quando fizeram raios-X em mim?, pergunto a mim mesmo, e percebo que há buracos na cadeia de eventos que se sucederam sem que eu soubesse. De repente, percebo por quanta tensão Ortal passou nas últimas horas. Ela conseguiu gerenciar todo esse drama súbito e assustador, funcionando admiravelmente em um estado de total incerteza diante de um bando de médicos, enfermeiras, amigos e família. *E tudo isso estando tão cansada.*

De repente, alguém sai da sala do raio-X.

— Quem é Alon Ulman? — a voz chama no meio da sala da emergência.

Levanto a mão e aponto para meu peito: *Sou eu.*

Ele chama o médico para me ver com urgência.

Ortal abre as cortinas e acena para Israel, que vem até minha cama, se inclina e me dá um beijo na testa.

Um médico aparece ao lado dele e diz:

— Olá, Alon.

Ele puxa uma cadeira e se senta ao meu lado com o resultado do raio-X na mão. Ortal e Israel ficam em pé diante dele, ambos ao meu lado. O médico segura o exame contra a luz e, imediatamente, o abaixa. Em outras palavras, ele sabe claramente o que está vendo, segundo seu gesto rápido e confiante.

— Olhe... — Ele se volta de repente para Ortal, como se eu não estivesse na sala. — Ele vai viver. As pessoas voltam a viver normalmente. Felizmente, para ele, sua condição permite tratamento imediato. O raio-X mostra que seu marido está sofrendo de pneumotórax espontâneo, uma quantidade anormal de ar no espaço pleural entre o pulmão e a parede do peito. Isso destrói o vácuo entre as membranas. O ar penetra por esse buraco e ocupa o espaço destinado aos pulmões, que acabam colapsando. É um fenômeno espontâneo muito raro e acontece principalmente com homens altos e magros que fumam.

Ortal acena com a cabeça, mostrando entendimento. Olho para os três, sentindo-me completamente entorpecido desse fluxo de termos novos e dessa ocorrência bizarra.

— Ele vai viver? — *Quem vai viver?*

— Vou interná-lo. — O médico continua falando sobre mim, e não comigo. — Você deveria ir para casa, descansar um pouco. Parece exausta. Logo ele estará dormindo, de qualquer forma.

Tenho certeza de que escutei cada palavra, mas não consigo captar nenhuma delas, além da combinação de palavras.

— Seu marido está sofrendo.

Eu? Sofrendo? Desde quando estou sofrendo? Não consigo suportar a situação na qual fui jogado. A transição foi abrupta, extrema e assustadora demais. Quando foi que o "vírus turco" se transformou em uma doença de nome tão comprido? "*Pneumotórax espontâneo*", *nada menos que isso. Uma doença que ocorre em homens da minha idade.* A dor, o vômito, todas as explicações razoáveis que inventei nas últimas horas como evidência sólida de um vírus qualquer que passaria se transformaram, em um instante, em uma doença crônica conhecida com um nome. Uma pequena bolha presa na parede do pulmão que o fez colapsar — e eu colapsei junto.

Olho para o médico. *Os lábios dele se movem, mas o que ele diz não significa nada para mim.* Você está familiarizado com a frase: "*O gato subiu no telhado*"? É exatamente como me senti. A única coisa que ouvi naquele momento foi autopiedade. *O que este cara sabe? Ele não sabe nada. Não pode ser. Não temos histórico familiar desse fenômeno.*

Meu senso de humor também se foi. Em um instante, nada parece ter graça para mim. Desapareço dentro de mim mesmo e não consigo encontrar forças para dizer outra palavra. Ortal me olha com uma expressão tão triste, a ponto de eu não conseguir olhar para ela. O médico também me contempla em silêncio.

— Olhe, deve haver algum engano! — De repente me ouço dizer em voz alta e determinada. — Estou me sentindo muito melhor agora e prefiro me recuperar em casa. Pode me dar alta. — *Ora, será que ele não entende que está arruinando minha promoção agora? Como poderei continuar navegando se ele insistir em me internar?*

Naqueles instantes, a expansão da minha consciência — aquela consciência de "alcance de radar" que chamo de "escopo" — se recusa a processar a informação nova. Mas o sorriso amargo no rosto do médico deixa claro que meu charme pessoal, liderança e poderes de persuasão não terão vez. Tive que me render, que me entregar à minha nova situação. *Se pelo menos eu soubesse o que era...*

Aquele homem, que há poucos minutos era um completo desconhecido, acaba de dizer — com algumas palavras complicadas — que minha vida vai mudar radicalmente. Ortal se inclina sobre mim e me beija na testa, sussurrando:

— Está em boas mãos, e estarei bem aqui com você.

Ortal está chorando. Seco as lágrimas dos olhos dela e tento sorrir. Não consigo expressar uma única emoção do redemoinho que rodopia dentro de mim: amor-vergonha-medo-dor-preocupação-frustração. De repente, ela parece tão forte, tão bonita. Em questão de segundos, me lembro da primeira vez em que a vi.

...

Eu estava sentado em um bar, comemorando com alguns amigos militares o fim do curso de comando naval. Naquela época, era oficial da marinha — um tenente. Nossa garçonete era especialmente bonita — "primeira liga". Ela se inclinou para me dar o cardápio. Quando voltou à nossa mesa para anotar os pedidos, tomei coragem para falar com ela.

— Tenho uma pergunta teórica para você — eu disse. — Provavelmente, recebe cantadas a noite toda de um monte de caras nada sofisticados. Se um cara quisesse, como ele poderia começar uma conversa com alguém como você sem parecer rude e vulgar? O que recomendaria que ele fizesse?

Ortal deu um passo para trás.

— Vou pensar nisso — respondeu.

Quando ela voltou com as cervejas que pedimos, perguntei:

— Então?

Ela murmurou envergonhada:

— Você acabou de fazer.

Fiquei acanhado com a resposta dela e, em um jogo de gato e rato, respondi:

— O que quer dizer com "você acabou de fazer"? Quem disse que eu estava falando de mim? Era uma pergunta teórica.

Conhecer Ortal foi totalmente inesperado. Ela tinha assumido o turno de uma amiga naquela noite e nunca tinha trabalhado naquele bar antes ou depois daquela noite. Cheguei ali com um grupo de amigos, três caras e duas garotas. Depois que vi Ortal, falei para eles: "Vou ficar por aqui". Quando eles foram embora, me ofereci para esperar até que ela terminasse seu turno a fim de acompanhá-la até a casa dela. Eu a levei às quatro da manhã.

Eu já tinha saído com garotas antes dela e também tinha estado em relacionamentos longos. Mas, com Ortal, encontrei algo que nunca tinha conhecido: uma mulher que me via. Ela me ensinou as coisas simples: intimidade, família, doação.

Até então, não sabia como as pequenas coisas — aniversários, presentes, atenção — eram, na verdade, tão grandes.

...

Sob o brilho das luzes fluorescentes da emergência, de repente sou inundado pelo reconhecimento claro de que minha esposa é o grande amor da minha vida. Meus olhos se enchem de lágrimas enquanto os enfermeiros do hospital empurram a maca para o centro cirúrgico.

Um médico está ao lado da minha maca, no centro cirúrgico frio e reluzente, explicando o que está prestes a fazer, e diz algo sobre anestesia local. Na verdade, não consigo entender o que ele está falando, mas posso ouvir bem alto e claro os sons crepitantes que saem da minha caixa torácica. Escuto ruídos, mas não sinto nada. Mais tarde, descubro que o médico colocou um dreno entre minhas costelas — um tubo com o objetivo de drenar todos os resíduos e sangue que se acumularam nos lugares errados.

Ainda estou confuso, com a mente um pouco turva, sem entender direito.

— O que você faz na Marinha? — ele pergunta de repente, tentando me distrair do procedimento cirúrgico.

— Sou comandante de um navio lança-mísseis e instrutor-chefe da Academia Naval Israelense — respondo de forma automática, como alguém que foi capturado. — Mas estou mais interessado em saber o que você está fazendo com minhas costelas.

— Este tratamento salva vidas — responde o médico. — Podemos salvar seu pulmão com este tubinho. Nos próximos dias, você estará conectado a uma bolsa de drenagem de fluidos, até que o pulmão retorne ao funcionamento pleno. Daqui a pouco, quando eu terminar, pedirei que lhe deem remédio para dor e um remédio para dormir, para que você possa passar a noite.

Não, isto é inacreditável. Quando parti para Turquia, há poucos dias — que agora me parecem uma eternidade —, era uma pessoa muito ocupada. Tinha acabado de terminar o período de transição para meu novo cargo de oficial. *E, agora, em vez de voltar das férias totalmente relaxado, estou deitado aqui, morrendo de medo!* Durante aquela escavação dramática entre minhas costelas, caí no sono na mesa de cirurgia.

Algumas horas depois, acordei em uma cama branca no oitavo andar, na ala de doenças respiratórias, cercado pelo diretor da ala e alguns residentes — uma imagem que só tinha visto antes na televisão. O nome do médico-sênior era, nada mais, nada menos, que professor Best. Pode haver nome mais mandatório que este? Mais tarde, também conheci o Dr. Ben Nun, médico-chefe da Unidade de Comando Golani, e o Dr. Ran Kermen. Conheci esses homens por motivos que não antevia naquele momento em particular. Naquela época, não sabia o quanto essa equipe era comprometida e única.

Aos poucos, comecei a interpretar o que estava acontecendo ao meu redor: *os médicos estão fazendo suas rondas. O diretor da ala está dando a eles um panorama geral da situação.*

— Aqui está ele, o comandante do navio lança-mísseis... O caso incrível do qual falei para vocês.

O professor Best continua a falar como se eu não estivesse recuperado das drogas. Percebo que ele está explicando para os residentes reunidos ao redor da minha cama sobre o "fenômeno" que sou.

— Esta maravilha chegou aqui da Turquia depois de muitas horas e permaneceu vivo. É provável que este tipo de ataque aconteça com homens jovens, altos e fumantes — acrescenta ele. — A probabilidade entre homens? Entre sete e 37 casos por cem mil, dependendo da localização geográfica.

Bingo, venci. Uma bolha de ar que estourou na camada externa do meu pulmão fez um buraco nele, e o pulmão entrou em colapso.

— É o tipo de situação — prossegue o médico — na qual o tempo tem um papel crítico. Se o paciente não chega a tempo, é provável que o pulmão colapse completamente. O pulmão dele é como um saco de náilon cujo ar foi sugado com um aspirador de pó, até que ele murche e se dobre para dentro de si...

Dobrar? Espere um minuto...

— 109, aproxime-se!

De repente, ouço o comandante me chamar. Meu número no processo de seleção e treinamento no curso de oficial da Marinha, antes do alistamento, era 109. *Mas o que meu comandante do treinamento está fazendo aqui?*

Depois de um instante, entendo: *Sou eu. Ele está falando comigo. Um saco de náilon? Que saco?* Isso me lembra de algo completamente diferente... Do que isso me lembra? *Ah! O barco inflável Zodíaco!*

Em uma das provas no treinamento, na praia, nos colocaram diante de um grande pedaço de borracha desinflada que parecia uma pilha de boias murchas e amontoadas umas sobre a outras. O comandante se aproximou de mim e disse:

— Deste momento em diante, você é o comandante aqui. Infle o barco Zodíaco e vá para o mar com ele.

...

Eu tinha dezoito anos e tinha acabado de terminar o Ensino Médio. Não tinha ideia de como era o barco Zodíaco inflado e, definitivamente, não tinha ideia de como inflá-lo. *Não pode ser que um barco deste tamanho seja inflado soprando nele, como as boias que usávamos quando crianças*, pensei comigo mesmo. Eu estava perdido.

O adulto responsável tinha nos deixado assim — um grupo de crianças uniformizadas e confusas, olhando para uma pilha de borracha preta, enquanto ao nosso redor, comandantes, psicólogos e outras pessoas gravavam todos os nossos movimentos e ações. Tudo o que eu sabia sobre o mar naquele ponto podia ser resumido em bronzeador, *paddle ball* na praia, garotas bonitas de biquíni e uma bandeira negra, vermelha ou branca ao lado do posto do salva-vidas.

De repente, percebi em um flash: *Você não precisa saber como fazer algo para liderar as pessoas que estão fazendo.*

Virei-me para o grupo e perguntei:

— Quem aqui tem experiência no mar?

Todos gritaram:

— Eu tenho! Eu tenho! Eu tenho!

— Silêncio! — eu disse. — Apenas levantem as mãos. — Algumas mãos se ergueram. Virei-me para um dos rapazes e perguntei: — Você... Qual é seu nome?

— Eran Rami. Eu era líder no grupo Sea Scouts, em Eilat.

— Ótimo — comentei. — De agora em diante, você é meu vice-comandante. — Escolhi mais alguns rapazes que levantaram as mãos e disse para eles: — Você, você e você... Vocês vão construir o barco.

Puxei meu "vice" de lado, em busca de um conselho discreto.

— Escute, Eran — comecei —, não tenho ideia do que precisamos fazer aqui. Explique-me agora exatamente o que precisamos fazer, e direi o resto para os rapazes. Fui claro?

Eran me explicou o que precisava acontecer. Voltamos para o grupo e, do jeito mais firme e indiferente que consegui, anunciei:

— Estou declarando que, a partir deste ponto, Eran Rami é meu vice-comandante. Daqui em diante, vocês farão o que ele disser para fazer.

Quando conseguimos completar a missão, estava preocupado de ter exposto minha falta de conhecimento sobre o mar e que isso fosse me fazer fracassar e ser mandado para casa. Mas, na última conversa, no final do treinamento, o instrutor disse que ficou impressionado com o fato de ter assumido o controle da missão e ter conseguido ter êxito, mesmo tendo ficado claro que eu não tinha ideia de como inflar um Zodíaco.

Aquela foi uma experiência formativa para mim, que me fez entender que, se souber liderar as pessoas, você pode fazer o que quiser.

...

Aquele barco Zodíaco murcho agora se misturava com meu pulmão colapsado em minhas alucinações. Enquanto minha consciência continuava a navegar entre a costa de Atlit e a ala de doenças respiratórias, o médico continuava a dar uma aula para os residentes sobre meu corpo. Acontece que havia alguns motivos pelos quais eu não deveria estar vivo naquele dia...

— Caros, o paciente chegou aqui 24 horas depois do início do evento. Fizemos um procedimento cirúrgico que salvou sua vida e vamos mantê-lo aqui por enquanto para monitorá-lo. Tentaremos acompanhar o fortalecimento do pulmão e a estabilização de seu funcionamento. — Ele se virou para mim e prosseguiu. — Aparentemente, alguém está cuidando de você, e ainda precisamos de você aqui. Caso contrário, não tenho outra explicação para o que aconteceu: não é provável que um pulmão em colapso sobreviva à equalização da pressão em altas altitudes.

Não tenho certeza se ouvi aquelas exatas palavras ou se o que me lembro está alinhado aos exatos detalhes médicos, mas, se entendi corretamente, o médico disse aos residentes que, uma vez que um pulmão entra em colapso completo, é provável que o paciente morra em poucas horas: o pulmão vazio se contrai e atinge o coração, impedindo seu funcionamento, e o sangue flui para os pulmões. Acontece que fiquei mergulhado nesse caos por 24 horas.

O professor Best se voltou para seu grupo de residentes e terminou a explicação educativa com uma sentença decisiva que está gravada em meu cérebro:

— Quando um ataque como este ocorre, só há uma coisa que jamais, em hipótese alguma, deve ser feita, a menos que a intenção seja garantir a morte. — Ele deu um sorriso quase imperceptível para os alunos e soltou a ironia que me transformou imediatamente em um milagre médico. — Isso mesmo... voar.

CAPÍTULO 3

Homens também sentem medo

Vou voltar um instante para aquela primeira noite. A noite depois do evento. Estou deitado ali na ala de doenças respiratórias, no oitavo andar do Hospital Rambam. Em certo ponto, todo mundo foi embora. Até minha esposa. O primeiro minuto, primeira hora, primeira noite... Quando me deixam sozinho...

Venha, chegue mais perto, vou contar um segredo. Psiu, não conte para ninguém, mas homens também sentem medo. E homens que não são emocionalmente desenvolvidos, como era o meu caso naquela época, sentem medo de admitir que estão com medo.

Então, fico deitado ali e, no quarto, só a dor e o medo estão presentes comigo. Entendo que um dia a dor vai passar e que não haverá mais nada disso, mas o medo me consome. O que posso fazer? O que não posso fazer? Tudo que pensei que faria na vida, de repente, parece irrelevante.

...

O colapso do meu pulmão me pegou enquanto estava seguindo pela via rápida, subindo na hierarquia da Marinha. Eu era um oficial promissor, um dos garotos de ouro da Marinha; tinha muito crédito com meus oficiais superiores. Sou patriota. Tinha em mim naquela época, assim como hoje, um grande amor pelo meu país e pela Marinha. O romance do mar, transmitido pela Marinha de geração em geração e inscrito em seu DNA, fez com que me apaixonasse repetidas vezes por qualquer coisa que me conectasse ao serviço naval e ao papel dos postos de comando que ocupei.

Nunca fui uma pessoa nostálgica. Não perdia tempo com desejos e emoções. Eu estava sempre pronto para a próxima missão. Agora, de repente, me peguei deitado em uma cama de hospital, na ala de doenças respiratórias, com uma horrível bolsa de drenagem presa ao meu corpo e, com ela, um monte de lembranças que não me soltavam e um novo e desconhecido anseio pelos períodos únicos do meu serviço militar. Tentei, com todas as forças, vislumbrar o horizonte, mas não conseguia enxergar um futuro.

Eu tinha uma trajetória na carreira operacional.

Na trajetória operacional na Marinha, você vai para o mar. Com um perfil médico como este, não vão me permitir navegar. Estar na Marinha sem navegar? Até onde sei, isso é como jogar futebol sem chutar para gol. É legal, mas não poderei ser como Ronaldo ou Messi. Ou, em termos navais, não poderei me tornar o comandante-em-chefe da Marinha israelense.

Naquela época, não sabia que, mais tarde, eu viria a conhecer o futebol bem de perto, e nos níveis mais altos, ao trabalhar como coach mental para a seleção nacional de Israel nos jogos pré-qualificatórios da Copa do Mundo.

...

Entre a dor e a frustração envolvidas em ficar deitado na cama por um longo período, também havia a sensação de humilhação. Fazer xixi em uma garrafa? Tomar banho sentado em uma cadeira? Vestir-me com a ajuda de uma enfermeira? Como foi que tudo isso aconteceu?

Quando o comandante da frota e os comandantes de dois esquadrões (que comandavam vários navios) vieram me visitar, me senti envergonhado. Eu os observei e vi como ficavam olhando de relance para a bolsa de drenagem. Um dos comandantes do esquadrão até saiu do quarto por alguns instantes. Senti que era difícil, para ele, me ver daquele jeito, que a visão de tudo aquilo era demais. Devo ter parecido digno de pena para eles. Eu me sentia preso em uma situação na qual me achava fraco, miserável, pouco viril... Certamente, nem um pouco adequada para o comandante de um navio lança-mísseis.

Ortal fazia questão de ficar ao meu lado o tempo todo. Ela era uma âncora para mim. Com frequência, olhava para ela e sabia que a decisão que tomara de interligar minha vida com a dela e formar uma família juntos tinha sido a melhor decisão que já tomara na vida. Quando as visitas deixaram o quarto, pedi para Ortal perguntar ao professor Best quando eu poderia ir para casa.

— Estou ficando louco aqui — garanti.

— O diretor da ala está em cirurgia, e a enfermeira responsável disse que você vai ficar aqui, no mínimo, pelos próximos cinco dias — Ortal me contou quando retornou.

— Bom, fizemos progresso. Ontem era só “até segunda ordem”.

Em vez de uma resposta, ganhei um beijo de minha esposa. Ela deve ter se esforçado para silenciar o comandante irritante que tentava, com todas as forças, acalmar o menino assustado que estava dentro de mim. Por ser uma pessoa que tinha que estar no controle o tempo todo, essa hospitalização inesperada, com o ambiente médico e todos os acessórios que o acompanhavam, conseguiu me desequilibrar totalmente.

— Você sabia que nunca fui punido como militar? — perguntei para Ortal, que tentava configurar os fones de ouvido da televisão para mim.

— Como assim? — ela questionou.

— Eles não chegavam a tempo. Eu me disciplinava antes que qualquer um fizesse isso. Uma vez, no começo do curso de oficial naval, estávamos baseados na costa em Acre. Moramos em barracas na beira d'água por cinco meses. Era proibido fumar na área entre as barracas e o mar, porque havia botes de borracha e postos de abastecimento, e tudo era inflamável.

— Estávamos prestes a embarcar em uma exaustiva viagem noturna. Deram-nos meia hora para nos organizar e vestir nossos uniformes B, com equipamentos, armas, coletes e cartuchos. Terminei de me arrumar e saí da barraca. Já estava escuro lá fora, e queria relaxar um pouco antes da viagem. Fui para trás da barraca e acendi um cigarro, mesmo sabendo que era proibido fazer aquilo ali. Tinha dado uma tragada quando, de repente, nosso instrutor apareceu, o comandante do pelotão, aquele que era temido pelos alunos do curso. Todos tinham medo dele. Sabíamos que, em nosso treinamento básico, ele nos faria correr a noite toda se tivesse uma desculpa para isso. A punição típica na base em Acre era "Vá para o mar". Do jeito que você estivesse no momento, com as armas, cartuchos e o resto do equipamento.

— Depois desse tipo de punição, você tinha que secar cada uma das balas individualmente, pois, caso contrário, a arma e o equipamento poderiam enferrujar. A limpeza era feita, é claro, durante o período 'livre' do soldado punido, que era, basicamente, as quatro horas de sono à noite. E o maior pesadelo nesse tipo de punição era ser enviado para uma expedição enquanto estivesse ensopado de água do mar. Depois de alguns metros de caminhada, você começava a ter bolhas nos pés e queimaduras de fricção na virilha. E dói.

— Eu sabia que ele tinha me flagrado. E entendia que, se não tomasse conta da situação naquele ponto, só ficaria pior. Sem uma palavra, joguei o cigarro na areia e o apaguei. O comandante me olhou direto nos olhos. Retribuí o olhar e disse: "Eu entendo o senhor". Avaliei rapidamente a situação. Esperava que, se fosse por iniciativa própria até o mar, ele perceberia que eu entendi, ficaria satisfeito com isso e, no último instante, diria: 'Esqueça isso, Ulman'. Mas não foi o que aconteceu. Comecei a marchar para dentro da água, com todo meu equipamento. Senti minhas botas e meias ficando molhadas, depois a água alcançou meus joelhos, e ele ainda ficou parado ali, me observando sem me dizer para parar.

— Fui mais para o fundo; a água cobriu meus quadris, meu peito, meus ombros. Ele não me deteve. Levantei a arma. De longe, o comandante sorriu e gritou para mim: "Ulman, a arma também!".

— Coloquei a arma na água, esperei até que ele fizesse sinal para que eu saísse do mar. Fiquei parado diante dele, encharcado, assim como minha arma e meu equipamento... Logo antes de embarcar em uma expedição noturna. Olhei direto nos olhos dele e me senti um herói, sabe? — disse para Ortal. — Ninguém me puniu! Olhei para ele, e ele olhou para mim. Eu podia ver a consciência atormentada dele. "Ulman, você entende que eu tinha que fazer isso, certo?", ele perguntou. E, naquele momento, me senti incrível. Tinha conseguido arrancar um momento de humanidade do comandante.

Ortal me respondeu com uma história também, sobre os monges Zen do Extremo Oriente, que costumavam punir a si mesmos com ascetismo inflexível:

— Se não conseguem realizar a tarefa que assumiram, eles jejuam a semana toda. E se eles se impõem algum tipo de obrigação, como parar de fumar, por exemplo, e não conseguem mantê-la, punem a si mesmos ficando em pé sob uma cachoeira de águas geladas até perderem a sensação das mãos e dos pés por causa do frio.

— Está brincando — comentei, sem acreditar, mas satisfeito com o fato de os monges budistas e eu usarmos uma tática similar.

— Então, o que me diz de parar?

— Parar o quê? — Senti que tinha caído direto na armadilha que minha esposa preparara para mim.

— Parar de fumar.

...

Depois de cinco dias e noites de insônia, desconforto e incertezas, fui mandado para casa para "continuar a recuperação". Deixei a bolsa nojenta de presente para o professor Best e, em troca, ele me deu alguns pontos meticulosos no peito. Enquanto estávamos os três sentados na sala da direção da ala, como no nosso primeiro encontro, mais uma vez, ele fez questão de falar apenas com Ortal.

— Há 30% de chance de que o fenômeno ocorra de novo. Não haverá nenhum sintoma prévio... Vai aparecer de repente. Ele precisa parar de fumar e diminuir as atividades estressantes...

— Por que você não fala com ele? — Ortal o interrompeu.

— Pela minha experiência, ele pode me ouvir no momento, mas ainda não vai entender. — O médico sorriu. — Você pode compreender melhor. Então, é minha mensageira na vida cotidiana dele. Preciso que o lembre de permanecer relaxado e de não fumar. Agora, você tem uma licença de três semanas e, no fim desse período, vamos tirar os pontos. Fique perto do hospital; esta é uma licença médica.

O médico estava certo. Eu realmente não entendia. Estava impaciente, borbulhando por dentro. Queria ir para casa e, fora isso, nada mais importava. Rapidamente, descobri que meu relacionamento com o tempo à minha disposição tinha mudado acentuada e inconcebivelmente.

A tradição sempre teve grande importância na Marinha. Quando um comandante sobe a bordo do navio, as sentinelas o saúdam com um "Bom-dia, senhor!" e tocam o apito. Então, vem o anúncio: "Capitão a bordo". Bandeiras são usadas como sinais internos, e há costumes claros. Segundo a tradição da Marinha, ninguém começa a comer antes do comandante. Há até mesmo uma bandeira especial para comandantes sêniores.

Também havia, é claro, minha experiência formativa na Inglaterra. Naquela época, eu era um jovem tenente que já estava servindo na Marinha israelense havia cinco anos. Alguns meses antes da minha dispensa programada, recebi uma oferta impossível de recusar: poder receber a patente de capitão na menor quantidade possível de tempo, um ano, e viajar com um oficial chamado Eitan Oppenheimer — um amigo que é como um irmão para mim — à Inglaterra para um curso internacional de guerra antissubmarino, na Escola de Operações Marítimas em Hampshire.

Foi uma experiência que mudou o modo como vejo a vida, expandiu minha consciência e me ensinou o significado de ser "um oficial e um cavalheiro". Lá, aprendi que há coisas que um oficial de verdade jamais considera fazer, como caminhar com as mãos nos bolsos, com as mangas da camisa dobradas ou fumar na rua. Por outro lado, aprendi a colocar a mesa corretamente, a deixar uma cadeira vazia entre mim e o oficial sentado ao meu lado (porque cada pessoa tem um jornal para si e a privacidade é estritamente mantida) e a me vestir para o jantar (sempre de terno). Hoje entendo que também adquiri o padrão comportamental dos líderes — códigos culturais humanos que vão muito além da guerra submarina, dos torpedos, dos uniformes passados a ferro ou das botas engraxadas.

No começo do curso, sofri com dores de cabeça durante três dias. O inglês falado no sul das Ilhas Britânicas parecia áspero e difícil de entender. Eu tinha que me esforçar muito para interpretar os termos militares. O material era técnico: esboços, submarinos, ataques de torpedos. E não entendia nada. O inglês era a língua materna da maioria dos participantes, claro. Mas, depois de três dias, senti como se uma cortina tivesse se aberto e, de repente, comecei a entender tudo o que estava sendo dito. Depois de um mês, já estava pensando em inglês.

Até aquela viagem, sempre tinha me saído bem, mas nunca tinha sido excepcional. Quando criança, ia para a escola como as pessoas ao meu redor iam trabalhar — só para "fazer o que tinha que ser feito". Passar por cada dia. Mas completei o curso na Inglaterra com distinção, como o primeiro aluno da turma, apesar das dificuldades com o idioma, e recebi uma avaliação tão boa que achei difícil acreditar que tinham escrito todas aquelas coisas sobre mim. Aprendi muito sobre submarinos: como localizá-los, persegui-los e depois destruí-los. Mas, mais do que isso, aprendi sobre a cultura de um oficial e de um cavalheiro, e que a "nobreza vem com obrigações".

...

Mas não estou na Inglaterra agora. Não estou tomando chá às cinco da tarde em ponto nem estou parado no convés, saudando a sentinela. Estou bem longe disso; na cama, passando horas comigo mesmo, em silêncio. Foi um período estranho e assustador. Aos poucos, meu cérebro entendeu que eu realmente poderia ter morrido. Esta percepção foi muito significativa pelo resto da minha vida. Entendo que não pode ser que esta vida se reduza apenas a uma lista de tarefas a ser cumprida, com ou sem distinção, só para que outra lista de tarefas surja no lugar para também ser completada. Não pode ser isso que Ele (Deus, o Universo) pretendia. Deve haver mais do que isso. Prometi a mim mesmo que começaria a fazer perguntas.

É claro que, depois de alguns meses, voltei à competição feroz. Mas hoje, depois do fato, sei que começou ali. Ali recebi o bilhete dourado. Foram necessários mais alguns anos para que esse entendimento se completasse, mas comecei a viver realmente, com força e rapidez, só depois que quase morri.

Você é mais esperto do que isso. Não espere. O que quero dizer é que você não tem que esperar. Não tem que esperar uma crise ou um perigo letal para começar a viver de verdade.

...

Três semanas mais tarde, voltei para o hospital. Eles tiraram os pontos, que deixaram uma cicatriz.

— Você vai voltar à sua vida normal — disse o professor Best —, mas com uns 30% de chance de recorrência.

O quê? Senti como se o céu tivesse caído sobre minha cabeça. Enchi o médico de perguntas:

— Como faço para ser cuidadoso? O que devo fazer? Me dê as instruções. Sou um oficial disciplinado; cuidarei do meu corpo.

— Não há manual no seu caso — o médico respondeu. E insistiu: — Volte à sua rotina. Faça o que sabe fazer e o que quer fazer. Só não faça mergulho, não salte de paraquedas e... Não pense nisso.

— Como posso fazer o que eu fazia antes sabendo disso? — perguntei.

Mas o professor Best é médico, não filósofo, então ficou em silêncio. Tive que me contentar com seu sorriso encorajador. Se ele soubesse como o subconsciente funciona... Tente, neste instante, por um segundo, não pensar em um elefante rosa. Pense em qualquer outra coisa. Não importa em quê, só não pense em um elefante rosa. No que você está pensando agora? Isso mesmo. É como o subconsciente funciona. Ele não entende palavras negativas (como "não"). E agora não devia pensar naquela probabilidade de 30%...

Uma chance de 30% de um evento recorrente. Quando se refere a outra pessoa, não é nada de mais. É sério. As pessoas estão tão ocupadas que, às vezes, estão "ocupadas em estarem ocupadas". Nosso limite de ruído é tão alto, a ponto de 30% de probabilidade de um evento recorrente para outra pessoa realmente não nos incomodar muito. Até que os 30% se refiram a você. Quando se trata de você, significa que a qualquer momento tem quase uma em cada três chances de que ocorra um evento que, no pior cenário, vai matá-lo. No melhor cenário, será levado às pressas para o hospital, aonde vão "consertá-lo" com uma cirurgia, e vai doer. E ainda há mais implicações. Na minha visão de mundo atual, sei que esse tipo de evento e mudança de circunstâncias ocorrem com as pessoas todo o tempo. A pergunta essencial não é "o que aconteceu?", mas, sim, "o que estamos dizendo a nós mesmos sobre o que aconteceu e o que vamos fazer com isso?". O que fazemos quando coisas "acontecem conosco"? As pessoas ficam presas no congestionamento todas as manhãs. A maioria delas se pergunta: "Por que isto está acontecendo comigo"? Mas não está acontecendo com elas. Coisas simplesmente acontecem o tempo todo.

As pessoas perguntam: "O que fiz para merecer isto?". Naquela época, eu também estava a caminho de muitos lugares, assim como todo mundo. Um de nós sai para onde quer ir, e o resto de nós se move apenas pela força da inércia. A maioria dos adultos no mundo ocidental não decidiu ainda onde quer terminar, mas, mesmo assim, está "a caminho".

Outro efeito do risco que pairava sobre mim era que, daquele momento em diante, eu não podia estar a mais do que duas horas de distância de um hospital do Ocidente. Também sabia que, com um *status* de saúde não combatente, seria proibido de navegar em operações navais. Ainda é possível ser um oficial estimado, claro, mas não o comandante-em-chefe da Marinha.

Nas manhãs, quando entrava no chuveiro, me deparava com minha cicatriz. Ainda não podia fazer muito esforço e, o que era pior, tinha perdido a confiança em meu corpo, do qual dependia tão fortemente. Voltei e reassumi meu lugar na base naval, mas sentia como se estivesse fingindo. Quem já ouviu falar de um oficial naval que não vai para o mar? Como instrutor-chefe da Academia Naval, minha missão de emergência durante o período de guerra seria assumir o posto de comando da frente — a equipe de comando e controle localizada no navio-almirante. Supostamente, estaria ali, claro, mas não tinha permissão para navegar. Não queria perder esse posto tão cobiçado e, já que eu era "macho", é claro que tinha vergonha de que alguém soubesse da minha condição médica. Além dos membros da minha família e do meu comandante, ninguém sabia. Mesmo assim, estava claro que não podia continuar assim.

Segundo minha história interna — aquela que ainda ditava o curso da minha vida naquela época —, eu não tinha outra opção:

precisava continuar subindo na carreira da Marinha, já que "vencedores nunca desistem". Depois de uma negociação de dois anos com o oficial diretor médico, me foi prometido que, se não tivesse mais nenhum evento médico durante um período de cinco anos, eles me permitiriam retornar aos deveres operacionais, e eu poderia progredir para postos mais altos.

...

Depois de dois meses que reassumi completamente meu papel como instrutor-chefe da Academia Naval, estava sentado em meu escritório quando ouvi uma batida na porta. Uri Disatnik, comandante da Academia de Oficiais da Marinha (e meu comandante, comandante de um submarino inteligente, meu amigo desde a época da universidade e, mais tarde, diretor do Conselho Regional Binyamina-Givat Ada), abriu a porta, vestido com roupas de corrida, enfiou a cabeça para dentro e disse:

— Venha, vamos lá.

— O que quer dizer com "vamos lá"? — fiquei surpreso.

— Vamos correr.

— Mas você sabe que não tenho permissão para isso.

— Vamos lá. Até motoristas voltam para a estrada depois de um acidente.

Eu estava morrendo de medo. Olhei para a prateleira inferior da estante diante de mim. Havia uma bolsa com roupas de esporte ali, desde os velhos tempos. Desde a primeira metade da minha vida.

— Tudo bem, mas devagar — negociei.

Nós corremos por dois quilômetros e voltamos. Era uma distância curta e, cada vez que meu pé atingia o chão, sentia uma pontada aguda de dor nas costelas. Mesmo assim, estava repleto de alegria. *Eu consegui!* Por alguns minutos, tinha afastado a nuvem de preocupação que sempre estava sobre minha cabeça. *Será que tudo vai voltar a ser como era antes?*

O tempo livre que eu tinha desapareceu. Os poemas que escrevi durante aquele tempo livre, enquanto meditava na praia, foram guardados em um cofre, para que ninguém pudesse vê-los nem mesmo Ortal. Os livros que li com fervor, como se buscasse salvação, foram deixados de lado. Em um deles, o autor perguntava para o leitor: "Você está sorrindo"? Eu pensei sobre isso e tive que admitir para mim mesmo que, até aquele ponto, não tinha sorrido o suficiente na vida. Faria questão de sorrir mais agora.

Eu esperava crescer. Tinha prometido para mim mesmo que faria mais perguntas, que pensaria diferente de antes. Mas, como muitas pessoas que tomam decisões depois de um acontecimento difícil e perturbador, também voltei atrás e, mais uma vez, fui consumido pela vida cotidiana. De novo, remei com força contra a maré, contra meu destino; mais uma vez fechei os ouvidos e o coração e não escutei — nem meu corpo nem as pistas que ele me mandava. Eu ainda não tinha as ferramentas, a consciência e a habilidade para identificar a pessoa, a alma que existe em mim, assim como em todos nós: uma pessoa que está sufocando de frustração e sente que precisa mudar de vida, mas não sabe por quê, em quê ou como.

De vez em quando, ainda sentia uma forte necessidade de ir até a praia, para meu refúgio tranquilo. Mal encontrava tempo, mas às vezes parava lá no caminho para casa. Naquele dia, as ondas estavam particularmente altas, e o pôr do sol era lindo e reconfortante. Sentei-me de frente para o sol que desaparecia e revi o caminho militar que tinha trilhado até aquele momento: eu era instrutor-chefe da Academia Naval e comandante de um navio lança-mísseis. Tinha recebido o comando de um navio ainda relativamente jovem e, então, conquistara o primeiro lugar em toda categoria possível. Era orgulhoso como um pavão. Caminhava por aí com o peito totalmente aberto e com um cigarro na boca. Eu estava a todo momento com um cigarro na boca.

Estar no comando de um navio lança-mísseis é considerado a joia da coroa da Marinha. Quando você se candidata para essa posição, eles o avaliam por meio de uma série de testes que culminam com provas no mar, durante as quais medem sua habilidade para lidar com um navio lança-mísseis em uma guerra em mar aberto. Um comitê de especialistas experientes, que fica na costa, o interroga sobre todos os tópicos possíveis: armamento, maquinário, liderança, guerra eletrônica etc.

Depois que passei com êxito na prova na primeira tentativa, esperei para receber meu navio. Assim como em todos os outros lugares, na Marinha existem navios-líderes, com tripulações fortes e de qualidade. Alguns têm design moderno e estão em ótimas condições, o tipo que você realmente quer receber para comandar. E há aqueles navios que estão em condições precárias, navios "antigos", cuja tripulação não tem motivação, e que sempre ficam por último em todos os eventos competitivos.

Meu bom amigo Eitan Oppenheim e eu fomos alocados em nossos navios no mesmo dia. Eitan recebeu o comando de um navio novo. E eu?

Em uma tarde de quinta-feira, fui convocado para ver o comandante da Flotilha 3. Ele me deu a notícia de que recebera o comando do INS (*Israeli Navy Ship*, Navio da Marinha Israelense) *Misgav*. O navio tinha 26 anos — e eu, 28.

Senti meu coração afundar no peito. O INS *Misgav* era o navio mais velho da Flotilha 3. Era um dos navios de Cherbourg, que Israel resgatara da França no inverno de 1968. Tinha vazamentos que chegavam até o centro de informação de combate e um nível operacional muito baixo.

Não era um bom navio, para dizer o mínimo — de fato, era uma "boia", em termos da Marinha. Antes de eu ser alocado nesse navio, o capitão tinha sido destacado para outra operação, e o INS *Misgav* estava há seis meses sem capitão. Marinheiros de destaque que tinham permissão para escolher o navio no qual serviriam não teriam escolhido ele.

Naquela mesma quinta-feira, o comandante do esquadrão (o comandante de alguns comandantes de navios lança-mísseis) saíra para uma viagem revigorante no INS *Misgav* e determinara que o navio estava em estado perigoso. Mesmo assim, eu estava prestes a receber o comando dele no domingo seguinte.

Por que fizeram isso comigo?, perguntei para mim mesmo. E perguntei para o comandante da flotilha:

— Por que eu?

Segundo a melhor tradição da organização, o comandante me explicou que eu fora "especificamente" escolhido para o INS *Misgav*, e que "ainda os agradeceria", porque aquilo representava uma mudança visível que "só" eu poderia fazer.

E eu também, segundo a melhor tradição da organização, aceitei o comando e fui para casa, com uma sensação de choque, para preparar meu discurso de abertura. Eu me imaginei parado na proa do navio (a parte da frente, onde a tripulação fazia suas reuniões). Escrevi o que ia dizer para minha tripulação. Escrevi que seríamos uma tripulação excepcional, uma tripulação vitoriosa e um lar acolhedor: "Seremos um navio de ponta".

Estabeleci dois objetivos: o INS *Misgav* se tornaria o melhor navio de guerra antissubmarino do Esquadrão 34. E o navio e a tripulação seriam submetidos a exames surpresa, para verificar o nível do navio na Flotilha 3, e seria classificado em primeiro lugar, inclusive, na guerra de superfície.

No fim do ano, é elaborada uma tabela classificatória e, ao longo do ano, o melhor navio lança-mísseis é escolhido. Fiz com que ficar em primeiro lugar fosse nosso objetivo, enquanto pensava comigo mesmo: *Eles vão rir de mim... Isso vai ser patético, não é realista.* Podia vê-los sorrindo sob os bigodes enquanto eu falava. E foi exatamente o que aconteceu.

Também coloquei métricas — objetivos quantitativos. Disse para a tripulação:

— Daqui a seis meses, quero que todo marinheiro e oficial seja capaz de dizer com orgulho "eu sirvo no INS *Misgav*".

Queria que os graduados nos cursos de treinamento com distinção — aqueles que recebiam a chance de escolher onde seriam posicionados — brigassem pelo direito de ir para o *Misgav*.

Cunhei a frase:

— Uma tripulação de campeões: irmãos e vencedores.

Pendurei um quadro na parede da minha cabine, bem acima da minha cabeça, escrito: "Há desculpas e há conquistas", e comecei mirando em meus oficiais para esse objetivo.

Eu os instruí a rever todas as anotações de testes de todos os navios nos últimos anos e a consertar todos os defeitos do navio, um por um.

"Liderança é comunicar às pessoas seu valor
e potencial de modo tão claramente que eles comecem
a ver isso por si mesmos."
Stephen Covey

Depois de quatro meses, ocorreu um teste antissubmarino na flotilha e, após seis meses, um teste de guerra na superfície. Conseguimos o primeiro lugar em ambos. Ami Ayalon, que era comandante-em-chefe da Marinha na época e uma figura reverenciada, me concedeu os troféus de escudo. É o que chamamos de "ultrapassar os limites": quando o navio mais velho da flotilha, o navio que mais se parecia a uma boia, derrota os navios mais novos.

O *Misgav* era um navio lançador de mísseis classe 2 Sa'ar. Naquela época, um Sa'ar 2 nunca tinha conquistado o primeiro lugar. Nem era parte de seu "escopo" ou estava entre suas possibilidades. Mesmo assim, nós conseguimos a classificação. Agora eu entendia o poder da autoimagem. A autoimagem compreende o que você pensa sobre si mesmo e o resultado do que conquista. Primeiro lugar em testes antissubmarino e em guerra de superfície: era definitivamente um resultado.

Os membros da tripulação do navio começaram a andar de peito aberto e, gradativamente, marinheiros muito bons se juntaram a nós. Os técnicos trabalhavam duro para consertar qualquer problema de funcionamento. A autopercepção dos membros da equipe também mudou: eles queriam ser mais operacionais. Sentiam que seu novo *status* de campeões os obrigava a manter o padrão e a proteger o título. Esse sentimento coletivo era expresso por meio de altos níveis de motivação e um forte desejo de sair cada vez mais para atividades operacionais.

Para nós, os testes pelos quais passamos eram como competições de *Ironman* — um lugar onde você conquista um objetivo e, naquele lugar, entende o que mais é capaz de fazer.

Enquanto estava no *Misgav*, comecei a trabalhar, pela primeira vez, no DNA do sucesso, embora não tivesse ideia de que fosse isso o que estava fazendo. Eu costumava usar minhas habilidades de liderança a fim de comunicar para as pessoas suas capacidades e potenciais de maneira tão forte e clara que elas começavam a ver por si mesmas o que era possível para elas e a querer seguir naquela direção.

> "Um líder leva as pessoas a lugares mais altos do que elas pensavam que poderiam alcançar."
> Alon Ulman

Estabeleci um objetivo; desenhei uma "imagem vencedora" para nós. Liderança sempre envolve pessoas e uma situação. A verdadeira liderança sempre estará ocupada com o crescimento e o empoderamento das pessoas. Cada vez que você fizer as pessoas serem maiores do que elas pensavam que poderiam ser, elas farão e darão qualquer coisa por você.

"As conquistas de uma pessoa ou um grupo nunca excederão a autoimagem e as expectativas de si próprias. Suas expectativas de alguém podem criar o tamanho delas."
Alon Ulman

E você? Quais são suas expectativas para si mesmo?

No final da premiação, o painel de comandantes de altas patentes me disse:

— Falamos para você! Só você podia transformar esse navio no que ele é hoje, e nós sabíamos disso. Por isso demos o trabalho a você.

Até hoje, sempre que encontro os marinheiros e oficiais do INS *Misgav*, fico animado de novo.

Amo e sou feliz em ver aonde eles chegaram na vida. Um dos oficiais, por exemplo, é Yaron Galai — um homem brilhante que já tem duas empresas de sucesso em sua trajetória: as empresas de marketing na Internet Quigo e Outbrain. Ele é fundador e CEO de ambas, duas das maiores plataformas de conteúdo do mundo, atualmente.

Olhando para trás, comandar o INS *Misgav* foi uma das coisas mais gratificantes e recompensadoras que já fiz na vida. Comandar um navio lança-mísseis das Forças de Defesa de Israel é um cargo de muito poder e força. O mar pode ser um lugar agradável e romântico, onde o sol nasce da total escuridão — uma das visões mais bonitas do mundo. Assim como os grupos de golfinhos nadando ao seu lado e escoltando você. São vistas espetaculares e extraordinárias que simplesmente não se pode ver em terra.

Contudo, quando há uma tempestade, é um pesadelo indescritível. Navegar no mar tempestuoso, quando se está ensopado até os ossos e congelando, e continuar a realizar as tarefas no meio de tudo aquilo, torna você mais forte e forja o caráter. Como tudo na vida, o mar tem muitos lados e humores. Há uma diferença entre ser um oficial em um navio e ter o comando total dele, quando você se senta do lado direito da ponte, olhando para todas as direções, e entende que está sozinho. Todos os marinheiros o admiram e têm certeza de que você sempre encontrará uma resposta (mesmo que você saiba — só você — que não sabe tudo).

Em momentos como esse, você não está preocupado com suas necessidades ou consigo mesmo. Líderes não perguntam a si mesmos "Do que eu preciso"? Eles perguntam: "Do que a situação precisa"?

"Assim como sinergia e beleza, todos sabem identificar liderança quando a veem, mas poucos sabem como defini-la e menos ainda entendem como criá-la."
Alon Ulman

Lembro-me de como fui sugado rapidamente de volta à vida operacional. Percebi que o que acontecera comigo fora resultado de estresse e tensão. Na eletricidade, o termo "tensão" significa a diferença em potência elétrica entre dois pontos. Do mesmo modo, tensão emocional (ou seja, estresse) é um tipo de diferença potencial entre os resultados que você tem na vida *versus* os resultados que quer alcançar.

Eu estava na lacuna entre meus resultados no mundo real *versus* meus resultados desejados, e não sabia realmente o que queria, e se aquele era meu destino. Apesar de tudo, continuei a trabalhar com as autoridades médicas militares a fim de conseguir permissão para navegação operacional. Consegui obter uma permissão específica que avaliaria minha condição atual em qualquer dia e me permitiria navegar. O significado disso era que não podia me aventurar a mais do que vinte milhas da costa a fim de me manter próximo ao hospital. Esta era uma restrição que limitava meus passos, mas eu não ia desistir. Continuei a lutar.

As pessoas ao meu redor não sabiam do meu problema médico. Fingir me permitiu embarcar em um navio de patrulha rápida classe Dvora a fim de observar meus alunos. Quem já ouviu falar de um comandante que não testa seus alunos? Se não pudesse fazer pelo menos isso, de que eu servia? No fim, como disse, recebi a promessa do oficial diretor médico de que, se não houvesse a ocorrência de outro episódio nos próximos cinco anos, ele removeria as restrições para minhas atividades operacionais — e então eu poderia voltar à linha de comando no mar. Mais seis meses e este obstáculo seria deixado para trás.

Eu esperava impacientemente que esse período terminasse. Já tinha atravessado a maior parte. Durante esse tempo, nossa filha nascera — uma beleza de olhos azuis, uma irmã para nosso primogênito Bar, e nós a chamamos de Gaya. Tudo parecia otimista e promissor. Quatro anos e meio se passaram desde o primeiro ataque. Só faltavam mais seis meses...

...

Durante um daqueles dias, estava viajando com um motorista da nossa unidade para visitar alguns dos meus marinheiros que estavam baseados em campo. Ele dirigia o veículo, enquanto eu mantinha um olho de águia na estrada e nos arredores. É proibido sonhar acordado ou encarar o nada enquanto se está viajando pelo campo. Você tem que esquadrinhar e observar todas as direções constantemente.

De repente, veio tudo aquilo de novo, de uma vez. Eu imediatamente soube o que era: a dor excruciante seguia de baixo para cima — desta vez não nas costas, mas direto do meu pulmão. Xinguei muito, fiquei zangado, reclamei, implorei ("Deus, por favor, isso não. Isso não!"). Eu ainda não sabia que, em momentos difíceis como aquele, você deve perguntar a si mesmo: "O que tem de bom nisso"?

"A presença da ausência: quando algo é tirado de nós, de repente, apreciamos essa coisa. Nossa vida, nossa saúde, o amor da nossa vida, nosso trabalho etc. Se age como se isso estivesse prestes a ser tirado de você, a chance de que isso ocorra vai diminuir."
Alon Ulman

Naquele momento, como costumava ser naquela época, nada de bom estava acontecendo comigo. Pelo contrário: de novo o desastre me atingia. Desta vez, estava claro para mim o que era. Um segundo ataque.

— Volte — pedi para o motorista.

Meu mundo estava desmoronando, com ainda mais força. A segunda vez é pior porque você já sabe o que esperar. Já conhece a dor que o espera, o longo e agonizante processo, e esse conhecimento o abala. Imediatamente, liguei para Israel, o padrasto de Ortal. Para mim, Israel é um "catalisador" — uma figura que me ajudou a me desenvolver, a crescer e a passar de um estado de consciência para outro. Cada um de nós tem esses "catalisadores" na vida, e até mesmo grupos de catalisadores que aceleram o processo de desenvolvimento e avanços da consciência. Mas nem todo mundo sabe como identificá-los ou o papel que eles desempenham em nossa vida. Eu tampouco sabia tudo isso naquela época. Só sabia que precisava dele.

— Israel, está acontecendo de novo — disse, tentando soar controlado.

— Olhe, estou fazendo algumas consultas e já retorno para você. Enquanto isso, comece a voltar para casa.

Primeiro na Turquia, agora em campo — mais uma vez eu estava em uma localidade "exótica", enquanto aquilo acontecia. O motorista fez tudo o que podia para manobrar entre minha dor e a velocidade da estrada.

— Alô?

— Alon... — Havia confiança na voz de Israel. — Vá para o Hospital Meir em Kfar Saba. Já sabemos que o tempo é essencial.

— Mas quero ir para o Hospital Rambam — insisti no ambiente com o qual era familiar. — Você sabe que é meu território familiar.

— Mas e se...

— Desta vez, parece menos severo do que da última, no avião. Vou continuar em frente.

— Tudo bem. Mas se começar a piorar, pare em Hadera, no Centro Médico Hillel Yaffe — pediu Israel. — Tenha uma viagem segura — acrescentou, de modo encorajador.

Conseguimos chegar ao Hospital Rambam. Eu me deitei em uma das macas vagas na sala de emergência. Para o médico que se aproximou de mim, eu disse apenas:

— Meu nome é Alon Ulman. Tenho 36 anos. Tenho pneumotórax espontâneo. Este é o segundo ataque, do lado esquerdo... Boa sorte.

CAPÍTULO 4

"Professor, me conserte"

Mais uma vez, anestesia. Mais uma vez, drenagem. Mais uma vez, internação e, depois, recuperação em casa. Informei à tripulação na base que eu ficaria ausente por um mês. Arranjaram um substituto para mim, um "oficial de controle" estratégico e eficiente. Depois de 21 dias de recuperação, voltei ao consultório do professor Best para fazer a retirada dos pontos, e ele me disse que, a partir daquele momento, havia 50% de chance de que passasse por tudo aquilo de novo.

— Não pense nisso — o médico disse. — Volte à sua vida normal.

Claro. Não pense no elefante rosa... Lembra?

Uma probabilidade de 50%. Como na história mitológica da espada de Dâmocles, era uma ameaça que pairava bem acima da minha cabeça. Imagine uma espada pendurada por um fio sobre você, e a qualquer momento há uma chance em duas de que ela caia em sua cabeça. Você não está segurando o fio e não exerce influência alguma sobre ele.

É uma situação intolerável! Em especial, se você é uma daquelas pessoas que fazem questão de projetar a própria realidade.

Depois de alguns meses de recuperação, ainda tinha dor, mas, gradativamente, sentia que podia fazer tudo. Mesmo assim, todo mundo me explicava o que eu não podia fazer — que era impossível, que era perigoso, que não ia dar certo. Retornei à sala da direção da ala de doenças respiratórias, sentei-me diante do médico e disse:

— Escute, preciso que tire essa nuvem escura da minha cabeça.

Perguntei para o professor Best o que precisava fazer para prevenir um terceiro ataque. Ele começou a falar sobre algum tipo de procedimento. Eu já tinha aprendido que, na linguagem médica, "procedimento" significa cirurgia.

— Mas é um risco — enfatizou.

— O senhor sabe como é, para mim, sentar e esperar um terceiro ataque, professor? Significa estar sempre perto de um hospital. Significa não me mover, me manter em segurança, ter medo de voar... Parar de viver! — Parei por um momento, respirei fundo e disse baixinho: — Significa ter medo da morte, todos os dias, sem parar.

Fiz a expressão mais determinada que consegui e acrescentei um argumento esmagador:

— Também significa que a Marinha nunca mais me manterá em atividade operacional.

— É uma cirurgia de risco. — O professor se manteve preso ao seu mantra.

— Passar o resto da minha vida em um raio de trinta quilômetros de um hospital? Que tipo de vida é essa? — Quis saber.

...

Fui para casa me sentindo perdido. De repente, tinha um monte de tempo ao meu dispor. Basicamente, até meu pulmão colapsar, eu nunca havia tido tempo livre, nem quando era criança. Sempre tinha missões com as quais estava ocupado e preocupado. Agora, embora estivesse cheio de pontos e proibido de fazer atividades extenuantes, decidi descer até a praia ao pé do Monte Carmel.

Inacreditável: são onze da manhã e estou sentado em um restaurante na praia. Enquanto observava as gaivotas, percebi que sentia emoções contraditórias. Por um lado, estava morrendo de medo do futuro. De repente, tudo para o que eu tinha me preparado a vida toda parecia irrelevante. Para avançar na Marinha, é necessário navegar muito, e dali em diante estava proibido de ir para o mar.

Paradoxalmente, ali, na praia, enquanto esperava a cirurgia, de repente tinha ar para respirar. Subitamente, entendi que o que tinha acontecido comigo era por uma razão. Eu não me ouvia há anos. Fiz o que "precisava" ser feito e o que senti que "deveria" fazer, e não o que queria fazer, a ponto de não ter mais ar. Meu pulmão colapsado era uma metáfora. Um tipo de sirene, um alerta: *Levante-se! Acorde! Comece a respirar!*

Na praia, me senti um sobrevivente. Finalmente compreendi: *Perdi um mundo precioso que tinha e que nunca mais será meu. Não poderei navegar mais. Não vou mais vivenciar o balanço das noites escuras de frente para o litoral de países estrangeiros, ainda mais quando em missões que precisam de silêncio. Não sou "requisitado" para essas atividades, tenho uma "licença médica".*

Como lembrei a mim mesmo, meu padrão comportamental automático era terminar o que tinha começado, independentemente do que eu realmente queria. Querer — até onde me dizia respeito — não era algo legítimo para um adulto. Um adulto faz o que é obrigado a fazer. Era o que pensava na época.

...

Então, exatamente um ano após o segundo evento, como medida preventiva e para reduzir o risco estatístico ameaçador, fui mais uma vez para a mesa de cirurgia. Os cirurgiões habilidosos abriram minha cavidade peitoral e me operaram "de costa a costa". Removeram cerca de um terço do meu pulmão esquerdo, usando uma técnica de raspagem, mas colocaram o restante no lugar e me fecharam. Eu tinha escolhido o que era chamado de "procedimento clássico" — a cirurgia mais agressiva do cardápio.

Então, senti — e hoje compartilho essa percepção com o maior número possível de pessoas — que, daquele momento em diante, eu não seria mais uma vítima das circunstâncias. *A partir desse dia,* jurei, *estou escrevendo o roteiro do meu próprio filme.* Entendi que havia recebido um "bilhete dourado" para a vida, e sabia que não tinha intenção de desperdiçá-lo.

Depois de cortarem duas costelas minhas, os médicos me deixaram como lembrança uma cicatriz cercada de marcas do que restara dos tubos de drenagem dos outros "procedimentos" aos quais me submetera (e chamam isso de "cirurgia inovadora"). Eu estava no final da quarta década da minha vida e, naquele ponto, as coisas não pareciam muito promissoras.

A maioria das pessoas vai para o trabalho dia após dia fantasiando sobre a proximidade da aposentadoria, a vontade de receber uma pensão e finalmente poder fazer o que realmente deseja. Mas e eu? O que eu queria? Não tinha certeza. Na verdade, não tinha ideia.

Bem, por favor, não se sintam mal por mim.

Esta é uma história feliz — e bem feliz mesmo. Vamos, imediatamente, mudar a atmosfera.

Sabe, conto minha história diversas vezes, em Israel e ao redor do mundo, como parte da minha palestra "Ultrapassando os limites — Como conseguir a vida que você sempre desejou". Mais de 250 mil pessoas já ouviram minha história e, quando chego nesta parte, sempre vejo rostos com expressões sombrias olhando para mim da plateia... Exceto em um lugar.

Nessa palestra em particular, a audiência começou a se animar durante esta parte. Estava falando para o pessoal encarregado do Serviço Prisional de Israel: o tenente-geral, os comandantes de divisão, os comandantes de distrito e os comandantes das prisões. De repente, alguém se levantou na primeira fila:

— Tudo está claro! — disse, com voz estrondosa.

— O que é tão claro? — perguntei. E, com um sorriso, ele respondeu:

— O que não está claro? Você teve um terço retirado... Por bom comportamento!

...

Três meses e meio antes de completar quarenta anos, você para de pensar que sabe tudo. Isso acontece, principalmente, entre os homens. Até aquele ponto, minha mentalidade era: "Eu sei, eu sei".

Então, toda manhã, eu via aqueles dois oficiais correndo na pista de atletismo da Escola de Comando e Estado Maior das Forças de Defesa de Israel. Um dia, parei e perguntei para eles:

— Por que correm com tanta frequência?

Eles me disseram que estavam se preparando para uma maratona — uma corrida de pouco mais de 42 quilômetros. Claro que isso não tinha ligação comigo, mas, já que estava parado ali e tinha perguntado por que estavam correndo, acrescentei:

— Quando vai acontecer?

A data que mencionaram era bem no dia anterior ao meu quadragésimo aniversário. De repente, me ouvi dizendo:

— Uau, posso participar com vocês?

Eles me olharam de um jeito estranho e... Foi isso. Eu me juntei a eles. Vi como olhavam um para o outro, depois para mim. Tinham uma expressão que dizia: "De onde saiu esse sujeito"?

Já tinha feito longas caminhadas durante meu serviço militar. Houve um tempo em que eu normalmente corria alguns quilômetros com meus alunos. Mas 42 quilômetros? De repente, uma vozinha me cutucou internamente, refletindo nas expressões dos meus dois novos amigos, e disse: *Eu preciso correr! Eu tenho que correr!*.

A voz ficou mais forte. *Se eles conseguem fazer isso, também consigo!* Eu disse a mim mesmo: *Fique com eles. Comece a viver como eles vivem e a treinar com eles.*

— Vou participar com vocês.

É isso. Eu tinha decidido. Quem teria pensado, naquela época, que essa frase tão curtinha mudaria minha vida completamente.

— O quê? — um deles gritou. — Não consigo escutar você!

Esta maratona, pensei, *vai acontecer exatamente um dia antes do meu quadragésimo aniversário.* Gritei mais alto, com voz forte e clara:

— VOU PARTICIPAR COM VOCÊS!

Gostaria de poder dizer para você que, naquele instante, os céus se abriram e os pássaros cantaram enquanto eu mirava na direção do meu objetivo e obtinha percepções profundas. Mas a verdade é que, durante todo o primeiro mês de treinamento, foi tudo muito doloroso para mim: meus joelhos doíam, meus pés doíam... Sim, essa era a verdade. Eu queria ser saudável, mas, por outro lado, tinha medo de correr sem um terço do pulmão.

Os rapazes riram quando falei que ia me juntar a eles. Depois, e talvez por boa educação, acabaram aceitando o que acabara de acontecer. Minha presença não era necessariamente confortável para eles. Eu não conseguia acompanhar o ritmo deles, já que não estava na mesma forma, porém era teimoso e não pretendia desistir. Nós nos tornamos bons amigos em bem pouco tempo; logo percebi que meus novos amigos não eram o problema. Eu era.

Meu corpo estava, literalmente, desmoronando. Um mês e meio de treinamento deixou marcas — não havia um membro do meu corpo que não doesse. Em especial, meus joelhos. Mas queria correr. Queria muito, embora não tivesse tempo para parar e perguntar a mim mesmo: *De onde vem essa nova paixão ardente?* Só queria fazer aquilo, e corri.

Todos os médicos a quem recorri perguntaram:

— O que é isso? Para que você precisa disso? Seja grato por conseguir correr alguns quilômetros em sua condição, na sua idade, com seus pulmões... Já é muito.

Também diziam:

— Para que você precisa correr uma maratona? Não é saudável, não é natural.

E um deles acrescentou:

— O que você espera? É natural que seu joelho doa.

O fato de eu ter um desejo forte era excelente, mas não o suficiente. Albert Einstein disse: "Deus não joga com dados". O mundo funciona segundo leis muito claras. Por exemplo, as leis dizem que um homem de quarentena anos que está começando a correr vai ter dor nos joelhos. É uma simples lei da física: cada vez que damos um passo, nosso joelho suporta duas vezes e meia o peso do nosso corpo. Eu pesava 79 quilos. Duas vezes e meia isso são quase duzentos quilos. Correr significa ter duzentos quilos batendo no meu joelho... E mais duzentos quilos, e mais duzentos, e assim por diante. Até o joelho mais forte do mundo teria dificuldade de suportar esse fardo.

Então, como algumas pessoas conseguem correr? Elas têm amortecedores fortes — músculos do quadríceps saudáveis — para absorver a maioria do impacto antes que ele chegue aos joelhos. Sem isso, é como dirigir um jipe depois de ter as molas e os amortecedores removidos. Provavelmente vai arrebentar suas costas. Mas, se você tem músculos dos quadríceps fortes, os joelhos não sofrerão danos.

Como sempre digo, não é genética, não é por acaso e também não é carma. Nenhuma genética vai ajudar os joelhos de alguém que não tem os músculos dos quadríceps fortes. E eu não tinha desenvolvido esses músculos ao longo de quarenta anos. No entanto, aquela voz insistente dentro de mim não desistia. Continuava a me incitar, me motivar: *Você consegue fazer mais. Você pode ser mais. Você pode se tornar mais!*

...

Foi difícil para mim, porém sentia que correr alimentava minha alma. Entre mim e eu mesmo, chamei de "corrida matinal dos campeões". Eu dirigia uma hora de Haifa até Herzliya toda manhã depois do café da manhã, enquanto ainda estava escuro. Dirigia na chuva, na escuridão, para chegar lá. Nós nos encontrávamos as cinco ou seis da manhã e começávamos a correr. E o que era incrível nisso tudo é que, antes disso, eu nunca gostara de correr. Pelo menos era o que tinha dito para mim mesmo todos aqueles anos. Gostava de esportes que envolvessem bola. "Se já estou correndo, então pelo menos que seja atrás de uma bola. Qual é a graça de correr se não há bola"? Agora, começara a correr em pomares, no caminho de Herzliya até Jaffa.

Quando corre, você desenvolve uma nova sensibilidade para a natureza. Você a sente e a experimenta em seu corpo todo, por meio de todos os sentidos, sem nenhum ruído para incomodar ou distraí-lo. Você sente nos ossos as mudanças das estações, o nascer do sol. Não se escuta isso nas notícias e não se vê imagens de um céu azul na previsão do tempo no jornal das nove da noite. Este é o sol de verdade. Amarelo, quente e carinhoso. Correr expõe você ao exterior, mas principalmente ao interior: seu "ruído" interno diminui, e você começa a se enxergar, a se sentir e a se ouvir. Sente todos os músculos e tecidos novamente. Sabia que não podia me permitir quebrar. O princípio que me guiava era *Vencedores sempre terminam a corrida.* Em outras palavras, *Vencedores nunca desistem.*

Em todas as "corridas" da nossa vida (e não falo só de correr no sentido literal da palavra), a maioria das pessoas começa, mas em certo ponto para. Essas pessoas nunca saberão o quanto estavam perto da linha de chegada. Começamos uma dieta, começamos a praticar esportes, começamos a fazer um curso, começamos um relacionamento, começamos a avançar na carreira... E, em determinado ponto, a maioria de nós para. Em geral, também há um motivo externo e aparentemente bom para isso, como "não tenho controle sobre isso". Mas *vencedores terminam a corrida*, e não importa o que aconteça ao longo do caminho. Daquela manhã que falei pela primeira vez com os dois oficiais que corriam na pista, eu tinha três meses e meio para treinar para a maratona.

Completei essa primeira maratona no meu quadragésimo aniversário. Consegui terminar aquela corrida com sucesso graças a coisas que não estão necessariamente relacionadas ao atletismo: força de vontade, determinação e disposição para pagar o preço. Definitivamente, não me diverti na maior parte do caminho. Mas o final foi especialmente animador: três homens viris, de mãos dadas, como planejamos fazer, depois de correr durante três horas e 52 minutos. Durante a maratona, percebi que, até aquele ponto, eu não tinha entendido nada.

Agora entendia por que aqueles rapazes tinham dado risada no dia em que pedi para me juntar a eles. Ninguém falou naquele dia sobre o que me esperava depois da curva. Aos poucos fui conhecendo, por intermédio deles, o triatlo, uma competição que combina três ramos do atletismo: natação, ciclismo e corrida.

— Não se preocupe — eles me disseram. — Começaremos aos poucos.

Eu me inscrevi para uma competição curta, conhecida como "triatlo rápido", que incluía nadar 750 metros, andar vinte quilômetros de bicicleta e, por último, correr mais cinco quilômetros.

Durante a competição, uma emoção desconhecida embargou minha garganta. Ela dizia: *Não sei como essa coisa se chama, mas não me sinto assim desde que era criança. Preciso ter mais dessa coisa.*

CAPÍTULO 5

“Covarde, inscreva-se!”

Um dia, cerca de quatro meses depois do meu primeiro triatlo, estava treinando corrida com Rafi: 47 anos, 1,70 m, enérgico e cheio de vitalidade.

— Escute — Rafi me disse animado —, alguns de nós já nos inscrevemos para uma competição no Arizona. Chama-se *Ironman*.

— O que é *Ironman*? — perguntei surpreso.

— Nunca ouviu falar do *Ironman*?

— Não, o que é? — questionei.

— É uma competição incrível, uma das mais difíceis do mundo — disse Rafi, virando-se na minha direção enquanto ainda corria. Percebi que seus olhos brilhavam enquanto me falava sobre aquilo. — Começa com uma prova de natação de três quilômetros e oitocentos metros em um rio ou no mar. Só para comparar, a prova de natação mais longa nas Olimpíadas é de um quilômetro e meio.

Ah, uau. Tentei processar essa informação, imaginar a distância e a dificuldade da tarefa.

— Depois de nadar essa distância — Rafi prosseguiu —, você sai da água, pega uma bicicleta e pedala por 180 quilômetros. — Fez uma pausa para efeito dramático... Ou só parou um minuto para respirar, mas o efeito foi perceptível. Então, continuou. — Para comparar, a distância de Haifa até Jerusalém é de 145 quilômetros. Bom, você pedala 180 quilômetros e, quando sai da bicicleta, troca de tênis e corre uma maratona completa: 42 quilômetros. Somando tudo, a competição é de 226 quilômetros nadando, pedalando e correndo. E tudo isso — ele acrescentou — deve ser completado dentro de dezessete horas ou menos.

Para quem quer saber o que perguntei para mim mesmo, "Bem, isso é na sequência?", a resposta é "sim, claro que é". Um total de 226 quilômetros de uma só vez.

Olhei para Rafi, um pouco chocado. Embora já soubesse qual seria a resposta dele, perguntei:

— E você... Você vai fazer isso?

Rafi me olhou, apontou para mim e respondeu minha pergunta com outra pergunta:

— E você?

...

Eu não sabia, naquele momento, que essa perguntinha que Rafi tinha me feito, essas duas palavras com um ponto de interrogação no final, viraria totalmente meu mundo de cabeça para baixo. No lugar em que estava, a pergunta dele sequer tinha penetrado no meu escopo.

"Escopo" é um termo significativo que levei comigo do mundo naval para o mundo da consciência, percepção e desenvolvimento. O termo se refere ao círculo de capacidade consciente que nos cerca. Não o vemos, é claro, mas ele está sempre lá. Temos nosso próprio escopo como indivíduos, e até grupos e empresas têm seus escopos. Significa tudo o que percebemos ou consideramos como possível para nós mesmos, como sendo uma opção viável. Fora do escopo (ou, se preferir, do campo de visão consciente) estão todas as coisas que não consideramos relevantes para nós.

Aqui está um exemplo absurdo para ilustrar o termo: vamos dizer que um dragão de cinco cabeças apareça, pare diante de mim e comece a conversar na minha língua nativa fluentemente, cheio de gírias modernas. Ele aperta minha mão, solta seu hálito quente no meu rosto e eu o toco. Sinto sua pata protuberante em minha mão, olho direto em seus olhos e narinas e digo, sem pestanejar:

— Dragão? Qual é, que bobagem é essa? Todo mundo sabe que dragões não existem.

E por que eu diria isso? Porque dragões não estão no meu escopo — no meu alcance de consciência. Não consigo entender como sendo possível, porque sei, com certeza, que não há dragões, e que é isso. Claro e simples.

Quando éramos garotos de sete anos em Krayot (nos arredores de Haifa), meus amigos e eu fazíamos comparações o tempo todo. Tipo, digamos que tivéssemos lido uma notícia no jornal sobre um homem que ganhava duzentos mil shekels por mês. Tínhamos um ponto de partida: acreditávamos que o pai de David, para fins de argumentação, ganhava um certo número de shekels por hora. Então, começávamos a calcular: e se esse homem do jornal ganhasse dez vezes mais por hora do que o pai de David ganha no trabalho?

Mesmo assim, o resultado não chegava nem perto do salário astronômico sobre o qual tínhamos lido no jornal. E se fossem quinze vezes mais por hora? Tampouco chegamos perto. Demos turnos absurdos para esse homem rico, longas horas de trabalho, dias e noites, e calculamos tudo com o dobro de um salário generoso por hora. No fim, chegamos à conclusão, baseados em um trabalho de 24 horas por dia, sete dias na semana, a uma taxa de quinze vezes mais por hora do que o pai de David ganhava... E ainda assim não alcançamos o valor lendário de duzentos mil shekels.

Setenta por cento de nós chegaram à conclusão óbvia, assim como aconteceu na história do dragão, e declararam que "não existe uma coisa dessa". Os 30% restantes tinham decidido firmemente que só havia uma possibilidade. Já que nenhum cálculo lógico podia explicar o fenômeno, sobrava a conclusão óbvia, segundo as regras da matemática simples. Não havia outra opção: ele devia ser um ladrão.

Não é que a realidade tenha mudado, é claro, mas, sim, nossa interpretação dela. O livro não muda. O que muda é a pessoa que o lê. Objetos e fenômenos não mudam. Nossa compreensão que muda. Nossa consciência e percepção se expandem e se desenvolvem, nosso escopo se flexiona e pode ser esticado até se estender de modo que não podíamos imaginar ser possível.

Assim, a pergunta que Rafi me lançou — "E você?" — nem mesmo rompeu a crosta externa do meu escopo. Mas fiquei realmente surpreso com isso, e também interessado. Então, fui para casa e pesquisei no Google as palavras "*Ironman*, Arizona" por pura curiosidade. Entretanto, você sabe, na vida há uma diferença entre a teoria e a prática, entre as leis internas e externas.

Enquanto isso, eu examinava aquilo "teoricamente", de um ponto de vista "antropológico". Li no site da competição que as inscrições eram limitadas a 2.500 pessoas. Isso significava que, no momento em que o participante número 2.500 preenchesse seus dados e desse dois cliques em "enviar", as inscrições estariam encerradas. Todos os dias, voltava para o site e verificava o total de inscritos.

O número aumentava consideravelmente conforme as pessoas se registravam. Perguntei a mim mesmo: *Por que pessoas que estão no meio de suas vidas querem praticamente se matar em um percurso de centenas de quilômetros, correndo até quase o limite da capacidade humana e dilacerando seus corpos? Quem são elas, essas centenas de pessoas malucas que já se registraram para participar disso?*

Eu também não conseguia dormir à noite. Até em termos teóricos, pensava naquelas pessoas. E os números subindo: 2.200 participantes registrados. No dia seguinte, 2.282. Continuei a entrar no site diariamente, enquanto dizia para mim mesmo: É uma pena. Teria me registrado se...

Isso lhe soa familiar?

No sétimo dia, visitei o site e percebi que era a hora: *se eu não me registrar agora, estará acabado. O trem partirá sem mim.* Senti uma sensação ácida familiar começando a tomar conta do meu peito. A sensação que diz: "Aí está... Em um minuto isso vai se transformar na história número 43 da série de histórias 'Coisas que eu podia ter feito e não fiz'".

E por que não tinha feito? Ah, por causa de... Carma, sorte, destino, genética, da minha esposa, do meu chefe, dos deveres da reserva, das finanças, da situação, da cultura organizacional, dos meus filhos, do ministro da Economia, do primeiro-ministro, da gripe aviária, do abismo fiscal, do custo do queijo cottage... Mas nada disso encaixava. É só que as condições não eram certas. *E é uma pena, porque eu teria feito isso.* Sério!

Na minha imaginação, já conseguia me ouvir dizendo a um amigo como eu quase tinha feito. "Quase me inscrevi, sabia? Mas no fim, não deu certo...", porque... porque... Eis outra história na coleção de histórias, assim como aquela declaração que apresentei na cabine do comandante, diante da minha tripulação, sobre desculpas e realizações.

Como uma terrível azia, podia sentir a acidez se erguendo em mim. A palavra "acidez" é similar ao termo usado para "perder uma oportunidade" em hebraico. O maior medo das pessoas cujas aspirações estão acima da média é o medo de perder alguma coisa. O medo de desperdiçar a coisa mais preciosa que temos, a vida. A sensação de que a vida está passando sem que nada significativo tenha acontecido nela.

"É impossível desperdiçar tempo. É possível desperdiçar nossa própria vida. É impossível ganhar tempo. É possível ganhar nossa própria vida."
Alon Ulman

Então... O que eu fiz? Eu me inscrevi? O que você acha?

Pense nisso. O que um adulto sério e responsável faz quando quer alguma coisa? Não precisa nem tem que fazer. Ele quer.

Aos sete anos de idade, já era um adulto sério e responsável, quando percebi que precisava tomar conta de mim mesmo. As crianças aprendem tudo, assim como acontece com seus filhos. Elas são mais sensíveis do que nós com nossa dignidade e comportamentos. Meus pais, a quem amo e de quem gosto, se casaram muito jovens. E eu, ainda muito cedo — cedo demais —, percebi que era o adulto responsável em nossa casa, e que era meu trabalho fazer o que tinha que ser feito. O que era *necessário*, não o que queria.

...

Antes que diga o que fiz, quero parar por um minuto e convidar você a pensar — neste exato momento — sobre algo que sempre quis fazer ou algo que realmente tem vontade de fazer agora. Algo que, se acontecesse com você, seria tipo "uau! Não acredito". Algo significativo. O tipo de coisa que faz você dizer para si mesmo: "Se qualquer coisa fosse possível, se não tivesse chance de falhar, seria isso que eu faria".

Pense sobre uma coisa pessoal. Pense em três coisas, se puder — uma pessoal, uma relacionada à sua carreira e uma na área dos relacionamentos íntimos. Lembre-se: "Se qualquer coisa fosse possível, é isso o que eu queria". Solte sua imaginação e tente pensar nessa coisa acontecendo: no ano que vem, em um ano e meio. Projete uma imagem ou um filme para você mesmo ou pinte um quadro. Não importa o que seja — desde que você esteja encarando aquilo.

Meus objetivos

Agora separe um momento para completar o exercício rápido a seguir.

Se qualquer coisa fosse possível e não houvesse chance de fracasso, gostaria de conquistar:

- Em minha vida pessoal: ______________________
- Na minha carreira: ______________________
- Nos relacionamentos íntimos: ______________________

Agora que já escolheu alguma coisa, a próxima pergunta é:

Por que isso ainda não está acontecendo na sua vida?

Quando faço essa pergunta para as pessoas diante de um auditório lotado, *puft!* Um monte de respostas aparecem imediatamente ao questionamento:

- "Porque não tenho coragem." (Por que não?)
- "Por falta de motivação." (Por que você não tem motivação para fazer algo que melhoraria sua vida e a vida dos que estão ao seu redor?)
- "Não acho que conseguiria." (Por que não acredita? Se não acredita que consegue, então quem vai acreditar?)
- "Prioridades." (Uma resposta tipicamente masculina que é sempre dita em um tom de voz profundo e confiante — então, por que isso não é prioridade?)
- "Não tenho dinheiro para isso." (Então, por que não criou ou ganhou o dinheiro necessário?)

Todas essas respostas são válidas. Mas, mesmo se as falarmos em tom de voz profundo, confiante e autoritário, elas ainda permanecerão apenas como sintomas do problema central ou do motivo central. Porque, se nossas prioridades fossem realmente diferentes, como é que não nos colocamos no topo das nossas prioridades? E quando digo "nós", não quero dizer "eu e eu mesmo". Quando fazemos nossa vontade e nos sentimos realizados, todos os círculos que estão ao nosso redor — e principalmente nossa família — se beneficiam disso.

Estes são os sintomas. *A razão central é o medo.* Entre nós e tudo o que já quisemos e que podemos vir a querer algum dia existem *quatro barreiras* — as quatro barreiras para o sucesso, que elaborarei aqui. A terceira delas é o medo. O medo é uma grande barreira para o sucesso, já que estabelece nossos limites. E, assim como uma artéria entupida, interrompe os fluxos. Todos sabemos o que acontece quando não removemos o bloqueio a tempo: ocorre a gangrena.

Você sabe qual é o medo mais comum no mundo? Do que a maioria das pessoas tem medo em seu cotidiano? *Falar diante de uma plateia!* E isso não é uma questão de habilidade técnica. Uma criança de dois anos de idade não tem medo de falar diante de uma plateia, mesmo que não tenha "técnica". O medo de falar diante de uma plateia vem do medo da humilhação pública. Em termos simples que até uma criança de sete anos pode entender, é o medo de "parecer um idiota" diante de uma plateia. Esse é um medo que tem um temor ainda mais profundo enraizado nele, que é partilhado pela média das pessoas — o medo de: *E se eu não for bom o bastante?* O medo de: *E se ele, o público, me pegar e descobrir que não sou bom o bastante?*

A propósito, o segundo medo que a maioria das pessoas tem é o medo de morrer. Está curioso para saber qual é o terceiro medo mais comum? Correto! O medo de morrer... Enquanto fala diante de uma plateia.

...

Vamos voltar para mim, ainda sentado diante do computador. O que eu estava fazendo? O que o homem médio faz quando quer alguma coisa? Certo, ele chama sua esposa. Por quê?

Certo novamente. Para que ela limpe a barra dele. Para que ela lhe diga: "Me fale uma coisa: você perdeu a cabeça". E por que ele precisa que ela "limpe a barra dele"? Ele está morrendo de medo e não quer admitir, e se ela lhe diz para parar, ele sempre vai ter alguém a quem culpar. "Não lembra que eu queria me inscrever...? Você sabe onde estaríamos hoje? Você sempre nos impede...".

Espere aí. Mas o que ele faz se ela lhe disser: "Isso é a sua cara... Vá em frente". Ele, provavelmente, vai dizer: "Ah! Está tentando me matar? É meu seguro de vida que você quer"?

Agora, falando sério.

Estou sentado ali, meu dedo no mouse, com medo de dar os dois cliques fatais, e contando histórias para mim mesmo.

Sabe o que uma criança faz quando realmente quer alguma coisa? Ela faz tudo e qualquer coisa no escopo de suas habilidades para conseguir. Uma criança opera com eficácia máxima e sempre quer coisas. Se você não dá o que ela quer, ela vai pegar. Vai gritar. Vai chorar. Se não sabe como conseguir o que quer, ela vai aprender. Se for incapaz, vai desenvolver as habilidades. Uma criança sempre está concentrada no que quer obter, e isso é maravilhoso. Isso é realmente o quanto alguém pode ser eficaz. Segundo Stephen Covey, em *Os sete hábitos das pessoas altamente eficazes*, a eficácia é a habilidade de uma pessoa ou de um grupo em conseguir resultados desejados de forma equilibrada.

Adultos, no entanto, estão sempre explicando para si mesmos por que não deveria ser eles e por que não deveria ser agora. É uma pena. Eu teria querido... A maioria dos adultos sabe a qualquer momento o que *não quer para sua vida*. Eles sempre sabem com quem *não querem* morar, onde *não querem* trabalhar, o que *não estão dispostos* a fazer, como *não querem* ser tratados e quem *não precisa* estar no governo.

E quanto ao que realmente *querem?*

Então, como um adulto responsável, expliquei para mim mesmo de um jeito maduro por que não era possível naquele momento, mesmo que o *Ironman* parecesse ser uma experiência incrível. É uma pena que eu não tenha tempo! Gostaria de ter me inscrito.

E realmente não tinha tempo. Era um oficial da Marinha, casado, pai de três filhos. Além disso, naquele ano, estávamos no meio da construção de uma nova casa e, para completar estava atuando como presidente da Mesa Redonda de Haifa — uma organização de caridade que apoia a comunidade local. Eu realmente não tinha tempo para respirar. Minha agenda estava tão lotada que parecia prestes a explodir.

Mas, naquela época, na minha idade já tinha começado a entender o que "eu não tenho tempo" significa de verdade. Algo para o qual você não tem tempo em sua vida... Não é realmente importante para você de fato!

Quero compartilhar outra história curta, mas esclarecedora, sobre o "possível" *versus* o "impossível".

Se eu fosse resumir em duas palavras meu caminho desde aquele voo da Turquia, quando não tinha ar, até o lugar em que estou hoje, elas seriam: "Como Sim?" Essa habilidade de trocar o negativo pelo positivo, o impossível pelo possível. Aprendi isso, especialmente, de um grande homem: o falecido primeiro-ministro Yitzhak Rabin.

> "Vencedores sabem o que querem. Todos os demais sabem o que não querem. Além disso, vencedores sempre pensam em encontrar um jeito de fazer acontecer: 'Como Sim?'. O resto pensa em por que não conseguem, por que é impossível e por que não é a hora."
>
> Alon Ulman

Eu era comandante de um navio lança-mísseis da Marinha quando o comandante da flotilha me chamou um dia e disse que Yitzhak Rabin, que na época era primeiro-ministro e ministro da Defesa, tinha requisitado uma reunião com quinze oficiais sêniores da Divisão de Combate das Forças de Defesa de Israel. Fui enviado como representante da Marinha e cheguei ao Ministério da Defesa na base Kirya, em Tel Aviv, em um uniforme impecável, como a ocasião exigia. Quando entramos na sala, notei uma longa mesa de reuniões com cadeiras em volta. Avaliei onde o primeiro-ministro se sentaria e me acomodei em uma cadeira próxima.

Quando Rabin entrou, todos nos levantamos. Ele, de fato, se sentou na cadeira perto da minha, e senti, imediatamente, sua presença poderosa e impressionante. Rabin falava com uma voz alta e clara, que muitos de nós vão se lembrar — mas, para minha surpresa, ele corava quando se virava para pessoas que não conhecia. *Rabin? Tímido?* Aquilo conquistou meu coração. Ele nos capturou com uma pequena fala introdutória fascinante e íntima, na qual entendi o conhecimento profundo e extenso que ele possuía. Então nos perguntou o que realmente era necessário nas unidades das quais vínhamos.

Em determinado momento, a conversa ganhou um tom político. Um dos oficiais se virou para ele e perguntou sobre o processo de paz. O jeito como elaborou a questão deixou claro que o oficial tinha uma abordagem agressiva. O rosto de Rabin ficou vermelho, e eu pude ver que ele realmente estava ficando zangado. O oficial terminou sua fala, e o primeiro-ministro, de repente, bateu na mesa.

— Me diga — falou em uma voz retumbante —, acha que sou idiota? Acha que realmente não sei quem é Yasser Arafat? — Acrescentou: — Fui moço e agora sou velho [Salmos, 37:25]. Está me dizendo o que é a guerra? Já tentei este caminho: o “Como Não”. Agora que sou velho, não vou esperar mais. Estou pensando “Como Sim?”... Encontrando um jeito de fazer isso acontecer. Há muitas vilas em

Israel. Quem vive nelas? Suíços ou árabes? Se suíços viverem ali, falarei com eles. Mas eles não vivem ali. Então, vou falar com quem vive ali! Não porque acredito neles, mas porque quero fazer a paz! Não para eles, para nós.

Ele prosseguiu:

— Temos que fazer a paz, e estas são as pessoas com as quais temos que chegar a um acordo. Sim, tenho medo. Mas está claro para mim que é o que precisa ser feito.

Aquela reunião causou uma enorme impressão em mim. Deixei aquela sala no Ministério da Defesa com um grande presente: o "Como Sim?" do falecido Yitzhak Rabin. Aprendi isso com ele e ainda faço para mim mesmo esta pergunta cotidianamente, em incontáveis situações.

Este "Como Sim?" também é especialmente importante para ensinar às crianças. Como pai, acredito que há duas coisas principais que constroem a autoconfiança nas crianças. Uma delas é uma abordagem saudável e positiva que objetiva melhorar qualquer situação, mesmo que o ponto de partida não seja "tão bom". Quem consegue incutir essa abordagem em seus filhos lhes dará um presente valioso que os acompanhará por toda a vida (quanto ao segundo, elaborarei mais adiante como construir a autoconfiança em nossas crianças).

...

Vou nos levar de volta ao momento em que estava sentado no computador. Eu olhava para a tela, a tela olhava para mim, e disse para mim mesmo: *Covarde, inscreva-se. Covarde, inscreva-se. Não desista, faça isso logo.*

Respirei fundo e cliquei duas vezes: *clique, clique*. Inscrito.

CAPÍTULO 6

Casca grossa

Tecnicamente, eu fizera uma ação muito simples ao bater de leve com o indicador no mouse. Preenchi alguns dados pessoais, inseri o número do cartão de crédito e foi isso — estava inscrito. Mas havia um grande significado nesse pequeno ato: ele me fez cruzar a "linha das boas intenções".

Ano após ano, perseguimos o próprio rabo, ocupados, dando desculpas para nós mesmos e tomando cuidado para não pisar nesta linha e, principalmente, não a cruzar. Sonhamos muito, encaramos o vazio, fantasiamos, dizemos muitos "talvez" e "se... então...", porém, na realidade, só há uma coisa que é preciso — uma *ação concreta no mundo físico* que nos levará da teoria para a prática. A ponte entre pensamento e desejo e intenção e esperança de realização verdadeira é *uma ação*. Uma ação no mundo físico.

Para minha surpresa, meu passo seguinte envolveu uma confissão: confessei para mim mesmo, com total honestidade, que não sabia o que precisava fazer para me preparar para essa tarefa que acabara de assumir. Essa é uma percepção importante e vital para conquistar qualquer objetivo tipo C que você estabeleça para si mesmo, em qualquer área (veja Introdução, página 07, para mais informações sobre objetivos tipo C).

É importante, ressaltar que cada um de nós tem ou pode ter diferentes objetivos tipo C. Um objetivo tipo C pode ser *qualquer sonho ou destino que, para você, era inalcançável até agora.* A fim de alcançar seu objetivo tipo C, você pode se basear na minha história pessoal ou em uma parábola que delineia o caminho adiante.

Obviamente, nem todo mundo que está lendo este livro se pegará cruzando a linha de chegada da competição de *Ironman* no Arizona ou em qualquer outro lugar do mundo, e não porque não tenha habilidade para tanto. Só significa que cada pessoa tem seu próprio *Ironman* para conquistar.

Pergunte a si mesmo: se a vida de seus filhos dependesse disso, você conseguiria? Vale a pena parar por um instante para pensar sobre isso. Sobre qual é o objetivo que o anima e o assusta ao mesmo tempo.

Um objetivo que, se não for conquistado, você vai lamentar pelo resto dos seus dias. E que, se conquistado, será algo tipo "*uau! Que incrível*".

Um objetivo que, se não embarcar na jornada para conquistá-lo, você ficará dizendo para si mesmo: "Que pena, eu poderia ter..." ou "Eu realmente queria, mas a vida (as circunstâncias, o trabalho, as crianças, o tempo, o governo, o aquecimento global) não me deixou". Cada um de nós tem seu próprio *Ironman*, lembra?

Você se pega sorrindo sem perceber ou sentindo frio na barriga e arrepios nos braços cada vez que imagina como seria conquistar esse objetivo? Pensa coisas do tipo: "*Uau! Se isso acontecesse, não seria incrível*"?

E quem vai determinar qual é o objetivo certo para mim ou para você?

O objetivo certo é animador, assustador, e não temos ideia de por onde começar.

Já foi escrito em vários livros de autoajuda que "quando uma pessoa realmente quer alguma coisa, o Universo inteiro conspira para ajudá-la a conquistar seu sonho". Ah, vamos lá. Esses tipos de frase, no passado, eram muito "espirituais" demais para meu gosto. Hoje sei que é uma questão de física. Sim, física. É assim que o mundo funciona.

E quanto a você? Tem medo do "e se", de tentar e não conseguir? Não tem a menor ideia de por onde começar?

Se respondeu "sim" para essas questões, *bem-vindo à jornada na direção de conquistar seu objetivo tipo C.* Pense na imensa sensação de realização que terá quando conquistá-lo, e como, durante o processo, vai transformar sua autoimagem, seu nível de consciência e suas capacidades em todas as áreas. *Sua vida.*

Claro que, em vez disso, é possível ficar no sofá com manchas de ketchup na camiseta, enquanto continua a zapear pelos canais de TV.

Eu escolhi outra coisa, e realmente queria ter sucesso. Desenvolvi uma paixão, uma fome, uma ambição com um desejo inflexível de alcançar aquilo. Mas "querer ter sucesso" não é o bastante.

Antes de me inscrever, passei o dia inteiro me questionando. Fazendo perguntas do tipo "Será que consigo?", "Vão me deixar fazer isso?", "Vai dar certo?", "Realmente preciso disso?". E "Vou conseguir ganhar dinheiro com isso?".

Essas questões passam pela nossa mente o dia todo, intensificando as dúvidas e o medo, mas, ao mesmo tempo, ainda não realizamos nenhuma ação física e não progredimos. Do instante em que dei o primeiro passo no mundo físico (fiz uma ação: me inscrevi), as perguntas que fazia para mim mesmo sobre meu objetivo começaram a mudar.

"São as perguntas que fazemos para nós
mesmos que são as mais significativas."
Alon Ulman

Isso aconteceu porque *ação cria progresso.* Desde o instante em que me inscrevi, minhas perguntas mudaram para "Como Sim?", "O que eu preciso fazer para chegar lá?" e também "Que informações, ferramentas, ambiente e pessoas vão *me ajudar a chegar lá*?". Que emoções surgiram? É como subir na esteira do Universo — e começar a avançar.

"Os vencedores perguntam 'Onde estou neste instante?
Aonde quero chegar? Que conhecimento,
pessoas, ambiente, sistemas e ferramentas vão
me ajudar a chegar lá'?"
Alon Ulman

...

Pense nas pessoas que iniciam um negócio. Claro que todo mundo que já iniciou um negócio próprio o fez com a intenção de atingir sucesso. Assim como todos os casais que se casam e pretendem que a união dê certo. Você conhece alguém que queira fracassar? Mesmo assim, quantas pessoas ao seu redor se separaram ou se divorciaram? Quantas pessoas fecharam suas empresas ou então decretaram falência?

Segundo os dados, milhares e milhares de empresas fecham todos os anos em praticamente todos os países ao redor do mundo. É um resultado de partir o coração. Tanta motivação, esperança, sonho, energia e dinheiro pelo ralo. Hoje sei que a situação não deveria — e certamente não precisa — ser assim.

As pessoas dizem: "Ter o próprio negócio é perigoso". É mesmo? Eu digo: "Ter o próprio negócio quando você não tem entendimento do negócio... Isso é perigoso. Até mesmo letal".

Não é o negócio que é perigoso; é o pulo em águas profundas sem ter tido uma única aula de mergulho. E, isso, você vai concordar comigo, é perigoso e não muito inteligente.

Os três elementos de um negócio de sucesso

Segundo o empreendedor estadunidense Marcus Lemonis, em todo negócio há três elementos cuja qualidade e cujo nível vão determinar o nível de sucesso:

- **Pessoas:** suas normas, padrões e habilidades.
- **Processos:** uma empresa é baseada em lucros e perdas. Mesmo se você for um ótimo cozinheiro, isso não vai garantir que terá um restaurante de sucesso.
- **Produto:** o real produto ou serviço que a empresa oferece.

Imagine que você foi recrutado para o exército, recebeu uma arma, se aproximou do comandante e recebeu a ordem: "Vá lá atirar". Ou, então, ele lhe pede para operar um sistema de mísseis depois de falar: "Este é o botão verde, e aquele é o vermelho. Ah, e tome cuidado com o vermelho".

Quem quer que confie nas abordagens do tipo "vamos em frente, seguindo a maré" e "tudo vai dar certo", provavelmente, vai pagar o preço das estatísticas. No mundo dos negócios — e dos relacionamentos e de várias outras áreas —, existe a probabilidade de tudo dar errado. E, não, esperar que isso não vá acontecer com você não é o bastante. Para quem quer que assuma riscos com esse tipo de abordagem, eu só digo: "Boa sorte".

Mas sucesso não é sorte. Seu negócio e sua renda só crescerão na medida em que você crescer.

...

Apesar de tudo, mesmo que não tenhamos ideia do campo no qual nosso objetivo tipo C está ligado, não quer dizer que não possamos alcançá-lo. O passo importante, neste ponto, é descobrir quem tem o conhecimento mais abrangente, confiável e específico de que precisamos — e foi exatamente isso que decidi fazer. Procurei quem era considerado o treinador número 1 especializado em competições de *Ironman*.

Sabia que essa pessoa também precisava ser um *Ironman*: alguém que já tivesse percorrido com êxito esse caminho que eu estava prestes a trilhar, que conhecesse cada pedra, cada curva e cada buraco possível ao longo do caminho (e não só em termos das condições da área) e que tivesse liderado vários outros com sucesso.

"Um mentor excelente vai aumentar sua probabilidade de sucesso e diminuir a probabilidade de você se machucar."
Alon Ulman

Tanto nos negócios quanto na vida, ligar-se ao maior especialista na área do seu objetivo é o atalho mais significativo que você pode tomar. Há dois motivos para isso:

1. ser acompanhado por um mentor aumenta a probabilidade de você ter sucesso;

2. diminui as chances de você se machucar ao longo do caminho (mais uma vez, estou falando não apenas fisicamente).

Talvez eu não soubesse muito naquele estágio, mas minha decisão intuitiva — entrar em contato com a pessoa mais especializada e de mais autoridade naquela área — era muito determinada.

— Escute — eu disse para o treinador quando nos encontramos pela primeira vez. — Estou prestes a me tornar um *Ironman*. Não entendo muito de esportes, mas entendo muito bem de gerenciamento de projetos. Assumi esse projeto para mim, e tenho sete meses e meio. Então, vim até você para que possa preparar um programa para mim. Fui o mais focado e específico que pude, e ele, do outro lado, falou comigo do mesmo jeito. Ele criou um programa de treinamento para mim, e demos início.

Segundo meu novo e intensivo protocolo de treinamento, que incluía treinos diários, eu precisava ter mais algumas horas livres por dia. Quando poderia treinar se não tinha tempo? Tomei uma decisão difícil: acordar todos os dias às 4h30 da madrugada, quando ainda estava escuro lá fora e o mundo todo virava para o outro lado da cama, sob o cobertor quente.

É isso que esquecem de nos contar nos filmes de Hollywood: objetivos tipo C não são conquistados facilmente, e você deve estar disposto a pagar o preço por eles. Mas cada ação que é feita com consistência uma e outra vez acaba se tornando um hábito no final. Nossos corpos geniais criam mecanismos alternativos para si mesmos e convertem um hábito em outro. Só esta habilidade já pode mudar nossa vida em mais de uma área.

"Todo mundo quer estar no topo, mas a maioria das pessoas não está disposta a escalar."
Alon Ulman

Mesmo quando consegui me acostumar a levantar para o treinamento bem antes do nascer do sol — um hábito que causou uma mudança em outros hábitos, como a hora de ir para a cama e o número de horas que eu dormia —, ainda estava só no começo do caminho. Não havia flores caindo do céu ou buquês da vitória, e os pássaros não cantavam em coro para me encorajar.

Porque não há realidade sem dificuldades, não há pessoas que não sejam obrigadas a encarar essas dificuldades e não há projetos nos quais tudo corre sem percalços; assim como não há casamento ou empresa que seja mantida sem dificuldades de algum tipo.

Dificuldades e problemas não são um "defeito" no programa existencial. Eles são um aspecto e/ou uma característica. São parte da vida, uma parte do caminho para o sucesso.

"Não há pessoas, projetos, relacionamentos ou carreiras sem dificuldades. A diferença entre vencedores e o resto das pessoas é como agir diante da dificuldade: desistir, estacionar ou escalar."
Alan Ulman

"Não confie em pessoas que dizem que 'resultados não importam'. Elas fazem isso porque não foram capazes de alcançar os resultados que querem. Resultados são importantes, porém não é só a conquista em si, mas que tipo de pessoa você se tornou para ser digna daquilo."
Alon Ulman

"Todo mundo quer ter sucesso, felicidade, inteligência, riqueza, beleza, saúde, paz, força, ser bom pai, mas a maioria não está disposta a fazer o que é necessário para chegar lá."
Alon Ulman

Em vez disso, parte das considerações que podemos chamar de "dificuldades" são chamadas de "desafios" por outros. Pense em subir no alto de uma montanha. Sempre haverá pessoas que vão desistir antes mesmo de começar, aquelas que param para descansar e ficam no estacionamento, e aquelas que sobem até o alto da montanha. Há alguns anos, li o livro de Paul G. Stoltz e Erik Weihenmayer, *As vantagens da adversidade*. Fiquei muito impressionado. Eles definem três tipos de indivíduos: desistentes, campistas e alpinistas, que chegam ao topo. Mas, se imaginamos que a conquista vem fácil para os alpinistas, estamos enganados. O desafio os empurra adiante e eles estão dispostos a pagar o preço da dificuldade física, da exaustão e da árdua tarefa mental. Durante toda a subida até o topo, eles têm uma imagem vencedora em mente: eles se enxergam no topo, colocando uma bandeira ou abrindo os braços e dando um grito bem alto.

Tive uma prova concreta disso em meu primeiro treino na piscina. Certamente você já encontrou esses nadadores, aqueles com toucas justas que percorrem cem ou duzentas vezes o comprimento da piscina com largas braçadas e parecem fazer isso com facilidade e pouco esforço. Assim como algumas pessoas parecem ter nascido para liderar, esses nadadores mergulham na piscina e imediatamente criam a impressão de que todo mundo — incluindo o salva-vidas e até mesmo a própria piscina — está sob seu controle, simplesmente trabalhando para eles.

A verdade é que são a consciência deles e a "regra das dez mil horas", como descreve Malcolm Gladwell no livro *Fora de série — Outliers*, que criam essa impressão, e essas são habilidades adquiridas que cada um de nós pode desenvolver. Assim que entrei na área da piscina para meu primeiro treino, eu os vi: aqueles impressionantes competidores de triatlo com toucas de natação de marca e óculos de designers. Todos nadavam com energia, mergulhando os braços musculosos e batendo os pés com suavidade. Entrei na água e nadei também. Depois de quatro "piscinas" nada elegantes, comecei a ofegar e meus braços doíam. Entre minha respiração pesada, eu podia ouvir duas vozes discutindo em minha mente.

A primeira dizia:

— Não pode ser. Não pode ser! Quatro "piscinas" em nado livre? É tudo o que consegue nadar? Só um segundo atrás você estava no curso de oficiais da Marinha, nadando dois quilômetros todos os dias, com uniforme completo e armamento, e antes do café da manhã!

E outra voz rapidamente respondia com ceticismo:

— Cara, como assim, "um segundo atrás"? Isso já faz vinte anos!

Nosso cérebro não tem limite — podemos sentir o cheiro de algo que nos faz lembrar um odor que sentimos vinte anos antes. O cérebro se lembra de como você deve enterrar uma bola na cesta, mas o corpo... O cérebro é como o cara daquela história que volta para casa, descobre que a esposa jogou todos os seus pertences pela janela e trocou a fechadura das portas. Ele fica parado lá embaixo, gritando: "Mas por quê? O que aconteceu?", e ela responde: "Este é o ponto — nada! Nada aconteceu! Dezessete anos de nada". Então, o que ele faz? Obviamente, ele fica zangado. Ferve de raiva. De quê? Dela, é claro. Não de si mesmo, porque, para entender que ele é responsável pela situação, é necessário um nível mais alto de consciência do que ele tem no momento. Se estivesse naquele tipo de nível de consciência, teria deixado a raiva de lado, entendendo que aquela era uma emoção que não ajuda ninguém a chegar a lugar algum.

Nós nos metemos em emaranhados e complicações em relação às pessoas. Mas, na natureza, eis algo que toda criança de sete anos consegue entender: se temos um jardim, apenas um simples jardim, o qual não regamos por dezessete anos, o que encontraremos quando voltarmos ali? Ficaríamos surpresos por nada ter crescido além de (e nem isso é garantido) mato?

Também podemos usar este exemplo contrastante: digamos que a pessoa não rega o jardim por dezessete anos e, quando retorna, encontra árvores cheias de frutos, flores, grama recém-cortada — uma visão maravilhosa. O jardim está em muito melhores condições do que quando deixamos aquele pedaço de terra tanto tempo atrás. O que dá para entender disso? Que explicação imediatamente vem à mente? É isso mesmo: outra pessoa está cuidando do jardim.

Neste tipo de situação, e para não ser grosseiro ou rude (quem sabe, talvez você decida dar este livro para seu filho ler?), podemos usar aquela famosa citação da tripulação da Apolo 13 em seu voo para a Lua: "Houston, temos um problema".

Assim como aquele jardim destruído, não há área na vida que não murche quando negligenciada: casamento (que é um dos relacionamentos mais significativos da vida), nossa condição física (nossa forma, peso, saúde física e emocional, nossa aparência), sonhos, nossa condição financeira, as capacidades com as quais fomos abençoados, nossa carreira. Porque essa negligência, como eu já disse, é um crime: um crime contra nós mesmos.

Mas não só contra nós mesmos. Se ouve falar de uma pessoa que negligencia os filhos, você fica horrorizado, certo? É realmente terrível. E já mencionei que acredito que alguém que negligencia a si mesmo também negligencie os filhos. Porque é o exemplo que as crianças receberão dos pais, e é o que vão aprender.

Você pode ter lido este último parágrafo e erguido as sobrancelhas. Alguém pode perguntar: "O que isto tem a ver com as crianças"? Já encontrei essa reação mais de uma vez. Mas, para quem pensa que a vida de seus filhos não depende do jeito como vive sua própria vida, proponho que olhe novamente e, com toda sinceridade, para esse modo de pensar. A vida dos nossos filhos, agora e no futuro, depende de quem somos, do jeito como nos comportamos — conosco e com os demais — e da integridade do que fazemos (ou não fazemos). E, diga-se, a definição de integridade mais reveladora que conheço é: "como você se comporta quando ninguém está olhando". Você honra sua palavra? Faz o que diz que está fazendo, na hora que disse que faria? Todos os nossos padrões e habilidades estão expostos aos nossos filhos todo dia e toda hora, e esses padrões e habilidades os estão esperando na caixa de ferramentas da vida que lhes damos. Senão nós, de quem a vida deles vai depender? Do ministro da Economia?

Adivinhe que pessoa tem mais influência no futuro econômico de seus filhos nos anos vindouros? E quem influencia o tamanho da felicidade deles — e nossa — no ano seguinte? O ministro da Economia ou mesmo o ministro da Saúde não podem ir de casa em casa, ou mesmo de porta em porta, para tomar conta da nossa felicidade e da situação do nosso saldo bancário. Mesmo se pudessem, isso não mudaria nada, na verdade. Somos nós que temos a chave e que temos a maior influência sobre nossa situação e a situação dos filhos que trazemos ao mundo. E se desistimos ou negligenciamos a nós mesmos, estamos negligenciando todo mundo.

O que é melhor para as crianças? Pais com motivação ou pais que estão cansados? Pais que vivem com paixão ou pais que já não têm mais forças? Em um nível espiritual, as dificuldades são um obstáculo — uma barreira, se desejar — que Deus/Universo coloca diante de nós para que possamos transcendê-lo. Ele sabe que temos a habilidade. Ele examina nossos desejos e vontade de pagar o preço. No momento em que transcendemos a dificuldade que estava ali diante de nós, nos tornamos pessoas melhores e mais realizadas, como também seremos capazes de ajudar aos demais.

Sempre há dificuldades, todos passam por isso. A diferença está entre aqueles que desistem (estacionam ou negligenciam) e aqueles que insistem, que se esforçam — e sobem até o topo.

...

Meu primeiro treino de ciclismo para o *Ironman* me ensinou uma lição inesquecível. Eu havia entrado para um grupo de ciclismo que participara de competições de *Ironman* no passado e ainda carregava o título de "*Ironman*". Cheguei ao treino maravilhado — uma combinação de respeito, apreciação e medo. No caminho, tinha dito para mim mesmo: *Basta acompanhá-los, basta manter o ritmo. Basta acompanhá-los.*

Começamos nosso percurso na Floresta do Presidente, perto de Jerusalém. Nesse tipo de treinamento, o pelotão inteiro segue junto, lado a lado. Consegui acompanhá-los pelos primeiros cinco minutos, e outros oito, nove, dez minutos. Naquele momento, já presumia que meus músculos ficariam doloridos por cerca de dois meses, porém não desisti. Doía aqui, doía ali, minha pulsação disparou, mas, *Ei*, eu disse para mim mesmo, *doze minutos já se passaram e estou mantendo o ritmo!*

Mas sou israelense. Você conhece os israelenses? O que se passou na minha cabeça? Um novo pensamento começou e me cutucar. Eu não disse em voz alta, é claro. Só pensei comigo mesmo, em silêncio, *O que é isso? Essa é toda a história deles? Isso é toda a coisa de Ironman? Grande coisa! Se eu já estou acompanhando o grupo agora, no ritmo deles, daqui a sete meses vencerei todos eles!* Eu tinha mais sete meses para treinar antes da competição de *Ironman* no Arizona. Sentia como se estivesse totalmente no topo do mundo.

Só que eu era muito novato. Realmente não tinha ideia de onde estava. No meu mundo de conceitos de hoje, chamo de: "Você não sabe que não sabe... Até saber (autor desconhecido)". Não fazia ideia do que estava prestes a acontecer dois minutos seguintes. Um deles disse de repente:

— Ok, rapazes. Vamos começar!

E foi então — e só então — *que eles começaram a pedalar de verdade.*

Para que não haja dúvida: o aquecimento tinha acabado. Os primeiros quinze minutos de percurso eram só um gostinho do que estava por vir.

Até o dia da minha morte, não esquecerei a lição que aprendi ali. Seguimos por uma ligeira subida que não parecia nada fácil para mim na época. Eu pedalava com todas as minhas forças, dando tudo o que tinha, e eles — do momento em que o "vamos começar" fora lançado ao ar — se afastavam cada vez mais. Sentia como se estivesse parado. Olhava para o chão e via que não estava parado: *Estou pedalando, o chão está passando sob mim e estou dando tudo de mim. Todas as minhas forças.* Eles continuavam a se afastar, bem distantes de mim, e eu estava ficando louco. Sentia como se meu cérebro estivesse fritando. *Não pode ser*, pensava e ofegava.

Lentamente (ou rapidamente, dependendo do ritmo que você está acompanhando), continuei pedalando e pensando: *"Que tipo de gente é essa?"* A poucos instantes de chorar de dor e do esforço, quase me sentindo insultado, continuava falando comigo mesmo.

Que tal um pouco de sensibilidade, de atitude amigável? Ei? Eu deixaria alguém para trás desse jeito? Como se isso fosse responsável? Não tem ninguém no comando aqui? E eu sou de Haifa! Não sou familiarizado com as montanhas da Judeia. Nunca na vida que eu deixaria alguém para trás desse jeito, em um lugar desconhecido. Gente legal! E isso não é nem um pouco justo. Eles têm bicicletas de carbono. É um metal leve. Uma bicicleta dessas custa uns dez mil dólares. O quê? Eu não mereço ter uma bicicleta dessas? Claro que mereço!

Aliás, tudo isso está certo. Temos sempre razão. As perguntas que fazemos são válidas, compreensíveis e, algumas vezes, até naturais de serem feitas. Contudo, a pergunta certa a se fazer aqui é: *"O que vai me fazer melhorar?"*, em vez de: "Quem está certo"? E, enquanto isso, eu continuava me consumindo...

Aquele ali tem vinte anos! E esses caras são da equipe olímpica. Isso é justo? Ah, bom, tem aquele cara ali. Ele tem, na verdade, 48 anos e quatro filhos, um emprego, e aquele cara — ele tem 41... Então como pode ser? O que eles estão fazendo que eu não estou? Como eles conseguem ser tão cascas grossas assim?

...

Durante a última década, ajudei centenas de organizações, empresas e mais de 250 mil pessoas a conquistarem seus objetivos e terem sucesso com uma velocidade e poder que nunca tinham experimentado antes. Conheço e trabalho com pessoas muito bem-sucedidas — pessoas inspiradoras, em todos os sentidos da palavra. Entre elas, há membros-chave de equipes de grandes organizações e conselhos de administração, atletas profissionais, políticos sêniores, CEOs de sucesso e estrelas. Lido muito com "eficácia" — a capacidade de uma pessoa ou de um grupo conseguir resultados desejados e fazer isso repetidamente. Para se tornarem pessoas ou grupos que sabem o que querem e que conseguem.

Há muitas teorias que tratam de eficácia. Algumas delas são excelentes. Mas eficácia não é uma "técnica". Vamos considerar, por exemplo, duas pessoas que se inscreveram em um curso de vendas. Ambas aprendem os mesmos argumentos de vendas que encorajam a eficácia. Uma delas faz um esforço, agenda vinte reuniões por dia, mas nunca fecha um negócio. Esta pessoa fica amargurada, zangada, e sente que está "se ferrando".

A segunda pessoa, que estudou no mesmo curso e com os mesmos textos, fecha negócio após negócio. Por que isso acontece? Porque, no momento da verdade — no fechamento do negócio, em uma corrida de bicicleta desafiadora ou em qualquer situação na qual nossa eficácia tenha que ser avaliada —, todos pertencemos a um dos dois grupos. Alguns de nós vão dizer para si mesmos: "Escute, cara, não tem nada que você possa fazer" ou "É assim que as coisas são; meu irmão ficou com a genética boa, e eu com o cérebro".

Aqueles que dizem para si mesmos uma dessas frases, ou qualquer versão delas, geralmente observam enquanto outras pessoas avançam rapidamente em direção ao sucesso e deixam apenas uma nuvem de poeira (e frustração) para trás. Mas as pessoas no outro grupo — as mesmas pessoas que chamo de "vencedoras" — fazem algo completamente diferente. Elas fazem perguntas vencedoras: "Como Sim?".

Essa pergunta é como uma cápsula concentrada de eficácia. Se aqueles ciclistas têm alguma rotina específica que os tornam tão cascas grossas, talvez valesse a pena perguntar para eles exatamente o que andam fazendo para ficarem assim. Porque seja o que for, e por causa disso estão no *Ironman*, talvez eu deva começar a fazer também.

Essa abordagem é o oposto do desamparo. O desamparo acontece quando proferimos frases como: "Minha avaliação de crédito é ruim? O que posso fazer? Você sabe em que setor trabalho"... E se eu sei, e daí? É sempre possível se transferir de um setor ou de um ramo para outro. Aliás, quem disse que tudo tem a ver com o "estado do setor"? Certamente, há outras pessoas em seu setor que conseguem receitas muito boas.

"Ah, tudo bem. É por causa do governo — seus métodos e decretos econômicos. É por causa de coisas que não consigo gerenciar que não tenho uma vida decente." Sério? Porque há pessoas que vivem bem mesmo depois de decretos econômicos e novos métodos que foram introduzidos.

Tudo isso está acontecendo porque *só as técnicas não são suficientes. Primeiro deve haver a essência.* O que quero dizer? As pessoas fazem cursos, aprendem técnicas e exigem: "Me fale o que dizer". Mas técnicas que não são baseadas na essência não ajudam.

A diferença entre pessoas eficazes (aquelas que sabem como alcançar os resultados desejados) e todos os demais reside não nas técnicas, mas na essência. Essência comportamental pode surgir da perspectiva de um criador — ou de uma vítima. A vítima sempre reclama, culpa ou arranja desculpas para seus resultados (que ela gostaria que tivessem sido diferentes), e estão sempre dependendo, no que diz respeito a elas, de algum tipo de fator externo (como a sorte, o carma, a genética, o destino, seu horóscopo, o chefe, o cônjuge, a "situação", o governo, o primeiro-ministro, a economia, a recessão, o tesouro). E, por causa dessas coisas — "O que eu posso fazer"? —, elas não fazem nada de fato, só reclamam. E culpam. E se justificam.

O criador, o líder, por outro lado, sempre pergunta, "Como Sim?", e verifica: "Onde estou neste momento? Aonde quero chegar? Onde estão as pessoas, o conhecimento, os arredores, as ferramentas e a motivação que vão me ajudar a chegar lá"?

E para aqueles que são dependentes das estatísticas: em termos de sucesso prático, a estatística mais significativa é *onde você se classifica nas estatísticas.* Porque é onde seus filhos e seus entes queridos também estão.

Então, continuei pedalando. Me esforçando, suando e avançando. Com todas as minhas forças.

"Vencedores sabem que estão escrevendo o próprio roteiro. Eles assumem a responsabilidade e o controle de sua vida. Os demais dependem das circunstâncias."
Alon Ulman

CAPÍTULO 7

Cães latindo

Com o tempo, o treinamento se tornou cada vez mais intenso. A primeira prova chegou. O programa de treinamento listava uma "meia maratona" em Ein Gedi, no sábado seguinte. *Uma meia maratona é uma corrida moderada*, pensei comigo mesmo. *Já estou pronto para isso.*

Três dias antes da competição, meu treinador me ligou:

— Vamos sair de bicicleta — ele disse.

— Para onde vamos? E quem somos "nós"? São *Ironmen*? — perguntei. — Ainda não sou um *Ironman*, você sabe...

— Vamos nos encontrar no cruzamento de Beit Kama, perto de Kiryat Gat — ele me respondeu. E acrescentou: — Duas e meia da madrugada, com sua bicicleta. Vamos sair às três em ponto. — Ele percebeu a preocupação em minha voz e garantiu: — Está tudo bem. Confie em mim. Oito rapazes vão pedalar de Beit Kama até Ein Gedi, e depois correr meia maratona.

— Qual é a distância? — perguntei, começando a entender a extensão do problema.

— Confie em mim.

— Quem estará lá?

— Caras legais... *Ironmen.*

— Então, e... eu vou conseguir? Acha que consigo manter o ritmo?

— Vamos lá — tranquilizou-me ele. — Já falei, vai ficar tudo bem.

Cheguei ao ponto de encontro às duas da manhã e... Nada. Nenhuma alma. Absoluto silêncio ao redor. A única coisa que havia era um posto de gasolina decadente que estava fechado, e fazia um frio do caramba. Nem as moscas tinham acordado ainda.

O que é isso? Ele está pregando uma peça em mim? Quem pedala a esta hora? No meio da noite, no cruzamento de Beit Kama. Está completamente escuro. Eu estava vestido com roupas quentes, mas não o tipo adequado para ciclismo profissional. Cerca de meia hora mais tarde, os rapazes apareceram com suas bicicletas profissionais, todos vestidos com roupas especiais de ciclismo. Agiam como se aquilo fosse um evento rotineiro e absolutamente normal: encontrar-se em um posto de gasolina no meio da noite para pedalar. Quando olhei para eles, o medo começou a se esgueirar em meu coração. Todo mundo parecia tão experiente e confiante. *Tudo bem,* disse para mim mesmo. *Tudo o que preciso fazer é acompanhá-los.*

Começamos a pedalar para o sul. Rapidamente, saímos da estrada principal e viramos para leste, na direção de Arad. A iluminação pública desapareceu atrás de nós. Ciclistas diferentes se revezavam na liderança do bloco, e meu treinador pedalava na frente, com um tipo de lanterna de mineração presa no capacete, iluminando vinte metros à frente. Fora isso, a única coisa que dava para ver era a roda de quem quer que estivesse pedalando na sua frente. E tudo estava em silêncio. Tudo o que dava para ouvir era o som das correntes das bicicletas girando.

Não é bom eu estar ofegando. É difícil para mim, disse para mim mesmo. *Não é muito plano por aqui!* Podia ouvir o som de um soprador de ar mecânico ao longe. Então percebi: *Não é um soprador de ar, sou eu! É o som da minha respiração.*

Alguém de repente gritou:

— Por que um terreno tão inclinado?

E relaxei um pouco. Tampouco era fácil para os demais.

À nossa direita, havia aldeias de tendas beduínas, duas ou três árvores encurvadas que pareciam se dobrar em direção ao chão e cães famintos e magros que estavam interessados no espetáculo e nos perseguiam com entusiasmo. Estava familiarizado com aquela área desde o período de treinamento de navegação nas forças armadas, e tinha medo daqueles cães desde aquela época. Na escuridão total, não conseguia vê-los, só escutá-los. Imaginei-os atrás de mim, esperando que eu me cansasse para que pudessem fincar as presas afiadas. *Os ciclistas estão tão concentrados em pedalar, nenhum deles vai notar se eu desaparecer.* Esse medo me fez manter o ritmo dos demais. *Estou com frio, estou com dor, mas os cães estão atrás de mim*, ou pelo menos estavam nas profundezas da minha imaginação, então segui em frente.

Chegamos a outro posto de gasolina e paramos para nos recompor, comer e beber. O treinador olhou o relógio e disse:

— Escutem, neste ritmo não vamos conseguir. Temos que aumentar.

— O que isso quer dizer? — perguntei devastado. — O que quer dizer com "neste ritmo"? "Aumentar"? Aumentar como? Isso é tudo o que consigo!

Bem lá no fundo, dizia para mim mesmo: *Devo aumentar o ritmo. Mas como?* Já tínhamos começado em um ritmo rápido, e eu estava aumentando constantemente! Percebi que não tinha escolha e decidi que não me importava o que estava acontecendo ao meu redor. *Deste ponto em diante, farei tudo o que puder para ser o ciclista logo atrás do líder. Vou manter minha roda colada na dele. O líder bloqueia o vento.* Decidi que, a partir de então, não moveria a cabeça, não olharia para o relógio e não verificaria a velocidade. Eu tinha medo de não ser capaz de pedalar naquelas velocidades, mas precisava manter o ritmo ou, então — eu estava convencido —, seria deixado para trás, com os cães que estavam esperando naquele exato momento. *Além disso, que escolha eu tenho? O que vou fazer? Ligar para minha esposa e dizer que não consegui acompanhá-los? Para que ela possa vir me pegar e me levar para casa?*

Descer até o Mar Morto, pelas encostas de Sodoma — o caminho da "muralha da morte" — foi divertido. Eu era bom em pedalar em descidas, já que sabia guiar uma bicicleta desde a infância. Perto do Mar Morto, o difícil ficou realmente difícil. Um vento insano começou a soprar no rosto. Pedalamos com todas as forças, porém parecia que não chegávamos a lugar algum. Pedalar contra esse vento forte era como pedalar contra um elástico gigante que o empurrava para trás.

Nesse tipo de ciclismo, é prática comum mudar os líderes (o "desenho", na linguagem do ciclismo). Mas, no Mar Morto, era tão difícil pedalar a ponto de que, sempre que meu treinador, que ainda era o ciclista líder, sinalizava: "Vamos trocar", ninguém avançava para substituí-lo. Toda vez, o próximo da fila para trocar acenava com a mão, como se dissesse: "Continue, senhor". Eu ainda pedalava atrás do líder e não tinha levantado a cabeça. Estava completamente imerso no esforço que estava fazendo e concentrado na roda do meu treinador diante de mim.

De repente, as placas na estrada começaram a mostrar que estávamos a quinze quilômetros, dez quilômetros, cinco quilômetros de Ein Gedi... *E, olhe, nós chegamos!* Uma onda de alegria e satisfação tomou conta de mim no instante em que percebi: É isso, estamos em Ein Gedi. Eu me reclinei na bicicleta, minhas pernas trêmulas pelo esforço. Uma olhada no odômetro da bicicleta mostrou 130 quilômetros. Tinha acabado de pedalar 130 quilômetros pela primeira vez na vida — com o máximo de esforço, até onde sabia. Eu não tinha tempo para ficar animado comigo mesmo ou para sentir pena de mim mesmo. Então, notei as pessoas se reunindo na linha de largada.

— Rapazes, vamos lá — o treinador nos disse. — Mais dois minutos até começarmos a meia maratona.

— Espere, cadê todo mundo? — perguntei para Aviv, o único outro ciclista que eu conhecia do nosso grupo.

Aviv, um homem alto, forte, da minha idade, sal da terra, inspetor de obras, casado e pai de três filhos, tenente-coronel da reserva, era meu parceiro de treinamento para o que supostamente seria nossa primeira competição de *Ironman*. Todos os outros já eram *Ironman* experientes.

— Alguns deles desistiram pelo caminho e outros ficaram para trás para "resgatá-los" — Aviv me contou com uma risada.

Sem nem perceber, meu subconsciente deu um pulo e apontou, *Legal, cara! Eles, os Ironmen experientes, não conseguiram. E você conseguiu. Legal!*

Olhei ao redor e percebi que só três de nós tínhamos conseguido chegar na linha de largada da maratona, dois minutos antes das nove da manhã, quando a corrida de meia maratona deveria começar. Trocamos rapidamente os calçados de ciclismo por tênis de corrida e cambaleamos na direção da linha de largada.

— Não consigo correr — disse para Aviv, enquanto mancava.

Eu não sentia minhas pernas. Que sensação estranha! Naquela época, ainda não sabia como era sair de uma longa pedalada e fazer a transição para a corrida. Minhas pernas pareciam dois troncos de árvore.

— Se consegue falar, pode muito bem se juntar aos outros — Aviv decidiu.

O apito de largada perfurou o ar, e centenas de pares de pernas começaram a correr. As minhas estavam pesadas e doloridas.

— Vamos ver o que acontece — Aviv gritou para mim. — Vamos nos misturar ao rebanho.

Depois de vinte minutos correndo e soltando fumaça em uma frequência de um a cada cinco minutos, gritei na direção dele:

— Olhe, minhas pernas se soltaram!

— Que bom — ele respondeu. — Mas falar não é desperdício de energia? Corra.

...

Terminei a meia maratona em um tempo que era onze minutos mais demorado do que meu recorde pessoal nesse tipo de corrida. Cruzei a linha de chegada com as mãos erguidas acima da cabeça, sorrindo para as câmeras e olhando animado para o painel de resultados. Sim, eu estava animado, feliz — e acabado.

Mas... Como podia ser? Durante toda a volta para casa, no carro de Aviv e sua esposa, eu pensava: *130 quilômetros de ciclismo em velocidade máxima, depois meia maratona em ritmo rápido... Nunca fiz nada tão maluco!* Sentia que tinha experimentado um momento formativo no sentido pleno da palavra. *Eu consegui! Consegui tudo aquilo!* Meus músculos ficariam doloridos a semana inteira, mas eu sabia. Eu entendia. Entendia o que tinha feito e o que posso fazer.

Sempre vou me lembrar daquele dia. Para mim, foi um momento de virada de chave. Há o "antes de Ein Gedi" e há o "depois de Ein Gedi". Naquele mesmo dia, entendi mais uma coisa: percebi, imediatamente, que de jeito algum teria incluído aquela corrida no meu programa de treinamento por iniciativa própria e, é claro, não havia como sair desse desafio sozinho. E o que teria acontecido então? Eu não teria feito aquilo. Não estaria ciente das minhas capacidades, e então...

...

No ambiente no qual cresci, a excelência não era um valor pelo qual almejar. Quando criança, você acha que "todo mundo" tem o que "todo mundo tem". Foi só mais tarde, quando já era mais velho, que fui exposto a pessoas realizadas que estabelecem padrões muito altos para si mesmas. Então, entendi que era mais recompensador e mais fácil viver entre pessoas de excelência, não mais difícil. Mas você precisa alcançá-las. Prender-se à roda do ciclista líder. Não competir com elas, mas se ligar a elas e fazer com que isso "passe" para você.

Tive minha primeira lição sobre a importância de um ambiente vencedor no meu treinamento naval. A primeira fase do curso é chamada de "Marinha e comando". Fui recrutado para o prestigiado curso de oficiais navais em fevereiro de 1984. O curso de oficiais navais é executado de forma diferente da típica rota militar para subir de patente. Você vai para o curso como um jovem cadete, não qualificado e (se completar com sucesso o treinamento e o curso de seleção) faz um curso completo de dois anos, no qual é treinado para comandar marinheiros e combatentes, que são muito mais experientes do que você (e que conhecem a embarcação, o mar e a tecnologia melhor do que você). No fim, se qualifica como oficial quando, de fato, nunca foi um marinheiro nem serviu em um navio até então. Você vomita muito durante seu tempo no mar e, imediatamente, começa a liderar pessoas que sabem fazer tudo melhor do que você. Se vacilar, então, aparentemente, não é a pessoa certa para a tarefa. Mas, se consegue enfrentar o desafio, isso faz com que cresça e melhore (enquanto continua a vomitar, é claro). O treinamento é muito longo e vai além dos limites das suas capacidades; navegar em veleiros, em botes de borracha ou em barcos a motor, fazer "corridas aleatórias" e estudar em aulas teóricas depois de noites sem dormir.

Quando fui recrutado, não tinha experiência no mar, na vida náutica (além de *paddle ball* na praia, como já mencionei) nem em Física. Não entendia muito do material nas aulas teóricas, além disso, sentia como se estivessem "gritando" comigo o tempo todo. O período de treinamento de marinheiro e de comando e o estágio de navegar em navios duraram cinco meses. Dormíamos em barracas na praia (como descrevi antes), comendo e respirando areia, e toda manhã, às 5h, já estávamos prontos em posição de sentido na beira da água e íamos nadar no mar, com uniforme completo e com nossas armas de fogo. Quando saíamos da água, nos mandavam secar e limpar nossos rifles para que não enferrujassem. Aprendi, aos poucos, como administrar. Inventei métodos e patentes projetadas para tornar minha arma à prova d'água. Lidei bem com as dificuldades físicas graças à boa forma que eu já tinha. Minha principal dificuldade era mental: na maior parte das vezes, simplesmente não entendia o que queriam de mim e como tudo aquilo — velas, vento, navegação no mar em geral — funcionava.

Uma noite, na praia na Escola de Comando Naval em Akko, fomos surpreendidos por um toque de despertar repentino. Começaram a correr conosco no meio da noite. Hoje, já não são mais feitas "corridas aleatórias" nas Forças de Defesa de Israel, mas, naquela época, era inaceitável, nem mesmo era possível, reclamar desse tipo de coisa no rádio ou na televisão, e não havia celulares para falar com seus pais. Então, eles nos faziam correr de um lado para outro a noite toda, em momentos totalmente irracionais que ninguém podia imaginar quando seria. Levaram-nos para um campo de futebol escuro e abandonado e disseram:

— Nos próximos trinta segundos, vá daqui até aquele poste.

Éramos novatos, preocupados com uma única coisa — como não ser expulsos do curso —, então corremos. Os comandantes ficavam gritando no escuro da noite, e bem lá no fundo você sabia que não tinha como conseguir fazer aquilo a tempo. Ao mesmo tempo, não estava ciente do fato de que o campo estava cheio de psicólogos e comandantes observando você, vendo tudo e fazendo anotações, e que o objetivo do exercício não era ver se conseguia correr no tempo. Era avaliar seu caráter e comportamento.

Então, fomos colocados lado a lado e, enquanto, nosso coração batia forte pelo esforço e pelo medo, um dos comandantes perguntou:

— Quem não conseguiu chegar a tempo?

Você diz para si mesmo: *Se eu não consegui chegar a tempo, não há como eles terem conseguido.* Você olha para a esquerda e para a direita — e vê que ninguém está fazendo nada. Ninguém deu um passo à frente para admitir que não conseguiu cumprir a tarefa.

Naquele estágio, o comandante nos adverte:

— É a última vez que vamos perguntar. Quem não conseguiu a tempo?

Eu queria ir adiante, mas tinha medo de que este passo custasse minha expulsão automática. Afinal, a espada da dispensa pairava sobre nossas cabeças o tempo todo. Um veículo estacionado do lado de fora do portão da base levava os dispensados do curso para o centro de recrutamento para realocação. Todos tínhamos medo da notória "Fila para as Estrelas", quando quem tivesse tido muitos erros durante o dia seria chamado para ficar em posição de sentido no campo em que fazíamos fila, tarde da noite, imediatamente após terminar suas outras atividades, para uma série de corridas aleatórias individuais com a mochila cheia de areia nas costas. Só você e as estrelas, à custa de raras e preciosas horas de sono.

Por outro lado, não podia mentir. Sabia que lealdade era um valor central e inflexível na Marinha. Eu estava aterrorizado, meu coração continuava a bater rápido. Então, da fila na qual estávamos, reto como uma régua, uma pessoa deu um passo adiante. Era Ilan Peer, de Netanya, o "Guepardo", melhor atleta da nossa classe. Entre os 136 cadetes que estavam ali, Ilan Peer era quem podia correr mais rápido, tanto em corridas de velocidade quanto em distância. Era um superatleta. Dentro de um milionésimo de segundo, disse para mim mesmo: *Se ele não conseguiu correr a tempo, ninguém conseguiu.* Também dei um passo adiante.

Agora eu estava mais relaxado. Pelo menos não tinha mentido. É isso, disse para mim mesmo. *Vão me expulsar do curso. Estou acabado.* Aos poucos, cada vez mais pessoas deram um passo adiante da fileira — quinze pessoas no total.

O comandante passou diante de nós, cutucando agressivamente cada um de nós que tinha avançado e dizendo:

— Você, você, você e você... Peguem suas coisas e fora daqui... Vão tomar banho e dormir um pouco.

O restante dos rapazes — aqueles que tinham ficado na fila e não tinham dado o passo adiante — continuaram a ser insultados o resto da noite.

Pela manhã (cerca de três horas mais tarde), eles nos reuniram e explicaram o que já estava claro para nós e mencionaram o nome dos cinco soldados que tinham sido dispensados do curso porque insistiram em continuar a mentir.

— Preferimos que vocês morram — eles nos disseram — a que mintam. Porque, um dia (*e esse dia parecia muito distante na época*), vocês serão enviados para uma missão em um navio e só vocês saberão o que estão fazendo. Estarão em países muito distantes (*aqui entrava uma lista de países que soavam muito imaginários para nós no momento; deixarei isso para a imaginação de vocês*) e ninguém estará ao lado de vocês. Então, vão nos contar o que quiserem. Não mintam, nunca na vida... Não importa o custo.

Daquele momento em diante, algo interessante acontece. Você perde a capacidade de mentir. Eu, simplesmente, não consigo mentir. Desde aquele dia, simplesmente não consigo. Está gravado em minha consciência, gravado em meu cérebro que, não importa o motivo, sob qualquer circunstância, não mentirei.

...

Depois daquela corrida de bicicleta em Ein Gedi, revi o *insight* que já tinha me atingido previamente na praia. Entendi a extensão do poder do ambiente. O ambiente nos afeta mais do que a força de vontade. Para melhor ou para pior, falando de modo geral, absorvemos as normas, os padrões e os valores do nosso ambiente ou somos expulsos dele.

Mais tarde, aprendi que há outro comportamento que distingue pessoas de sucesso e realizadas:

Eles admiram outras pessoas realizadas e de sucesso.

Ou seja, o que em geral acontece quando uma pessoa compartilha entusiasmada uma ideia que teve com aqueles que estão ao seu redor? "Esqueça isso", aquelas boas almas dizem para ela. "Conheço o avô do tio da mãe de um cara que já tentou isso e não deu certo." Mas um amigo de verdade age diferente. Ele não fica devastado; em vez disso, ele o abraça com lágrimas de alegria nos olhos.

Todas essas percepções eram novas para mim. O Alon daquela época não era familiarizado com nada daquilo, nem sabia que existia. O Alon de hoje também passa longas horas treinando sozinho, quando, naquela época, nem me ocorreria pensar que eu poderia pedalar durante cinco horas por conta própria. Sabe o que mais? Esqueça o ciclismo. Apenas ficando sozinho — simplesmente passando cinco horas comigo mesmo. Sozinho.

E agora é hora de uma pergunta: como construímos um ambiente vencedor para nós mesmos? E o que fazemos com um ambiente que não pode ser mudado, como nossa família, por exemplo? (Uma pista para mais tarde: nós a lideramos). Porque uma pessoa não é uma planta.

Vamos imaginar que dois bonsais (bonsai é a arte japonesa de podar árvores pequenas) estão conversando entre si:

— Dá uma olhada, estamos acabados — um deles diz para o outro. — Nós nascemos, eles nos amarram pelas raízes e nos matam. Olhe... Não há sol nem água. É uma vergonha não termos nascido como sequoias altas e gloriosas, como no parque de Yellowstone. Eu gostaria que fôssemos sequoias. Que droga. Não sei se plantas podem falar ou se elas falariam umas com as outras dessa maneira. Uma planta não pode deixar o solo e dizer:

— Espere um minuto, não tem ninguém olhando. Vou pular ali porque tem mais sol e água.

Mas seres humanos podem, ah... E como podem.

Pegue duas pessoas que cresceram juntas, dormindo na mesma cama, no mesmo quarto, com os mesmos pais. Uma delas dirá o dia todo:

— Tudo é sorte, destino, acaso, Deus, valores, genética. Não há nada que possamos fazer a respeito. É uma pena...

Ela vai continuar recitando esse texto mesmo quando as pessoas disserem:

— Mas olhe para seu irmão!

— Você conhece pessoas que pensam e falam assim, certo? Você diz para ela:

— Olhe para seu irmão.

E ela responde:

— Tudo bem. Ele sempre teve sorte. Não há outra forma.

E se ela diz que não há nada que possa fazer a respeito, então o que realmente pode ser feito?

Uma pessoa não é uma planta!

Vencedores criam um ambiente para si mesmos (interno e externo) que os faz avançar. Estou pedindo para você parar de ler por um instante e pensar sobre isso: como é seu ambiente? Com que tipo de pessoas você se cerca?

A experiência em Ein Gedi marcou um momento de virada para mim. A caminho de casa, no carro, entendi o que tinha feito naquele dia. Até aquele ponto, eu estava preocupado com a competição, mas, dali em diante, fiquei animado com ela.

CAPÍTULO 8

Você não sabe que não sabe, até saber

Enquanto isso, o tempo continuava a operar maravilhas. O tempo não é pessoal: não está a nosso favor, tampouco contra nós. Está só fazendo o que tem que fazer: passando continuamente, sem parar mesmo por um breve momento. É o que o tempo deve fazer.

> "Dizem que o tempo opera maravilhas. Na verdade, seu trabalho é passar sem parar. O que vai determinar aonde vamos chegar e o que o futuro reserva para nós é o que fazemos enquanto o tempo opera maravilhas."
> Alon Ulman

Assim passei por sete meses e meio de treinamento intensivo para alcançar o nível de aptidão física que nunca pensei conseguir. A data do voo para o Arizona se aproximava rapidamente.

Dediquei cada minuto livre ao aprendizado a distância sobre triatlo e o *Ironman*, e as condições de campo do local da competição. Investiguei nos detalhes: comprei livros pela Internet e pesquisei no Google. Quanto mais eu lia e aprendia, passava a entender que, até certo ponto, o Arizona é similar a Beer Shiva no sentido de ser quente e estar no deserto. Mas, ao contrário da capital do deserto de Negev, que não é repleto de rios, a temperatura da água no Arizona pode cair para graus muito baixos. Em outras palavras, frio pra caramba.

Fiz um "diário do *Ironman*" detalhado para mim. Escrevi na primeira página "*Ironman*, 9 de abril de 2006, Arizona". Eu resumia no diário tudo o que aprendia sobre a competição e descrevia em palavras o que chamava de "imagem vencedora": o que eu queria fazer, pensar e sentir em cada estágio da competição. Também incluí todas as lições relevantes de antigos participantes da competição que fui capaz de encontrar.

Então, um dia, depois de muita expectativa, o grande momento chegou. Na noite anterior ao voo, estava cercado de pequenas anotações que detalhavam tudo o que precisava saber. Fiz as malas e realizei minha própria "inspeção oficial", verificando o que havia em cada uma delas. Eu sabia que cada coisa que pudesse esquecer de levar seria crítica no momento da verdade: o capacete com o qual estava acostumado, as vitaminas, os alimentos que precisava consumir durante a competição. Tudo estava medido, numerado e ajustado. Também havia um contêiner especial para minha bicicleta, para protegê-la durante o voo. E esta foi, aliás, outra importante "vitamina" no caminho para o sucesso.

A caminho do topo, você deve levar consigo o que for ajudá-lo a chegar lá e deixar tudo o que interferir.

Pegamos o voo para o Arizona cinco dias antes da competição. A competição em si aconteceria em um domingo, então embarcamos em um voo para os Estados Unidos, que incluía uma escala em Londres na terça-feira anterior. Encontrei os outros quatro israelenses que iam voar para a competição comigo no aeroporto. Todos tínhamos trazido uma grande quantidade de bagagem com eles. Não vou negar que sentia uma grande sensação de orgulho ao chegar com minha bicicleta e os outros equipamentos que tinha preparado. Dezessete competidores israelenses tinham se inscrito para a competição, mas, no fim, sete apareceram. Desses sete, apenas quatro terminariam a prova.

Donny, um ótimo cara que tinha a mesma idade que eu, sentou-se ao meu lado no voo. Tínhamos realmente nos conectado durante o treinamento de *Ironman*. Ele é um verdadeiro *self-made man*, dono de uma grande empresa de publicidade, casado e pai de quatro filhos. Vivia com a família em uma casa de campo em Ramat Hasharon e tínhamos treinado juntos para a competição.

Alguns meses mais tarde, enquanto eu estava em viagem pela Polônia com as forças armadas e com meus oficiais alunos, a guerra do Líbano de 2006 estourou. Donny, que vivia fora do alcance do fogo dos mísseis, me ligou e disse:

— Estão disparando mísseis ao norte. Você vem ficar conosco?

— Estou no exterior — respondi, sem dar muita importância para as notícias que ele me dava.

— Quero que você, Ortal e as crianças venham para minha casa. Agora.

Pela insistência em sua voz, entendi que a situação era séria. Liguei para Ortal e pedi para ela pegar as crianças e ir para a casa de Donny e sua família. Eu me juntei a eles quando voltei da Polônia; vivemos com eles por um mês e meio e, sinceramente, foi divertido. Descobri que duas famílias vivendo juntas é um modelo de muito sucesso; nos sentávamos no quintal todas as noites para conversar, depois nos levantávamos antes do amanhecer para treinar juntos. Senti um forte companheirismo em relação a Donny.

No voo conosco, também estava Aviv Kafif, que você já conheceu na competição em Ein Gedi. Além de ser dono de uma empresa de supervisão de obras, Aviv era, na época, um oficial da reserva. Agora é um coronel que cumpre trinta dias de serviço na reserva por ano.

Como eu, Aviv estava a caminho de seu primeiro *Ironman*. Ele é um ano mais velho do que eu, seu cabelo já estava ficando grisalho, e Arel, sua esposa, o acompanhava e o ajudava em cada competição.

Conosco também estava Gavin Kenning, original da África do Sul, treinador e atleta de trinta e poucos anos, um cara muito forte e competidor veterano em provas de *Ironman* (mais tarde, ele se tornou membro do programa "O Código do Vencedor - grupo *Platinum*"). E o "garoto" do grupo era Danny Shachor — um jovem oficial do corpo blindado que fora aceito no programa "Ofek" para promoção de oficiais de destaque. Ele tinha negligenciado o corpo enquanto estudava na faculdade, comendo apenas *junk food*, e sofrera de obesidade. Então, descobrira os esportes e deixara de ser um homem gordo para ser um triatleta de destaque. Danny se tornara louco por ciclismo e treinara seriamente para a competição que se aproximava.

Todos nós colocamos nossas bagagens na esteira e recebemos os bilhetes de embarque para o voo. Minha animação crescente era acompanhada pela preocupação alimentada por histórias que ouvira de pessoas que tinham embarcado a bicicleta no avião, e ela nunca chegou ao destino. Se sua mala se perde, você só tem que comprar um novo tubo de pasta de dente. Mas se sua bicicleta se perde — toda a competição está perdida. E não confio na sorte. Já tinha visto militares pagarem o preço pelo erro de "apostar" em alguma coisa. Por isso, falei para as aeromoças que queria vê-las colocar minha bicicleta no avião com meus próprios olhos.

— Não se preocupe — disseram.

— Não estou preocupado. Só quero ver — respondi.

Então, quando o avião aterrissou para a escala em Londres, saímos e fomos direto aos carregadores para ter certeza de que levariam nossas bicicletas até a área de bagagem no avião que nos levaria para o Arizona, não sendo enviadas por engano para um destino diferente no mundo.

Decolamos mais uma vez a caminho do Arizona. Este era o voo para recuperar as energias. Cada um de nós, por dentro, visualizava e se imaginava na competição. Uma atmosfera de grande animação me envolvia, junto com a ansiedade pelo que estava por vir.

Reclinei meu assento. Tinham cartas que Ortal e as crianças me escreveram na bagagem de mão. Elas me instruíram a não as abrir até a noite anterior à competição, porque tinham como objetivo me dar forças para a prova em si. Há certo momento na competição em que você prepara os "suplementos especiais". Eu tinha planejado parar naquele ponto e ler as cartas. Imaginei que, provavelmente, chegaria naquele estágio quando já estivesse cansado e pretendia que aquilo fosse minha dose de energia. Mas como eu podia esperar até lá? Bem sobre o oceano, tirei as cartas da bolsa. Fui inundado de carinho e ternura quando abri o bilhete dobrado que meu filho mais novo, Gal, que tinha seis anos na época e estava no primeiro ano, me escrevera:

Um dia, um homem *naceu*
ele se chamava Alon
ele *quiz* participar de uma maratona
e *conquisto* o *primero* lugar.
Com amor, Gal

O poema era cheio de erros de ortografia adoráveis. Tinha outro pedaço de papel preso a ele, emoldurado de corações, no qual Gal acrescentara:

Para o papai,
Você é o melhor pai do *mundu*
De vez em quando você fica bravo
Mas é você que eu amo
Pai

Eu sentia meu coração derreter com as palavras dele. Disse a mim mesmo que precisava me agarrar a cada um daqueles pequenos erros de ortografia, principalmente porque eles logo desapareceriam. E fiz uma anotação para mim mesmo para não ficar bravo. Aparentemente, tudo era bastante assustador. Precisava ser muito mais carinhoso e amoroso com ele — meu pequeno príncipe cheio de cachos dourados.

Gaya, minha filha de sete anos e meio, me escreveu:

Querido Papai,

Sei que seu nome significa "carvalho" em hebraico.

Tem um ditado que diz "robusto como um carvalho", e é isso o que você é.

Lembre-se disso enquanto estiver competindo no *Ironman*. Você vai ganhar o primeiro lugar!

Com amor, Gaya.

Do outro lado da página, ela desenhara corações e estrelas que circulavam a frase:

Eu amo só você.

Essas coisas podem fazê-lo perder os sentidos. Gaya, com seu cabelo sedoso, determinados olhos azuis e um sorriso que sempre capturara meu coração.

E Bar, meu filho mais velho, que tinha quartoze anos na época:

Querido Papai,

Boa sorte na competição. Estamos todos orgulhosos de você, caso consiga ou não. O mais importante é que volte para casa saudável.

Eu te amo e estou orgulhoso de você.

Bar

Uau. Nas palavras com as quais se despedia de mim, dava para ver o quanto ele tinha amadurecido.

A última carta era escrita por Ortal:

Meu amor,

Estou com você em cada centímetro deste longo caminho, com muito amor. Cubro você de beijos carinhosos.

Sempre sua,

Ortal

Este bilhete também estava decorado de anjos e flores. Minha amada esposa me dá tanta força. E esses meus filhos são minha âncora. Eu os amo tanto e tenho tanto orgulho deles. Peguei as cartas mais algumas vezes durante o voo. Li todas elas repetidas vezes, e meu coração encheu-se de orgulho. Elas tinham aumentado a tremenda animação que já sentia antes de abri-las.

Jurei para mim mesmo que, quando voltasse, dedicaria muito mais tempo à minha família e que realmente os escutaria com todo meu coração. O amor deles e nosso relacionamento sempre me fizeram feliz, mas agora eu sentia ainda mais. Estava tomado de amor e saudade.

> "Sua família é a fonte de sua força. Não diga 'Um dia terei tempo para eles'. Alguém que não tem tempo para a família, quando tiver tempo, não terá família. Dedique tempo para eles. Faça um esforço para se tornar a pessoa que você gostaria que eles fossem."
>
> Alon Ulman

Aterrissamos em Fênix, Arizona, e seguimos para os arredores de Tempe. Diante de mim estava uma cidade plana do Oeste, com casas térreas e uma sensação de amplo espaço aberto. A cidade é cercada por um deserto árido: cactos, pedras e espinhos. O ar seco queimava minhas narinas. Naquela tarde, fomos para nosso hotel descarregar as bagagens. Agora tínhamos que superar o *jetlag* e ajustar nossos relógios biológicos. A competição não só era muito longa, mas acontecia em um horário que ainda seria noite em Israel. Essa reversão era crítica para nós: todos os sistemas do nosso corpo tinham que se acostumar ao fuso horário atual e ao clima desértico. Era um ajuste duplo — com as condições atmosféricas e com o horário — e precisava ser feito rapidamente. Pensei nos dois soldados robustos das forças de elite (os "Sayeret Matkal") que tinham morrido de desidratação durante um treino de navegação. Ficamos sabendo que eles tinham voltado tarde da noite do norte do país para o clima do deserto no sul, e seus corpos tinham entrado em estado de choque. E o Arizona, como já mencionei, me lembrava muito de Beer Shiva: muito quente durante o dia e muito frio à noite.

Tínhamos acabado de chegar no quarto quando Gavin disse de repente:

— Tudo bem, rapazes. Vamos guardar nossas coisas e sair para uma corrida.

Nos entreolhamos, sem acreditar.

— Se forem dormir agora, o *jetlag* não vai passar. Temos que correr — afirmou.

É, não havia outra escolha. Tínhamos que "aguentar firme" por 36 horas a fim de dormir apenas à noite. Saímos com as pernas pesadas. Tínhamos que correr, apesar da dificuldade, e o resultado foi uma corrida leve e suada que durou quarenta minutos — durante os quais grunhimos e corremos, e corremos e grunhimos.

Naquele ponto, já estávamos familiarizados com o conceito de *tapering* — uma diminuição gradual da intensidade. Quando treinamos, o programa de treinamento é distribuído ao longo dos meses. Em cada mês, o modelo básico é repetido: três semanas de treinamento intenso e, na quarta semana, uma diminuição na intensidade.

Na primeira semana, você treina duro; na segunda semana, mais duro ainda; na terceira, o treinamento é o mais duro de todos, e na quarta semana você faz o *taper*, diminuindo o nível de intensidade a 60% da terceira semana. É assim que você carrega o músculo, mas também o solta, seguindo o princípio de carregar e recuperar. É como o corpo se recupera enquanto dorme. O plano de treinamento consiste em estágios básicos e de construção que são seguidos por um período de resistência, depois aprimorado em direção ao alvo específico com redução gradual para o desempenho ideal.

Em geral, assim que você atinge o estágio de *tapering*, uma "fome pela bola" se desenvolve. O que quero dizer? Quando o corpo está acostumado a correr e nadar distâncias particularmente longas, por longos períodos e, de repente, "recebe" só uma volta de bicicleta de uma hora em vez de doze horas, o resto é "estocado" dentro de você, e dá para sentir a necessidade de se mexer. Então, durante a competição em si, você explode. Muitas pessoas vivem, sem querer, em um estado constante de exaustão. Elas não se desenvolvem porque nunca se permitem se recuperar. Você se arrebenta por meses (treinando, trabalhando)? Tire uma semana de folga. *Se não descansar e não dormir, não vai se desenvolver.*

Três semanas antes da competição, reduzi a carga em 70%. Uma semana mais tarde, baixei para 50% e uma semana antes da prova, para apenas 20%. Sessões de treino curtas e refinadas. Desenvolvi uma "fome pela bola", como o gladiador que quer atacar um tigre. É esta a sensação: seu corpo já quer e está realmente gritando para você: "Me deixe correr agora".

E o que a maioria das pessoas faz antes de algo importante em suas vidas? Elas aumentam o treinamento, investem enorme esforço e se exaurem. Tem que ser o oposto: *o que você não fez, não fez.* Agora, o melhor é descansar.

...

Mesmo depois da corrida, os preparativos não terminaram e ainda não conseguimos dormir sossegados. Todo mundo estava no corredor, montando suas bicicletas e equipamentos. Percebi que seria melhor que Danny montasse minha bicicleta — não sou bom nesse tipo de coisa, e ele tem um excelente senso técnico. Tempos depois, Danny abriu uma loja de bicicletas e equipamentos de triatlo. Ele me ajudou de boa vontade. Tínhamos quatro dias de preparativos diante de nós e nosso objetivo mais significativo era cuidar de nós mesmos.

Nosso corpo estava agora em um estado vulnerável, pois tinha sido desgastado pelo treinamento intensivo. Não tínhamos permissão para ficar em pé por muito tempo, o que é outra importante "vitamina" para as condições de prova: *não tente fazer o que você não fez até este ponto*. Não é hora de experimentar comidas que nunca comeu antes. Seria bem patético treinar um ano inteiro só para ter uma intoxicação alimentar e perder a prova. Todo dia, comia salada, pão, pizza e macarrão — alimento nutritivo que não era arriscado. A ideia é cuidar das ferramentas que geram o maior valor — em nosso caso, era nosso corpo.

"A maioria das pessoas se levanta de manhã e pergunta a si mesma: 'o que vou fazer hoje'? Os vencedores se perguntam: 'o que vou conquistar hoje'?"
Alon Ulman

Além de cuidar do corpo, nossa outra missão era nos manter focados. Do mesmo jeito que acontece quando chegamos a um estágio crítico em uma negociação comercial, você não pode se permitir ficar cansado e perder a concentração. A tarefa mais difícil, para mim, era dormir quando não tinha sono, só que em Israel ainda era dia, mas no Arizona era hora de ir para a cama. A fim de se ajustar ao novo fuso horário, você precisa se obrigar a dormir. Pela manhã, saíamos para dar uma volta e conhecer as estradas. Quilômetros e quilômetros de estradas.

Recebi o número de competição 841. Anos depois, um participante de um de meus seminários me diria algo muito divertido: se você coloca o número 8 na horizontal, ele forma o símbolo da abundância, do infinito, e 41 era a minha idade na época da competição. Incrível. Claro que eu não tinha notado isso no dia anterior à prova. Quem tinha tempo para sinais e metáforas? Meu número de identificação 841 seria registrado e acompanhado durante o percurso e seria a prova de que, de fato, tinha conseguido.

O *Ironman* é uma competição com 226 quilômetros de extensão e que dura mais de dezessete horas. Talvez fosse o que eu precisava percorrer aos 41 anos, para que os portões da abundância e da consciência de infinitas possibilidades se abrissem para mim; assim como Ali Baba, que achou a entrada da caverna dos piratas e descobriu um tesouro escondido. Até aquele ponto, tinha uma *mentalidade da escassez*. A perspectiva do mundo no qual eu crescera era a da competitividade em vez da realização:

- Não há suficiente para todo mundo.
- A economia sempre tem um suprimento baixo.
- É você ou sou eu.

A *mentalidade da abundância*, no entanto, diz:

- Tudo existe.
- Há o suficiente para todo mundo.
- Você pode criar o que quiser.
- Tudo é possível.

Também entendi, no Arizona, que você não alcança simplesmente seu objetivo, mas também a pessoa que se tornou no processo.

Percebi outro conjunto de conceitos que estão relacionados: competitividade e realização.

Competitividade envenena os relacionamentos porque, para alguém ser o vencedor, alguém tem que ser o perdedor. Mas a realização não é medida contra outra pessoa. Pelo contrário, ela trata do crescimento pessoal e do desenvolvimento na situação atual — e não à custa de alguém. Há pessoas que realizam e pessoas que não, mas o segredo, para um realizador se sentir satisfeito, também é se tornar um realizador iluminado.

"Porque, se ela não compete com ninguém,
ninguém pode competir com ela."
Lao Tzu
Pai do taoísmo

"Nas competições, quando alguém vence, alguém tem
que perder. Quando se trata de realização, é possível
que todos cresçam."
Alon Ulman

Dali a poucas horas, iríamos dormir e nos levantar ao nascer do sol. Mas, antes disso, tínhamos sido convidados a participar de uma entrevista coletiva com algumas das pessoas mais fortes do mundo. Os comentaristas previam um grande futuro para o norte-americano Chris Lieto e esperavam que ele vencesse a competição. Tim DeBoom, de Boulder, Colorado, também era um competidor proeminente. Ele acabaria terminando a competição em terceiro lugar. Campeões mundiais — e eu — devíamos largar juntos na linha de largada. Eu estava animado. Todos estávamos ansiosos.

Era isso. Na última noite no hotel, no auge da animação, quis dormir cedo e coloquei o despertador para 4h da manhã. Às 4h20, precisava comer 1.700 calorias.

E aqui está outro detalhe interessante: durante uma competição como o *Ironman*, você queima entre dez e quartoze mil calorias. Não, não é um engano. Mas também há um limite. Eu, verdadeira e inocentemente, acredito que não há limite no mundo que não possa ser ultrapassado: psicológica, mental, emocional, espiritual, profissionalmente — qualquer limite que você escolher. Mas a crença comum (errada) entre nós é que, a fim de ultrapassar um limite, você deve "simplesmente tentar mais", o que significa fazer a mesma coisa que estava fazendo agora, só que mais rápido (ou com mais dificuldade, mais vezes ou mais forte). Em outras palavras: dizer o que dissemos antes, mas desta vez gritando mais alto.

Esse não é o caminho!

Há uma diferença entre conhecimento e/ou educação acadêmica e consciência. Não são sinônimos. Alguém pode ser um médico bem-educado, que estudou por muitos anos e, mesmo assim, ter uma consciência estreita. Essa mesma pessoa vai para casa à noite e começa a gritar com as pessoas que mais ama. Não concorda comigo que esse tipo de comportamento não tem nada a ver com educação acadêmica? Tem só a ver com a consciência da pessoa naquele determinado momento. Ela se comporta de um jeito que contradiz seus valores, não a leva adiante e torna sua vida e a vida daqueles que a cercam miserável — sem querer ou pretender se comportar daquela forma, é claro. E, quando se acalma, ela jura que nunca mais vai se comportar assim. No dia seguinte, no mesmo horário e no mesmo lugar, ela grita de novo. Por quê? Essa pessoa está fazendo algo que não a deixa avançar e que não quer fazer.

Porque é uma questão de controle. E controle vem de uma expansão da consciência.

Uma pessoa que não tem ideia de onde está naquele momento, aonde deseja chegar e como pretende fazê-lo tem um baixo nível de consciência. E isso não tem a ver com diplomas e educação acadêmica: ali estava eu, com dois diplomas em Economia, ambos com distinção, tendo me formado em um renomado curso marítimo da Real Academia Naval Britânica e me encontrava no deserto no distante Arizona, recebendo ordens para consumir trezentos gramas de carboidratos todas as horas. *Eu não tenho ideia do que são carboidratos. Quais carboidratos...?*

Deixe-me fazer uma pergunta: quem, em geral, enche o tanque do carro com gasolina de má qualidade? Talvez o carro da empresa? Você estaria disposto a entrar em um carro ou embarcar em um avião que não fosse abastecido com o combustível de melhor qualidade? Por que não?

Como na natureza, por exemplo, ou com as máquinas, estamos familiarizados com as leis. O mundo da eficácia não opera em termos de "grande/pequeno", "positivo/negativo" ou "certo/errado" — em vez disso, trabalha com conceitos como "o que nos move adiante" ou "o que não nos deixa avançar". Faça a si mesmo uma pergunta simples: este passo me leva em direção ao resultado que desejo conseguir em meu mundo, em minha família ou a qualquer outro campo no qual eu possa ultrapassar os limites e ter sucesso?

> "Grande e pequeno, positivo e negativo estão nos olhos de quem vê. Todo mundo pensa que tem razão... e por isso terminamos brigando todos os dias. É uma pena. A questão no mundo iluminado precisa ser: isto é apropriado ou não? Isto nos faz avançar ou não?"
>
> Alon Ulman

Então, em relação a qualquer coisa ligada à nutrição, e não só nutrição física, agora sei que, por quarenta anos, enchi meu tanque com o combustível errado. Todo santo dia. Eu me imagino pegando o bico da bomba de combustível, observando claramente que está escrito "diesel" nela — e tenho um sedan familiar, que funciona a gasolina. Inacreditável. E, mais uma vez, sou lembrado de um fato simples e básico que percebi nesta longa e fascinante jornada: você não sabe que não sabe… Até saber.

Eu não sabia, por exemplo, que é possível viver com uma sensação de leveza sem sofrer de dores de estômago. Eu realmente não sabia disso, porque nunca tinha vivido assim. Não sabia que é possível correr sem dores desagradáveis na lateral do meu corpo, porque nunca tinha corrido sem sentir dor no quadril. Continuei a usar o combustível errado, refeição após refeição, dia após dia. As pessoas falam de genética: "O que posso fazer? São meus genes". "Se eu tivesse nascido com X, eu teria sido Y". O problema é que, mesmo se um Zé Ninguém tivesse sido abençoado com os genes de um campeão mundial de atletismo, se ele continuar se abastecendo com a coisa errada, não é surpresa que esses genes se recusem a crescer e florescer.

E tudo isso, entretanto, é só no reino do mundo físico. Pois todos nós temos mundos adicionais, mundos que são invisíveis: o mundo mental, o mundo emocional e o mundo espiritual. E, embora sejam intangíveis, são mundos muito especiais. Se enchemos nossa mente e alma de raiva e amargura, onde toda essa energia negativa vai parar? Ela não vai simplesmente desaparecer. A lei da conversão da energia determina que ela só mudará de forma e se transformará, em muitos casos, em doença. Ou em gritos com os filhos quando entramos em casa. Porque nossas crenças, nossos pensamentos e nosso estado de consciência têm o poder de mudar nossas vidas completamente, em 180 graus. Pense em um rio agitado e espumoso, em vez de água parada (explosões de emoção). Pense no cinismo como um veneno. Se você regar um carvalho com boa água e lhe der sol em abundância ou, em vez disso, regá-lo com ácido, o que vai acontecer com ele?

Acha que isso é um clichê vazio? Pense em duas pessoas que você conhece. As duas são igualmente talentosas, mas não necessariamente no mesmo campo. Mesmo assim, qual é a diferença entre elas? Por exemplo, o nível de motivação. Uma pode ter zero motivação, enquanto a outra é 100% motivada, com fogo no olhar. E este nível, diga-se, pode mudar dia a dia. É dependente do nosso "combustível" emocional e espiritual, e é provável que mude durante o curso de nossa vida — e nossos arredores —, sem nenhuma conexão com nossa genética, com o lugar no qual crescemos ou o número de diplomas que conseguimos. A questão é, novamente, *que combustível estamos — você, eu — escolhendo para encher nosso tanque? Em cada um de nossos quatro mundos, é possível — e escolhemos — colocar o combustível correto ou o combustível errado.*

...

Vamos voltar um minuto para o tanque de combustível físico — para a nutrição, calorias e a bolsa de "suprimentos especiais" que estaria me esperando durante a competição. O corpo humano tem, aproximadamente, quatro mil calorias que podem ser "queimadas". Cerca de duas mil delas vêm dos carboidratos (glicogênio). Presumindo que queimamos 50% de nossa energia da gordura, isso nos leva a cerca de quatro mil. No fim dessas quatro mil calorias, nosso tanque está vazio. E depois? O que acontece quando tudo é queimado? E se precisamos continuar nos movendo, de onde tiramos a energia de que precisamos? O corpo usa nossos suprimentos de energia e queima toda a cota de calorias. Quando acaba, o corpo começa a decompor as proteínas. Em linguagem simples, ele começa a "comer nossos próprios músculos" até morrer.

A fim de prevenir essas situações, é importante comer durante intensa atividade física. É claro que não estou falando de nuggets de frango, sanduíches de carne ou linguiças gordurosas. Mas, quando comecei a praticar esportes de maneira séria e controlada, entendi o quanto tinha sido irresponsável em relação à minha nutrição no passado. Você não sabe que não sabe... Exatamente! Não acho que eu era uma pessoa burra. Mas, como mencionei anteriormente, a distância entre "educação acadêmica" e "consciência" pode ser enorme.

...

Depois de um tempo, fomos dormir. A noite mais importante para descansar não é a noite antes de um *Ironman*. Obviamente, ninguém dormiu bem naquela noite por causa da grande animação, o que é natural e compreensível. Então, é importante dormir bem na noite anterior a esta. Coloquei meu despertador para quatro da manhã e acordei exatamente um minuto antes de o alarme tocar, às 3h59. Estava explodindo de adrenalina. Abri os olhos e a primeira coisa que vi foi o bilhete que tinha colocado para mim mesmo perto do travesseiro. A primeira coisa que aparecia na lista de coisas que tinha que fazer no minuto que levantasse era: "sorrir". Até anotei isso.

Na verdade, esse era o segundo item da lista. O primeiro da lista era "coloque a tornozeleira com o chip na sua perna", e foi o que fiz. Enrolei a faixa de velcro com o chip na minha perna esquerda, logo acima do tornozelo, e sorri para mim mesmo. Agora eu realmente não tinha paciência para esperar que todo mundo se levantasse para comer.

CAPÍTULO 9

Para onde estamos nadando?

O relógio marca 4h30. Tomamos um café da manhã rápido. Exatamente às 5h da manhã, estou pronto, na linha de partida da competição no Arizona. Ainda está escuro e, apesar de todos os preparativos que fiz, física e emocionalmente, meu estômago está revirando. Todo mundo, fora eu, parece um viking ou um descendente de Golias.

Eu, Alon Ulman, de Krayot, uma cidadezinha da costa norte de Israel, estou entre essas pessoas que mais parecem montanhas, cada um deles me parece uma rocha humana: 1,90 m, loiros, olhos azuis e com barrigas saradas. Não há dúvida — eles vieram arrebentar na prova, no mínimo. Cada um deles tem uma expressão que diz: "Escute, cara, sou *Ironman* desde os três anos de idade. Foi assim que fui criado". E pergunto a mim mesmo: *Me diga, você tem certeza? Tem certeza de que tem certeza?*

Esfrego vaselina nos pontos de fricção.

Eles escrevem minha idade (41) na minha perna, como se fosse parte de um rebanho de gado. Já coloquei o adesivo com meu número de competidor no capacete quando estava no quarto do hotel.

Na grande área onde estão as 2.300 bicicletas, encontro a minha e verifico se as rodas estão boas. Encho os pneus, prendo três garrafas de água nela, encho o tanque de água que fica na frente da bicicleta, amarro meu calçado nos pedais, coloco o capacete de cabeça para baixo e coloco nele todos os itens na ordem certa: número do peito, óculos de sol... Coloco uma toalha no chão. No fim do estágio da natação, quando sai da água descalço, seus pés ficam cobertos de lama. Tem uma garrafa de água esperando você, para que possa lavar os pés, subir na toalha estendida para secá-los e depois colocar os pés limpos no calçado. Todos os lanches que vou comer durante a prova de ciclismo estão em uma caixa presa na bicicleta, assim como uma caixa de géis e cápsulas de sal.

Também há três bolsas: Estágio T1 (T significa transição) é a transição da natação para o ciclismo. T2 é a transição do ciclismo para a corrida. A última bolsa é para a metade do percurso da corrida, que nos espera depois de 205 quilômetros, e são 21 quilômetros para a linha de chegada. É onde coloco meus itens de "suprimento especial": apenas as cartas dos meus filhos. Nada mais. Se estiver com dificuldades, decidi que as lerei. Mas, na verdade, quando cheguei ali, nem precisei pegá-las — eu já tinha recitado cada uma delas tantas vezes durante a corrida que as sabia de cor. Tinha colocado adesivos nas bolsas de cores diferentes: "bike + mala cheia", "lanches, gel e cápsulas de sal". Tudo era preciso. Nada aproximado: se fosse pouco, você podia desidratar; se fosse demais, você se sentiria pesado. E ainda precisava de mangas longas para protegê-lo do sol... E uma garrafa descartável...

Ironmen experientes em geral citam um ditado que diz: "Quando uma pessoa cruza a linha de chegada do *Ironman*, a competição atlética mais difícil do mundo, ela jamais será a mesma pessoa". Li essa citação mais uma vez na manhã da competição, mas não tive muito tempo para me aprofundar nela. Pela última vez, repassei minhas anotações e decorei o conteúdo de cada bolsa.

Novamente, eles nos marcam com marcadores nas panturrilhas e nos braços. No estágio da natação, a marca é feita na touca, a fim de que não seja apagada pela vaselina que esfregamos no corpo para deslizar no traje de neoprene. Todos os preparativos foram feitos.

Falta meia hora para o início. Estou usando um traje de neoprene, que ainda não vesti na parte superior do corpo para retardar a sensação de asfixia até o último momento. Agora é a hora de limpar a mente, deixar o calçado para trás e se posicionar na linha de partida na água com outras 2.300 pessoas. (Embora 2.500 tenham se registrado, cerca de duzentas pessoas não apareceram por um ou outro motivo.) Até o último instante, eu havia repassado mil e uma providências na minha cabeça. Mas, assim que cheguei na linha de partida, na beira da água, precisei ir ao banheiro! Infelizmente, o número de sanitários portáteis que dá para colocar em locais como este é limitado. Você precisa fazer o que puder e ir ao banheiro sempre que possível, porque não pode carregar essa "bagagem extra" por aí com você. Seu corpo precisa estar 100%, e nada pode atrapalhar.

Faltam dez minutos para o começo da prova e ainda não consegui arrumar um bom lugar para me aliviar. Corro rapidamente na direção dos arbustos atrás de alguns restaurantes, mas não param de passar pessoas por ali. Nesse tipo de situação, você tem que fazer o que tem que fazer e não o que é confortável. E eu tinha planejado me sentar em silêncio e com dedicação logo antes da competição para estar concentrado, para "clareza mental". Esperei tanto que esse momento chegasse, mas não tinha dado certo. E estava em uma emergência.

É isso. Meu traje de neoprene me cobre da cabeça aos pés, me protegendo do frio. Dois dias antes, quando estávamos treinando, a água estava insanamente gelada. Agora, quando tudo está ardendo de adrenalina, não é quente nem fria. Todo mundo desce para a linha de partida do reservatório, entra na água e espera o disparo de início. Nas fotos que são tomadas de cima nesse instante, você tem uma visão magnífica. Imagine 2.300 pessoas às 7 horas da manhã (um monte de toucas de natação, em uma variedade de cores) esperando juntas na linha de partida, como um só corpo, para um esforço concentrado e contínuo de 226 quilômetros. Esse sentimento de "união" é específico para o *Ironman*. Imagine que comece a jogar futebol e, sete meses e meio depois, você, Messi e Ronaldo estão jogando na mesma partida. É do mesmo jeito. Atletas profissionais e campeões mundiais estão competindo ao seu lado.

Antes que o sinal de início fosse disparado, me virei para Donny.

— A parte difícil já foi. Agora só nos resta aproveitar — digo (principalmente para convencer a mim mesmo).

— Então, sorria — Donny responde, sorrindo para mim.

Repliquei com um grito e Donny respondeu berrando.

— É tão divertido sermos *nóóóóóóós*!

Nossos gritos são engolidos pela comoção geral. O sinal foi dado. Tínhamos largado.

...

Eu estava preparado para cair na água. Sabia que estava realmente gelada, pois treinamos lá. Mas agora, supreendentemente, meu corpo estava ardendo e a água nem mesmo parecia fria para mim. A adrenalina me aquecia de dentro para fora. A natação começou com grande comoção: 2.300 conjuntos de mãos e pés remando, chutando e espalhando água, transformando tudo de uma só vez em um monstro de 2.300 cabeças. Tremendamente lotada — todo mundo queria pegar o caminho mais curto. Eles não estão contra você, mas estão por si mesmos. Querem seguir adiante. E parece que estão tentando passar por cima de você. Há muito atrito, pancadas e perigo. Isso é chamado de "efeito máquina de lavar roupa" e é realmente uma experiência única e insana — muito diferente de nadar em uma piscina. Hoje, quando estou trabalhando com empresas e companhias que operam sob condições competitivas, posso ver esse “efeito máquina de lavar roupa” acontecendo bem diante de meus olhos.

Diferente de uma piscina, mas muito parecido com a vida, aqui não há opção de parar e não há raias claramente definidas. Como diabos eles sabem para onde estão nadando? Esta é uma oportunidade de conhecer o que chamo de “a presença na ausência”. Quando costumamos a apreciar as coisas da vida? Quando elas são realmente tiradas de nós e param de ser tidas como certas. Ali, nas vastas águas do lago Tempe Town, estava sentindo muita falta daquilo — daquela linha negra reconfortante que lhe diz por onde nadar, garantindo que está nadando na direção certa e que permite que você se concentre nas braçadas. Tampouco há bandeira branca — aquela que garante que você não vai bater a cabeça na lateral da piscina e indica quantos metros já nadou. E não há linhas claras do outro lado. Então, espere um minuto... Há um trajeto ou não? Para onde estamos nadando?

E na vida? “Para onde estamos nadando?” seja talvez a pergunta mais importante. Temos uma raia demarcada claramente com uma linha negra? E um fundo? E que tal um salva-vidas — há ou não um? Como qualquer questão, estas também dependem de quem está sendo questionado. Uma pessoa dirá que não há raia; há somente o caos que devemos gerenciar. Outra pessoa dirá que há um fundo, mas que é tão profundo que não pode ser visto. Na vida, todo mundo está nadando e se esforçando, mas para onde?

Quando pergunto para a plateia das minhas palestras: “Tudo bem, então para onde estamos nadando? Como sabemos para onde ir”? A resposta que geralmente consigo é: “Com a correnteza. Atrás de todo mundo”. Esta é a pergunta das perguntas da vida. Uma questão que a maioria das pessoas não levanta.

“Para onde estamos nadando?”, a pergunta da vida.

Algumas pessoas nadam no *Ironman*, como na vida, no nível da sobrevivência. Em um *Ironman*, o significado de sobrevivência é não se afogar e terminar a competição. Na vida, o nível de consciência de sobrevivência faz com que as pessoas tenham objetivos, como "sobreviver", "pagar as contas" ou "passar o mês". *Algumas pessoas nadam com a corrente, juntas com as demais. Na vida, nadar com a corrente significa fazer o que os outros estão fazendo.* Então, o que todo mundo faz? O que todo mundo faz! E está tudo bem. Não há problema nisso — você só precisa entender que nadar com a corrente promete resultados medianos, no máximo. Se nada junto com todos os demais, no fim, terá os mesmos resultados que todos os demais. Mas — e este é um "mas" importante — é essencial que permaneça logo atrás ou ao lado de quem quer que seja o "todo mundo" com quem você escolheu nadar na vida, como no *Ironman*, porque seus resultados serão os mesmos que os deles.

Por exemplo, vamos dizer que você escolheu nadar atrás de um dos competidores israelenses, na presunção de que ele sabe para onde nadar. Na linguagem da competição, como no ciclismo, isso é chamado de *drafting*. Você nada atrás dele e, depois de três mil metros, percebe que a água ao seu redor está menos lotada e que a maioria dos nadadores está ali do outro lado. Você agarra o pé do israelense e grita: "Cara, olhe. Está todo mundo indo para lá". E, se ele é realmente israelense e não um impostor, como vai responder?

— Não se preocupe, eles não sabem. Me siga.

Então, depois que nós dois — ele e eu — terminamos de nadar seis quilômetros em velocidade ensandecida só para alcançar o restante dos competidores (que, enquanto isso, nadaram três quilômetros e oitocentos metros, mas na direção correta), descobrimos que eles já estão no meio da prova de ciclismo depois de gastar menos energia e de fazer menos esforço do que fizemos. E esse tipo de coisa não acontece só no *Ironman* no Arizona.

Você conhece pessoas que levantam toda manhã, determinadas a fazer mais, a completar mais coisas, a agradar mais pessoas? Elas trabalham duro e se exauram (e àqueles ao seu redor) e, de algum modo, não recebem os resultados do Universo que acham que merecem. Está familiarizado com isso? Elas também gostam de dar conselhos não solicitados para todo mundo sobre o que deveriam estar fazendo.

Mas a verdade é que há uma raia. Embora não seja marcada com uma linha negra, no reservatório do Arizona há grandes boias triangulares de várias cores para os competidores ao longo do percurso. Na superfície da água, depois de cem metros, há uma boia amarela, e depois de quinhentos metros, uma boia azul. É tão simples. E o que você precisa fazer para seguir adiante na direção certa, exatamente como na vida, é uma ação muito simples: *erguer a cabeça da água*.

É assim que se nada no triatlo: quatro ou cinco braçadas e então você levanta a cabeça, enquanto metade do seu corpo se lança para a frente, alvo em foco e repete: braçadas, levanta a cabeça e segue na direção do alvo. Braçadas, levanta a cabeça, alvo em foco novamente. Você não permite que nada ao seu redor perturbe seu ritmo e concentração total. Algumas pessoas têm dificuldade em fazer isso porque, na curta distância, elas diminuem o ritmo da natação. Assim como ler este livro agora. Sério, você não tem outras coisas em mente? Dormir? Trabalhar? Ver um filme? Pagar a conta de energia elétrica? Claro que tem. No curto prazo, este livro atrasa o momento de fazer essas coisas. Quer dizer, rouba seu tempo. Mas, se olhar para as pessoas ao seu redor que considera serem "de sucesso" e empresas que deram certo nos negócios, você verá que é exatamente o que elas fazem a vida toda, o tempo todo.

No *Ironman*, as boias que os organizadores da competição colocam nos lugares servem para marcar uma linha que permitirá aos participantes nadarem na rota mais curta possível a fim de atingir seus objetivos. E, na sua vida, quem coloca as boias no lugar para você? Quem define a rota? E se não for você a fazer isso, quem fará por você?

"Os vencedores mantêm uma imagem vencedora, eles sabem o que querem. O resto sabe o que não quer."
Alon Ulman

Ou, se você preferir: cada pessoa tem mecanismos para alcançar seus alvos e são mais sofisticados do que os de qualquer míssil. Mas para que serve o míssil mais sofisticado se os dados do alvo não forem inseridos?

Foi garantida a nós a responsabilidade por determinar nossos próprios objetivos e metas, depois colocar as boias e determinar a rota por nós mesmos. A fim de seguir adiante, de boia em boia, não podemos nos esquecer de erguer a cabeça e olhar para além da nossa rotina.

...

Vamos dizer, por um momento, que você foi caminhar na floresta e deu de cara com um amigo que está serrando uma árvore. Ele lhe diz que precisa derrubar a árvore e, então, serra, serra, serra, colocando muito esforço e suor para, por fim, mandar a árvore ao solo. Durante três dias consecutivos, sem descansar ou comer, esse rapaz serrou a árvore com devoção, diligência e determinação, porém a árvore se recusa a cair. Você percebe que a lâmina do serrote está cega e não corta bem. Desejando ajudar, sugere ao amigo que ele pare por um momento para afiar a lâmina, para que a árvore caia com facilidade.

Em resposta, ele se zanga:

— Não tenho tempo para suas besteiras! Não tenho tempo... Não dá para ver que estou dando tudo de mim nisso? Não tenho tempo para amolar a serra. Estou serrando.

Você dá um passo para trás — afinal, não dá para ajudar alguém que não quer ajuda — e o deixa continuar lutando em vão. O falecido Stephen Covey, no livro *Os 7 hábitos das pessoas altamente eficazes*, usa essa história para demonstrar que as pessoas que não amolam seu serrote — ou seja, investem em si mesmas — não conseguem ser eficazes. Você acha que somos recompensados de acordo com o grau de sofrimento que vivenciamos? Segundo as horas que trabalhamos e o esforço que colocamos naquilo? Não, não somos. Porque só somos recompensados de acordo com o que damos, provemos ou contribuímos para o mundo. Em outras palavras: a recompensa que recebemos nos é dada *em relação ao valor que produzimos.*

Estou insistindo nesse conceito porque é fundamental e pode trazer uma mudança significativa na sua percepção do que fazemos na vida, no trabalho, nos relacionamentos em geral: *quanto mais valor uma pessoa traz para as pessoas com rapidez e poder (na família, nos negócios, no mundo...), mais ela será recompensada com amor, dinheiro e tudo o que quiser e do que precisar.*

É importante distinguir entre *esforço* e *valor.* Empenho, esforço e longas horas de investimento ou sofrimento não são, necessariamente, "valor". Se estamos nos exaurindo e gritando com nossos filhos, o que estamos realmente dando para eles? Nunca somos recompensados por "trabalhar como cães". Só somos recompensados de acordo com o *valor que produzimos.* Mas cada um de nós só pode dar o que tem; portanto, nós mesmos precisamos crescer, o que só pode ser feito "quando erguemos a cabeça". Falaremos mais sobre isso depois.

...

Ainda estou nadando, lembra? Avanço pela água e nado em um ritmo forte e rápido. Depois dos primeiros setecentos metros, a comoção se acalma e alcançamos um ritmo constante e forte. *Meus ombros ardem, não tenho oxigênio e estou nadando com força máxima.* Então, *já passamos dos setecentos metros, faltam só 225 quilômetros...*

De repente me sinto pesado, e o pensamento me puxa para baixo. Expulsei os pensamentos negativos e continuei nadando. Estou concentrado só nas minhas braçadas e na minha orientação espacial. Procuro a próxima boia. No terceiro quilômetro, me senti como me sentia naquelas viagens em navios lança-mísseis: ou terminamos isso ou vomitamos. O que vem primeiro?

Chego perto da praia, um pouco mais, e entã piso em terra seca e já tenho tudo o que preciso na área de troca passando pela minha cabeça. Quando saio da água, olho para o relógio — já se passou uma hora e treze minutos.

Saio do reservatório, limpo as gotas que escorrem do meu nariz e meu traje de neoprene está encharcado. O sangue em meu corpo ainda está frio da água, e ainda me sinto refrescado e desfrutando do sol. Não tenho ideia do quanto será quente e exaustivo daqui a pouco. A natação foi cansativa, mas sinto que estou em boa forma. Quando desce para o cais após muito tempo navegando, você se sente instável. Quanto a mim, depois de 75 minutos na água, apesar do fato de que estou inundado de adrenalina e cheio de energia, sinto como se precisasse vomitar e como se o chão sob meus pés estivesse se movendo. Sigo adiante, tiro os óculos, abro o zíper do traje e o tiro, tudo isso sem parar de correr. Mais uma vez, repasso em minha mente as coisas que estou prestes a fazer. Vejo que outros estão usando trajes de triatlo que são justos sob o traje de neoprene a fim de economizar tempo. Claro que estão molhados, mas vão secar. Percebo que trocar de roupa é um erro que vai desperdiçar meu tempo, mas continuo correndo em direção à minha bicicleta. Encontro meus óculos de ciclismo dentro do capacete, depois as luvas — e voo adiante. *Coloque o número no peito... Coloque os óculos...*

Agora eu tinha 180 quilômetros de ciclismo diante de mim. Pense em dirigir 180 quilômetros em seu carro, de um ponto a outro. É uma longa jornada. Agora, imagine fazer isso em uma bicicleta, em vez de um carro. Em retrospecto, sei que fui ousado em fazer isso. Era a primeira vez que eu faria realmente um percurso de 180 quilômetros de bicicleta. Até aquele ponto, eu falara, desejara e sonhara com isso, mas não tinha feito.

Acreditava (e ainda não sabia: você só sabe algo depois de ter feito) que era capaz de terminar o percurso de bicicleta e ainda ter forças para correr, o que demandava o maior esforço físico das três habilidades, e é o terceiro e último estágio da competição. Olhei ao meu redor, respirei o mais fundo que meus pulmões podiam aguentar e senti como se estivesse no topo do mundo. Há uma paisagem desértica ao meu redor em um dos estados mais quentes dos Estados Unidos, que alcançam temperaturas acima de cinquenta graus durante o verão.

As primeiras pistas para esses fatos, que tinha aprendido com antecedência, consegui nos primeiros doze metros de ciclismo. Durante o segundo quilômetro, percebi como era fácil ficar desidratado naquele calor infernal. Eu estava "com o alvo travado", inclinado para a frente nos guidões em posição aerodinâmica de combate. Ergui os olhos das rodas e da estrada para olhar a paisagem por um momento: cactos espinhosos marrom-esverdeados, como nos filmes do Velho Oeste, estavam espalhados pela beira do caminho. Pequenas colinas, como bolo de mármore cortado em fatias, expunham todas as camadas geológicas — vermelho, marrom, bege, amarelo, creme. E havia rochas altas que pareciam esculturas abstratas.

Eu estava morrendo de sede, mas sabia que tinha que beber em pequenos goles e não engolir grandes quantidades. Minha pulsação ainda estava elevada da natação, meu corpo só começando a se alinhar e não tinha oxigênio suficiente no peito. No começo, você bebe só água, sem um suplemento de caloria. A ordem de atividade que eu tinha planejado para a primeira meia hora era me acostumar ao movimento, chegar no ritmo desejado e me manter fiel ao plano. Depois, ingerir de trezentas a quatrocentas calorias por hora, não importando qual fosse a fonte, e beber meia garrafa de líquido. Lembrei-me do que tinha escrito em meu caderno: "Manter-se na programação do ciclismo, controlar a bebida, sentir-se à vontade em relação à pulsação".

O objetivo que eu tinha estabelecido para mim mesmo era pedalar na velocidade média de trinta quilômetros por hora, o que me permitiria terminar o percurso de 180 quilômetros em seis horas. Dividi a corrida de bicicleta em seções, como você faria em qualquer projeto. Eu tinha um relógio de pulso e um relógio na bicicleta. Perto do relógio da bicicleta estava o contêiner de bebidas que podia consumir me inclinando, como se bebesse de um copo por meio de um canudo. Também fiz uma *preparação mental* de antemão. Baseado em um dos manuais de treinamento que li, dei nomes variados para os diferentes estágios da corrida de bicicleta. Do início até o quilômetro sessenta era "O Caçador": alerta, pronto, em silêncio, fazendo o trabalho, preservando a força e planejando, mas avançando. O Caçador não chora porque ele está saindo agora para caçar. O nome Caçador me ajudou a entrar em um determinado estado mental e me deu forças. Tudo, como eu disse, foi planejado até o último detalhe, e listado no meu caderno de corrida.

Durante os primeiros momentos, pedalei com o corpo ereto, ainda enchendo os pulmões de ar depois da natação. Minhas pernas entraram no ritmo. Lentamente, inclinei a parte superior do corpo na direção dos guidões. Se você se senta ereto, o vento bate em você e diminui sua velocidade. Você precisa se inclinar e realmente deitar em posição aerodinâmica, para que a parte superior do seu corpo se equilibre sobre a bicicleta e não atrapalhe nada. As pernas funcionam no turbo. Elas se transformam em uma engrenagem técnica com tremenda força. E então chegou a primeira grande subida.

É difícil em subidas. Eu costumava sofrer com elas. Dizia a mim mesmo que era pesado demais, que não era bom em subidas... Mudei aquela história interna. A maioria dos ciclistas pesa 65 quilos. Eu peso oitenta quilos. Objetivamente falando, é mais difícil para mim. Transformei em objetivo para mim mesmo tornar as subidas meu lugar de passeio. Então, talvez, eu não tenha me transformado em uma cabra montanhesa, mas me apaixonei pelas subidas.

Na vida, como no ciclismo, se é muito fácil para você, é sinal de que você está descendo uma ladeira. O oposto também é verdade: se é difícil para você, se sua pulsação se acelera e você fica mais forte, é sinal de que está em uma subida.

A seção entre os quilômetros sessenta e 120 é a etapa-chave. Aqui seu ritmo compensa ou você paga por ele. Você começa a olhar para todos os ciclistas fortes ao seu redor e isso o deixa impressionado. Não são pessoas, são robôs. Mas você também parece daquele jeito para outros, operando como uma máquina.

Se foi disciplinado até este ponto, é aqui que começa a colher os frutos do seu trabalho. Se não foi disciplinado e pedalou rápido demais, vai começar a passar por maus bocados. Aqui é necessário manter um ritmo forte, mas constante. Lembrei-me do meu caderno de programação: "Esta é a etapa-chave, mantenha a concentração, mantenha o foco". Meu ritmo rigoroso desde o início valeu a pena e me proporcionou encorajamento mental.

Você se lembra do Caçador? Nesse ponto, sabia que tinha entrado no estágio "A Locomotiva", que vinha na sequência. Uma locomotiva é algo em movimento — é o motor, a força. Os outros vagões são puxados por ela. Agora devo manter o corpo relaxado, com o pescoço e ombros soltos, enquanto mantenho as pernas fortes que estão "rangendo" a um ritmo estável de noventa voltas por minuto. É isso. Só mudo de marcha se chegar a uma subida ou a um declive, mas sou A Locomotiva. Vou assim até o quilômetro 120. Na terceira e última seção, estarei no modo "O Tigre": forte, felino, cruel, dinâmico, cheio de vida, rápido, nobre, com paixão e pedalando bem. Um tigre não se move laboriosamente, mas com nobreza.

Diferente das outras competições de ciclismo, no *Ironman* você não pode usar *drafting* — é proibido pedalar em grupos ou perto demais dos outros participantes. O percurso de bicicleta no Arizona incluía três voltas de sessenta quilômetros, cada uma delas passando pelo centro da cidade. O percurso é feito de asfalto; a paisagem é difícil e quente. Terrivelmente quente. Há estações de alimentação espalhadas a cada dezesseis quilômetros de percurso, e você deve manter o impulso — e continuar seguindo seu programa de nutrição mesmo se não estiver com fome. Eu tinha escrito tudo de antemão, então não fiquei surpreso quando não senti vontade de comer. Não conseguia mais olhar para aquelas barras energéticas. O vento quente da tarde do Arizona, 35 graus, realmente não me dava apetite.

Meus músculos doem. Meus músculos das pernas estão tensos, e eu os solto enquanto pedalo. Não sinto vontade de beber — a água está quente e o pó de carboidrato tem um gosto nojento. O suor pinga em meus olhos, mas nada disso é relevante. Não importa o que você quer, apenas mantenha sua nutrição pelo bem da corrida.

A corrida de bicicleta é só uma preparação para a corrida, digo para mim mesmo. *Sim, você está terminando este estágio, mas só* porque está trabalhando em suas reservas, e em apenas mais um segundo, vai perder os sentidos. Se não comer enquanto estiver pedalando, vai desmaiar durante a corrida!

A competição de *Ironman* leva seu corpo e alma ao limite. Um acontecimento tão extremo requer gerenciamento restrito de energia, caso contrário, o pedágio cobrado será imediato e resultará em colapso.

Se beber pouco? Você vai ficar desidratado e perder força. Se beber demais? Sua reserva de sal ficará diluída e seu sistema nervoso não vai funcionar direito. Se alimentar o corpo com pouco carboidrato? Suas reservas de energia vão diminuir, você vai atingir uma "parede" e vai colapsar. Se consumir carboidratos demais? Vai sofrer com dor de estômago e vomitar, o que o obrigará a parar. É tudo uma questão de precisão, como eu disse. Também, na vida, *quanto mais você administra um estilo de vida cheio de demandas, mais restrito seu gerenciamento de energia deve ser.*

Uma corrida de bicicleta de 180 quilômetros é longa, muito longa. Sua cabeça se esvazia, seu pedalar se torna mecânico. Estou concentrado, mas não devo pensar no fim, porque ainda tenho cem quilômetros diante de mim. Depois de 140 ou 150 quilômetros, a fadiga pode fazer sua mente vagar. Há pessoas que começam a alucinar, a sorrir sem motivo, a chorar sem motivo... E, se você não está concentrado, é provável que comece a sentir pena de si mesmo. Há muitos lugares para onde você pode fugir em sua mente a fim de permanecer com a mira no alvo. Pensar claramente leva ao poder. *Foco e disciplina, foco e disciplina*, repito para mim mesmo.

Nesse estágio, eu começava a ser incomodado por pensamentos de exaustão ou dificuldade. "Para que diabos eu preciso fazer isso"? Deixo-os de lado. Sei que não posso seguir por esse caminho. Preciso prestar atenção na estrada e na pedalada. Faço questão de fazer uma avaliação da situação a cada quarto de hora e a realizar uma "prática do observador" — uma técnica mental que desenvolvi para me ajudar durante a competição. Mais tarde, descobri que isso ajuda em todas as partes da vida: a cada quarto de hora, "vou para dentro" da atividade que estou fazendo, olho para mim mesmo de fora e faço três perguntas:

1. O que está acontecendo por dentro? Qual é meu estado interno, emocional? Como me sinto? No que estou pensando e como esses pensamentos e sentimentos estão me fazendo avançar? Nosso estado emocional interno é o que mais afeta nosso desempenho (80%).

2. O que está acontecendo com meu corpo? Qual é minha condição externa, física? Se não está como quero e preciso, imediatamente a trago para a condição que quero.

E a terceira questão é:

3. O que está acontecendo com meu ambiente externo? Está quente? Está frio? A estrada está escorregadia ou molhada? Estamos na primeira ou na segunda volta?

Essas são as três questões que me ajudaram a manter o foco: eu perguntava, esclarecia, me fortalecia e prosseguia. Sou O Tigre — forte, nobre, alerta e me divertindo.

Sim, me divertindo! É tão divertido sermos nós mesmos, digo para mim mesmo. *Estou participando do Ironman!*

Figura 1: A prática do observador

Não consigo mais sentir as pernas. Os músculos das minhas panturrilhas estão queimando. Tenho suor pingando que me incomoda quando seca sob o vento que se aproxima. Está quente. Ah, como ficaria feliz de arrancar não apenas minhas roupas, mas também minha pele, para deixar meus órgãos internos livres para respirar ar fresco. Além disso, meu traseiro dói: o assento da bicicleta de triatlo é muito estreito. *Por que são tão estreitos?*, eu me pergunto. É como se o assento tivesse esculpido um lugar só dele. Sinto como se meu traseiro e o assento tivessem *se tornado um só, como se Deus os estivesse fundindo, para que eu nunca mais seja capaz de me levantar dele.*

Eu me levanto e pedalo em pé a cada dois minutos para soltar os músculos, mesmo assim continuo, em um bom ritmo. Fico agradavelmente surpreso por estar conseguindo manter um ritmo de trinta quilômetros por hora na minha primeira longa corrida de bicicleta como esta. É encorajador.

Onde está minha cabeça? Estou vagando de novo. *Foco e disciplina. Foco e disciplina.* Estou pensando em inglês — e é porque li aquele livro que foi escrito em inglês ou porque estamos no Arizona?

Em determinado ponto, acontece: quinhentos metros para a linha de chegada! Já fiz 179 quilômetros e meio. Não consigo mais sentir meu corpo, mas entendo que completei o estágio do ciclismo. Vejo que a linha de chegada foi montada na forma de uma moldura quadrada, como nas corridas de carro. E esse portal tem o formato do fim... Sinto que estou envolto em energia. Que sou invencível. Não apenas forte fisicamente, mas também estou experimentando uma sensação muito poderosa mental e emocional.

Você não tem tempo de investigar suas emoções durante a competição. Mas eu sabia que queria viver com essa sensação para fazer amor, fazer dinheiro, fazer negócios e para realmente viver a vida. Ali, pela primeira vez, senti a intensidade do poder do instante. A maioria de nós vive no "o que foi" e no "o que será".

Essa foi a primeira vez na vida que estava inteiramente aqui e agora e, então, algo me ocorreu. Em três religiões, isso é chamada de iluminação. É um momento de revelação.

"A maioria das pessoas lamenta o passado, reclama do momento presente e se preocupa com o futuro. Os vencedores aprendem com o passado, escolhem o presente e, com isso, criam o futuro. Tudo isso, em qualquer evento, está acontecendo aqui e agora. Sempre."
Alon Ulman

Por que isso aconteceu comigo lá, entre todos os lugares? Porque o *Ironman* não pode ser feito de um jeito diferente. É uma experiência tão intensa que você não pode passar por ela se fizer isso "despretenciosamente". Você tem que estar ali o tempo todo. Eu era concentração total, aguçado sobre tudo o que estava fazendo aqui e agora. Durante o *Ironman*, você não pode enviar mensagens de texto ou e-mails no meio do percurso.

Experimentei um gosto divino e maravilhoso e, de repente, entendi a importância do momento. Entendi que é possível alcançar um estado no qual você está completamente presente em cada instante, e exatamente por isso cada momento é perfeito, sua consciência se expande. Também entendi que é uma questão de consciência e prática.

E é possível viver assim. Cada momento da vida. Então, às 14h15, depois de 5h57 minutos pedalando, cruzei a linha de chegada da prova de ciclismo.

Nunca me senti assim. Em duas palavras: poder insano. Havia dor física no meu abdômen e pernas, mas o poder era maior que o corpo, um nível acima, como se eu tivesse sido atingido por uma onda de energia.

Acalme-se, disciplina e foco. Você ainda tem a maratona para correr, disse para mim mesmo.

Ei, respondi a mim mesmo. *É isso! Tudo o que nos resta é a maratona, e aí acabou.*

Desci da bicicleta na T2, a segunda área de troca. Dois voluntários pegaram minha bicicleta enquanto eu cambaleava até a barraca-vestiário. Recebi minha bolsa de equipamentos para esse estágio da maratona e comecei a me vestir. Tirei os calçados de ciclismo e os coloquei ao meu lado. Tinham me aconselhado, o que acabou sendo um mau conselho, a trocar de roupa entre o ciclismo e a corrida. Hoje sei que é melhor usar um único traje de triatlo durante todos os estágios da competição. Levantei a perna direita para vestir os shorts de corrida e... Meu músculo! Meu quadríceps! É um dos maiores músculos do corpo e, nesse instante, ele explodiu dentro de mim. Dá para ver acontecendo e, acredite em mim, é uma visão chocante e assustadora. Empurrei o músculo para o lugar com a mão e tentei, com muito cuidado, erguer a outra perna. Sem chance. Percebi que tinha, segundo minha linguagem do passado, um "mau funcionamento operacional". Disse para mim mesmo: *Não se estresse! O estresse não vai adiantar de nada aqui. Por falar nisso, será que podemos nos vestir?* Imaginei que meus filhos responderiam com não!

Eu tinha me curvado bem pouco quando percebi que, se me abaixasse mais, não seria mais capaz de me erguer. Permaneceria parado ali, como uma estátua. Meu cérebro, minhas costas, meus músculos — todos eles perceberam ao mesmo tempo que já era. Tinha acabado de pedalar 180 quilômetros e senti uma dor cortante difícil de descrever em palavras. *Não. Não posso. Tudo está tenso e doendo. Não consigo me vestir.*

Qual é nossa escolha padrão nesse tipo de situação? Como nosso piloto-automático responde? A primeira emoção que vem à cena do incidente, sem esperar um segundo, é o medo. E desespero vem um segundo depois. *Se eu não correr a maratona agora, é como se não tivesse feito nada. Como vou voltar para Israel?* Então, o primeiro pensamento que veio à minha mente em velocidade recorde foi: *O que estou fazendo aqui? Em que diabos estava pensando? Que eu simplesmente acordaria aos 41 anos e completaria o Ironman?*

Lembrei-me de que, quando resolvi me inscrever, fui até meus dois amigos de corrida e disse para eles: "Vamos viajar juntos". Eles me olharam como se eu fosse maluco. "No que está pensando? É impossível. Por que está tão animado?", disseram. "Você não entende como é difícil". "Nem mesmo nós conseguimos fazer isso, quanto mais você". O que descobri ali? Que talvez eles estivessem certos. Fora isso, de repente me "ouvi" pensando: *Quantas pessoas em suas condições já tentaram completar o Ironman?*

...

A maioria das pessoas vive no piloto-automático. Em termos mais profissionais, isso se chama "mecanismo de estímulo-resposta". É um mecanismo instantâneo. No meio, entre o estímulo e a resposta, nada acontece. Uma pessoa abre a porta e entra em casa (não você, claro, outra pessoa). Ao mesmo tempo, há pessoas naquela casa que ela ama muito. Claro que ela as ama. Quem não ama seus filhos? E esta bela criança sai de seu quarto. É o ápice da criação. Uma criatura realmente perfeita. Aquele homem alto, que acaba de entrar, se vê, em um instante, em um turbilhão de gritos:

— Por que não arrumou seu quarto? Por que não fez a lição de casa? O que tem de difícil nisso? Quantas vezes tenho que pedir?

Rapidamente, esse discurso pode ganhar o ritmo de uma metralhadora ou de uma britadeira e alcança o auge em uma espécie de "ta-ta-ta-ta-ta...", até que um deles, o homem alto ou a criança, recue. Alguns segundos (ou minutos, ou dias) mais tarde, aquele homem lamenta aquela cena de todo coração. De verdade. Ele se penitencia em seu coração e em sua mente, e jura para si mesmo que nunca mais vai se comportar daquele jeito. E o que acontece no dia seguinte? Isso mesmo — no mesmo horário, no mesmo lugar, ele abre a porta e... Você está certo. Ele faz exatamente a mesma coisa.

Mas por quê? Esse comportamento serve para eles de alguma forma? Está levando a criança ou ele para algum lugar? Está fazendo alguém ou alguma coisa avançar na direção de algum lugar do Universo? E, se não, então por que tantas pessoas repetem esse tipo de comportamento sem parar, quando isso não leva a lugar algum e não combina com seus valores? Afinal, não são más pessoas. Então por quê? Por que boas pessoas fazem isso? Elas realmente sabem fazer de outro jeito?

A resposta é: *elas não estão no controle*. Simplesmente não estão no controle de sua vida. Como muitas pessoas que você conhece já disseram: "Amanhã vou parar de fumar", e quantas realmente pararam? Como uma pessoa que fumou durante muitos anos, também vendi para mim mesmo a teoria que diz: "Se você quisesse parar, teria parado em um segundo". Sim, certo. Assim como paramos de gritar com as pessoas que amamos em um instante ou "paramos em um segundo" de comer aqueles doces e carboidratos que causam obesidade.

Então, por que, de fato, nós comemos demais, fumamos ou explodimos com nossos entes queridos se sabemos que esses hábitos não levam a lugar algum e podem até causar danos para nós mesmos e para as pessoas que mais amamos? Alguém entrou na nossa casa, puxou uma arma e nos obrigou a sair do sofá, assustados, abrir a geladeira e comer tudo o que estava lá dentro? Como nós — adultos inteligentes e responsáveis, na maioria dos casos — fazemos coisas que, se virmos uma criança de sete anos fazer, vamos chamá-la para uma conversa e dizer para ela, com tom de voz sério: "Me diga, filho, está tudo bem?".

Antes de respondermos esta importante questão, vamos voltar para o piloto-automático e à barraca. Ainda estou na barraca-vestiário, querendo me vestir, mas não consigo. Lembra? Minha perna simplesmente não me escuta. Não se levanta. Consigo até me ouvir dizendo para mim mesmo: *Tudo bem, quantas pessoas em suas condições tentaram participar do Ironman?*

Não foram minhas habilidades atléticas que me salvaram naquele momento. Eu tampouco sabia, naquela época, que podia terminar a competição, porque nunca tinha completado uma tarefa como aquela anteriormente. O que me resgatou, naquele momento, de um colapso potencial foi uma habilidade que me permitiu escolher meus pensamentos e converter ideias negativas em positivas que me fizessem avançar.

Naquele estágio da vida, já entendia como nosso "Sistema Operacional Humano" é constituído (ver página 175), e quais as diferenças significativas entre vencedores e todas as outras pessoas, e eu sabia como fazer aquele exame externo que eu chamava de "prática do observador" (ver página 146).

Essas duas habilidades permitiram ganhar compostura — e ganhamos compostura quando paramos de operar no piloto-automático. Esse é o instante no qual somos capazes de ver o que está acontecendo conosco, em nossos pensamentos e sentimentos; que resultado é provável entregar; e como fazer escolhas que nos façam seguir adiante (tratarei disso mais tarde, em relação ao Sistema Operacional Humano).

No momento em que ganhei compostura e percebi para onde aqueles pensamentos e sentimentos estavam me levando, eu me ergui e fiquei ereto sobre meus dois pés. *Sou Alon Ulman*, disse para mim mesmo, *e vou terminar isso.*

É claro que ninguém ao meu redor ficou animado com isso porque falei em hebraico e baixinho, para mim mesmo. Mas aquilo realmente me animou e disparou dentro de mim todos os gatilhos necessários para ativar meu sistema mental inteiro. Então, usei alguns truques mentais para sair da situação inicial.

Cada um de nós tem dois filtros na mente. Através do primeiro filtro — o dos vencedores — passam aqueles pensamentos de "*Como Sim?*": o que vai funcionar, o que vai dar certo e qual pode ser a solução. Pelo outro filtro passam os pensamentos de "*Por que não?*": por que não nós, por que não vai dar certo e por que não agora.

"Vencedores pensam: 'Como Sim?'
Como encontrar um caminho.
O resto das pessoas pensa: 'Por que não,
por que não agora, por que não eu'?"
Alon Ulman

O segundo princípio que usei nesse momento difícil pode ser resumido em uma frase: "Seu passado não é um indicativo do seu futuro". Tentei imaginar, da maneira mais tangível possível, para onde eu estava indo. Visualizei um filme em câmera lenta, no qual atravessava a linha de chegada e, do outro lado, minha esposa e meus filhos corriam na minha direção, os braços abertos para me abraçar. A câmera dá um zoom em mim, como em *Rocky V*, gravando perfeitamente cada gota de suor. As pessoas jogam flores para mim enquanto ergo os braços e cruzo a linha de chegada. A fita de chegada rasga em câmera lenta. Levanto as mãos para os céus... Sou um *Ironman*!

A imagem roda em minha mente sem parar, em looping contínuo. Digo para mim mesmo: *Seus filhos estão esperando você, e você não vai até eles?* A propósito, um pequeno detalhe: minha esposa e filhos estavam em casa, em Israel, naquele momento. Eles não estavam me esperando de verdade na linha de chegada no Arizona. Fisicamente, eles não estavam lá. Mas, em todos os outros aspectos, não me deixaram nem por um segundo.

Também teve outra coisa que me salvou. A experiência como comandante na Marinha ensina que há situações que as pessoas não podem evitar — situações muito estressantes ou complexas. Nesses tipos de situações, você pode falar todas as palavras de incentivo que quiser: "Irmão, vamos lá! O que você tem a perder? É só outra maratona".

Mas está 35 graus lá fora, são 14h15. Nós começamos às sete da manhã. O sol escaldante está agora bem no ápice. Preciso sair e correr 42 quilômetros e meu músculo acaba de saltar do lugar. Isso não vai ajudar. A mente e o corpo não podem impedir isso. Este "Irmão, vamos lá" não entra na sua consciência, não fala com você. *Não consigo nem me vestir — como vou correr uma maratona?*

No mundo da liderança, quando você se encontra em uma situação que não pode conter, quando não está conseguindo enxergar o quadro todo do que pode ser possível, naquele momento crítico, há só uma coisa na qual você pode "mergulhar": o primeiro passo na direção de seu objetivo. *Não importam os 42 quilômetros agora, qual é o primeiro passo?*, perguntei a mim mesmo, e respondi: *A única coisa no mundo que quero agora é sair desta barraca e conseguir correr um quilômetro e meio.*

Você consegue se mover dez metros?, perguntei a mim mesmo.

Claro.

E cem metros — você consegue?

Claro.

Ótimo. Então, um quilômetro e meio. Não importa o que foi e o que será.

E pelo que você está passando naquele momento? Todas as vozes em sua mente começam a aparecer. *Ok, eu tentei*, me ouvi dizendo a mim mesmo. *Quantas pessoas tentaram?* E: *Quantas pessoas com o problema de pulmão que você tem tentaram completar o Ironman?*

"Muitas vezes, as pessoas me perguntaram: 'Tudo bem correr, mas por que a maratona? Por que o *Ironman*'? Bem, todos temos — no coração e na mente — uma grande voz ('Você consegue fazer mais') e uma dúzia de vozinhas. No dia em que você ultrapassa um limite, as vozinhas não desaparecem. Mas elas entendem, de uma vez por todas, quem está trabalhando para quem!"
Alon Ulman

Nesse momento, comecei — nas minhas próprias palavras — a criar "*um ponto focal de energia*". Usei todas minhas forças para me vestir e correr um quilômetro e meio. Se fosse possível reunir o mundo todo naquela barraca por um instante, seria naquele momento, no que me dizia respeito. Focar só no que você consegue fazer, no próximo *passo*. É isso. Você consegue, certo? Claro que consegue. É tudo o que quero. Eu sabia que uma estação de bebidas me esperava em outro quilômetro e meio, e pretendia apenas chegar lá. E, dali, veríamos.

Tudo isso passou pela minha cabeça em questão de cinco minutos. Então, coloquei o orgulho de lado e pedi para um voluntário, que estava perto de mim na barraca, que me ajudasse a me vestir.

— Por favor, amarre meu tênis. Sim, e me ajude com a roupa. Passe pelo meu pé... Não consigo erguer a perna. — Ele me vestiu como se vestisse um bebê. Passou as pernas dos shorts pelos meus pés e os puxou pelas minhas pernas, e eu vesti o restante.

— Mais alguma coisa? — ele perguntou educado.

— Sim, protetor solar e óculos de sol — pedi, e ele pegou para mim.

— Por favor, me dê as pílulas.

Tomei um analgésico e duas cápsulas de sal para prevenir cãibras. Eu não sabia muito bem se ia dar certo, mas era melhor prevenir. Tomei tudo. E, sabendo que teria forças para o próximo um quilômetro e meio, me levantei e saí da barraca.

CAPÍTULO 10

O momento em que renasci

Aquele instante na barraca foi meu momento *De caso com o acaso* (como o nome do famoso filme estrelado por Gwyneth Paltrow, do qual trataremos mais tarde). O que teria acontecido naquele momento decisivo se eu não soubesse o que sabia sobre pensamentos e resultados? Se dissesse para mim mesmo: *Tudo bem, eu tentei. O que posso fazer? Meu músculo distendeu e tive que parar.*

O que teria acontecido se não tivesse terminado a competição? Se tudo isso tivesse acontecido, eu não viveria a vida que estou vivendo agora. A maioria das pessoas desiste em algum estágio.

Cada um de nós, às vezes, tem um "momento da barraca", no qual tudo é difícil e parece que todas as circunstâncias e oportunidades estão contra nós. Não fique na barraca. Saia de lá! Siga em frente. Lembra? *Vencedores sempre terminam a corrida. O resto das pessoas para em algum estágio.* Então, aqui estou. Saio da barraca, caminho alguns metros do curto trajeto que leva até a pista de corrida, começo a correr de leve e não acredito no que vejo. Uma multidão grande e animada de espectadores estadunidenses está parada ali, dizendo que estamos fazendo um bom trabalho e torcendo pelos corredores.

— Cara, você está ótimo! — eles gritam para mim no exato momento em que tenho certeza de que nunca pareci mais horrível na vida.

Mas eles não pensam isso. Pelo contrário: continuam gritando para mim.

— Ei cara, você está incrível. Está prestes a ser um *Ironman*!

— Você consegue, cara. Seus filhos ficarão orgulhosos de você! Seus netos terão orgulho de você!

Fico animado com a quantidade de encorajamento de pessoas que nem conheço. Meu subconsciente murmura para eles ao estilo Robert De Niro: "Está falando comigo"?

Eu me encho de energia, sorrio e lembro por que estou fazendo tudo aquilo. Fisicamente, esse estágio é difícil para mim. É realmente difícil correr. Minhas pernas ainda estão pesadas do ciclismo. De repente, um dos israelenses que se juntara a nós aparece atrás de mim. Ele passa por mim, parecendo renovado, e diz:

— Ulman, como está indo? Boa sorte! — E continua correndo rápido, em uma velocidade próxima a treze quilômetros por hora.

Rápido mesmo!, digo para mim mesmo. *Isso não tem lógica! Esse cara é maluco. Como ele consegue correr assim? Não dá para manter esse ritmo a corrida toda.*

Continuo a correr e descubro que já percorri a distância de 1.500 metros, e estou chegando à primeira meta que estabeleci para mim mesmo: correr até a estação de bebidas. *Não é muito, é uma meta possível*, disse mentalmente. E finalmente cheguei ali.

Há muitos espectadores, comoção, cantorias e aplausos, e pessoas jogando água em você. Há garrafas de água e bebidas energéticas, laranjas e bananas, e todo tipo de géis energéticos. Vários tipos de comida para escolher! Percebo que cheguei à estação e não morri. Rapidamente, bebo algo e, de algum modo, começo a correr. Não rápido, mas correndo. Então, o estresse na minha mente se esvai. *Estou bem. Estou correndo.*

Quando me sinto mais recuperado, começo a me perguntar onde estou e onde está todo mundo. Comecei com pessoas que conhecia. Encontrei algumas durante o estágio do ciclismo. Onde estão os rapazes agora? A multidão nos encoraja com frases maravilhosas, como "A dor é temporária. Desistir é para sempre". Digo para mim mesmo: *Desistir? Não preciso disso. Do que preciso? A dor é temporária, a vitória é eterna.* E começo a repetir isso para mim mesmo.

Mas ainda preciso derrotar a vozinha dentro de mim que diz: "Por que tão rápido? Por que tão longe? Vamos parar um segundo e comer alguma coisa"? A dor é sempre agora. É sempre desconfortável para você agora. As pessoas dão poder para essa vozinha quando ela diz: "Se é difícil correr, sempre dá para andar". Não vim de Israel para andar. Entendo que a dor é temporária, e vou poder contar para meus netos o que estou fazendo agora. Se eu me render, a dor nunca irá embora. A princípio, as pessoas podem largar uma competição de *Ironman* e retornar no ano seguinte. Mas aquela pessoa não é a mesma pessoa, e o rio não é o mesmo rio. Como diz Heráclito: "Nenhum homem entra duas vezes no mesmo rio".

Ao som dos espectadores comemorando, tomo uma bebida na terceira estação, faço uma curva na estrada e, de repente, noto um gramado à minha direita. Há placas enfiadas no chão com mensagens que as pessoas enviaram para os corredores: "Papai, você é demais!" e "Corra, papai, corra". Enquanto estou correndo, leio tudo que meus olhos conseguem captar de relance e fico emocionado. Decido considerar aquelas placas para mim, e me lembro dos bilhetes que meus filhos escreveram. Tenho suas palavras fluindo pela minha mente durante toda a corrida. Sei que as cartas me esperam no ponto do quilômetro 21, bem na metade do percurso da prova, mas não preciso lê-las. Quando imagino que foram meus filhos que escreveram aquelas placas para mim, meu espírito se anima e me dá força: *Seu filho o espera na linha de chegada. Como você pode pensar em desistir?*

Uma maratona é um percurso longo. Parece não acabar nunca. No Arizona, o percurso consiste em três voltas de catorze quilômetros e sessenta metros cada. E pode ser bem monótono. As pessoas afirmam que é entediante correr uma maratona; mas, para mim, não há um segundo de tédio. Você está o tempo todo ocupado com um gerenciamento estrito de energia, concentrando-se e cuidando da nutrição: a cada trinta minutos, abre uma bolsa de gel com os dentes e suga 100 calorias. Com sabor, sem sabor — você se acostuma. É realmente impossível comer enquanto se está correndo. Quando pedala, dá para comer lanches especiais e é mais fácil digerir porque a parte superior do seu corpo não está em movimento. E, mesmo assim, em determinado ponto, torna-se impossível colocar mais desse alimento denso em seu corpo.

Continuo a ver se consigo localizar os outros rapazes e, de repente, vejo o mesmo cara que tinha passado por mim — aquele que corria rápido. Ele está caminhando na beira da estrada, parecendo acabado.

— Vamos lá! — digo para ele. — Venha, vamos lá!

Mas ele se exauriu.

Vejo cada vez mais pessoas caminhando. Ninguém confere ou mede se você está caminhando ou correndo, mas é preciso completar a prova em menos de dezessete horas — ou seja, antes que o relógio marque meia-noite. Depois disso, a linha de chegada é fechada. Mais ou menos como em *Cinderela*...

Eu tinha prometido a mim mesmo que não iria andar. Mas aquela vozinha diz: *Só um segundo. Vou andar só por um segundo, comer alguma coisa, depois voltar a correr. Até campeões fazem isso.* Não tinha experiência prévia, mas temia que, se começasse a andar, não seria mais capaz de voltar a correr. É como estudar na universidade: no começo do semestre, todo mundo chega de casa se sentindo revigorado e determinado. Quando alguns dos alunos percebe que uma nota D é considerada "azul", almejam isso — passar. Mas não se trata da pontuação. Trata-se da sua intenção. Pessoas que querem tirar um A+ vão conseguir ser bem-sucedidas. E, se não, vão tirar um B-. Quem quer que almeje um D, se tiver sucesso além das expectativas que tinha, vai chegar a um D+. E há aqueles que dizem: "Que diferença isso faz"? Dentre essas opções, quem você gostaria que seu filho fosse?

"Suas intenções e o nível de seus padrões são o que determinam o nível de seus resultados."
Alon Ulman

Com minha inexperiência na época, não entendia como a competição era difícil. Comecei a perceber isso quando vi pessoas ao meu redor que ficaram desidratadas ou que precisaram receber soro intravenoso — várias ambulâncias estavam na área e havia muitas pessoas deitadas na beira da estrada. De um jeito estranho, isso também me deu encorajamento, porque entendi que eu estava bem, apesar de tudo. Quando estava quente e desconfortável, me concentrei em alguns pensamentos para tirar minha atenção da dificuldade.

Ficar em uma casa desconhecida, tarde da noite, quando se tem quatro anos de idade, como eu tinha, apenas com sua irmã um ano mais velha do que você, e tentar não chorar e dizer "Está tudo bem" quando lhe perguntam como você está... *Isso é difícil,* lembrei a mim mesmo. Ser uma criança no primeiro ano, levantar todo dia às 7 horas da manhã com o despertador que você mesmo programou e ir até a padaria comprar pão e queijo sozinho para fazer o seu próprio sanduíche. *Isso é difícil.* Ir para a escola no segundo ano, toda manhã, depois de uma noite ouvindo os pais brigarem e gritarem, e agir como se tudo estivesse normal, e saber que isso não é desculpa para não ter êxito, e que não tem ninguém para quem reclamar. Ter medo e conquistar o medo, e não dizer nada a seus pais a respeito. *Isso é difícil.* Quando seu pulmão colapsa na metade da sua vida, e dizem para você que tudo o que fez até agora não é mais relevante. *Isso* é *difícil.*

Então, quer me dizer que o Ironman é difícil? Disse a mim mesmo para concluir meu discurso interno de comparações. E, mais uma vez, me lembrei e fiquei me lembrando o tempo todo: *Cara, você está participando do Ironman. É tão divertido sermos nós!* Falei para mim mesmo sem parar. E me lembrei de sorrir. Disse: *O que falta? Só vinte quilômetros? Já atravessei 206 quilômetros, o que são mais vinte? Se for necessário, vou terminar nem que seja por um triz.*

...

Doze quilômetros antes da linha de chegada, me aproximei da ponte sobre o reservatório e notei as esposas dos meus amigos israelenses. Elas gritavam para mim em uníssono.

— Ulman! Ulman!

Uma delas é a bela e talentosa Shirley, esposa de Donny, que correu na minha direção e ficou correndo ao meu lado pelos quarenta metros seguintes.

— Vou terminar a corrida! — disse para ela.

Mentalmente, sentia como se tivesse terminado. Mas, fisicamente, ainda tinha que correr doze quilômetros.

Eu estava com o estado de espírito muito elevado. *Só doze quilômetros para a linha de chegada!* Meu corpo doía, mas, naquele momento, senti — ou, mais precisamente, disse para mim mesmo — que nada me deteria. *O que pode me impedir agora? Depois que passei por tudo isso, mesmo se alguém cortasse minha perna agora, eu terminaria. Ninguém vai ficar entre mim e a linha de chegada.*

Em nenhum momento durante toda a competição fiquei preocupado com questões se ia ou não terminar. Já tinha passado por muitas dificuldades, tanto no treino quanto na competição. Mas, em nenhum ponto, nem antes nem durante a competição, me fiz esta pergunta. Era claro, para mim, que eu não tinha outra opção. Isso sempre estivera gravado no meu DNA: *Ir para casa sem ter terminado? Sem chance.* Também me permiti deixar de lado a nutrição nessa fase. Comecei a beber Coca-Cola. Passei por todos os tipos de barracas. Em uma delas, havia esponjas umedecidas para você se refrescar — dava para enfiá-las dentro do traje. Na segunda barraca, água e bebidas esportivas. Na terceira, bolos, e o restante das barracas era de géis, Coca-Cola, biscoitos e até sopa. Havia pessoas entre os espectadores que queriam ajudar e perguntavam aos gritos do que você precisava. Então, saíam correndo e traziam o que você tinha pedido. Naquele estágio, comecei a "liberar geral" em termos de nutrição, porque não aguentava mais as embalagens de gel. Comi bolo, laranja e todo tipo de coisas.

Permiti a mim mesmo me livrar do fardo da disciplina rígida e da ditatura estrita que tinha imposto sobre mim durante todo o caminho. Sabia que, mesmo se meu estômago doesse um pouco, não era nada de mais. Eu já estava terminando. Shirley se afastou e voltou para o grupo de mulheres na ponte, e consegui gritar para ela:

— Ligue para Ortal! Diga para ela que terminei!

E agora, 1.800 metros para a linha de chegada. À distância, consigo ouvir a voz do apresentador, anunciando um nome depois do outro das pessoas que terminavam a prova. São 19h15, hora do crepúsculo. Já estou correndo há doze horas e quinze minutos. Em termos de tempo, estou em ótimas condições — muito além das minhas expectativas.

Eu não tinha contado para ninguém em que tempo pretendia completar cada etapa, porque sabia que eram resultados ambiciosos para uma primeira competição de *Ironman*. Tinha pedido com antecedência que houvesse uma grande bandeira de Israel me esperando para cruzar a linha de chegada. Quando me passaram a bandeira, eu a abri e saí correndo com ela, balançando-a sobre a cabeça. Mais trezentos metros — os últimos poucos metros. Coloquei a bandeira sobre os ombros. Naquele momento, era como se tivesse ganhado asas e comecei a correr mais rápido. Para o som do apresentador que dizia:

— A-lon Ul-man, de Israel. Muito bem, Alon!

Cruzei a linha de chegada com uma sensação de felicidade e êxtase que tomou conta de todo meu ser.

Consegui. Sou um *Ironman*!

O relógio da competição marcava que tinham se passado doze horas e vinte minutos desde o início da corrida.

Alguém colocou uma medalha no meu pescoço. Corri de um lado para outro, enquanto pessoas me fotografavam. Alguém colocou um telefone na minha orelha. Eu me sentia um pouco chocado, um pouco fora de mim. Já é noite, está escuro e, no telefone, escuto a voz da minha esposa, Ortal. Ela está chorando, seu estresse liberado de uma só vez.

— É a última vez que você faz isso sozinho, está me ouvindo? — Ela está soluçando. — Quase fiquei maluca de estresse.

E eu respondo:

— Quem disse que vou fazer isso de novo?

Alguns minutos depois de cruzar a linha de chegada, desabo. À minha esquerda, pessoas continuam atravessando a linha que marca aquele momento clímax na vida e, à minha direita, está a barraca médica. Eu estava familiarizado com os postos de socorro dos batalhões militares, mas aquela era de longe a maior barraca médica que já vira: pessoas envoltas em cobertores espaciais, pessoas recebendo transfusões de fluidos. Aqueles que terminaram a competição estavam todos ao meu redor, comemorando ao telefone, e os que não tinham terminado e os feridos estavam sentados com expressões tristes no rosto. Algumas pessoas comiam tudo o que podiam pegar, enquanto outras estavam vomitando...

Dos 2.300 participantes que começaram a prova, em condições difíceis e temperaturas acima de 35 graus, centenas de pessoas não conseguiram cruzar a linha de chegada. Ficaram desidratadas, desistiram, colapsaram, foram instruídas a parar ou elas mesmas resolveram largar tudo. No jargão, elas são conhecidas como DNFs, da abreviatura de *Did Not Finish* (não terminaram).

Fiquei sentado ali, enquanto um dos voluntários segurou minha perna e alongou o músculo por 25 minutos seguidos. Toda vez que ele queria soltar, exclamava:

— Por favor, segure. Não solte, segure.

E ele segurava. Eu ainda não queria comer nada, mas me obriguei a ingerir líquido e mais líquido, e até comi uma fatia de pizza. Uma hora mais tarde, corri até o banheiro e coloquei tudo para fora — todos os pós e cápsulas de sal que tinha enfiado no meu corpo durante a competição. Só depois que me livrei de tudo aquilo que comecei a me recuperar.

E devorei uvas, pizza, sopa. Agora eu me sentia até melhor.

Depois descobri que, por causa das dificuldades das condições climáticas, a competição no Arizona é realmente desconfortável quando comparada a outras competições feitas em outros locais do mundo. Apenas 1.900 participantes conseguiram completá-la, até então.

Eu não sabia que o fato de eu ter sido capaz de me inscrever tão perto da data da competição — só sete meses antes — devia ter levantado minhas suspeitas, já que a prova nunca tinha acontecido no Arizona, e durante os meses mais quentes do ano! No ano seguinte, eles mudaram para novembro.

O hotel no qual estávamos hospedados ficava a dois quilômetros do ponto de chegada da competição. E não estávamos em Israel — não dava simplesmente para ligar para alguém vir me buscar. Ali, assim que você se recuperasse, tinha que pegar sua bicicleta, seus equipamentos e bolsas, e seguir a pé até o hotel, como se não tivesse passado por nada. É impossível deixar algo para trás: você tem que apresentar o famoso papel, que fica grudado em você durante toda a competição, para pegar a bicicleta de volta. Então, três horas depois que terminei, exausto pelo *Ironman*, me peguei caminhando até o hotel, com a bicicleta ao lado e meu equipamento em cima. Vi pessoas que ainda estavam correndo, competidores para quem o desafio ainda não tinha acabado. De repente, me senti muito sortudo e forte. É sempre mais difícil para os últimos. Encorajei-os do fundo do meu coração.

No meu quarto de hotel, dormir não era uma alternativa. Ainda estava agitado com a adrenalina. Na noite anterior, eu quase não conseguira dormir nada e tinha acordado antes das 4 horas da manhã. Meu corpo gastara muita energia durante o dia, mesmo assim, não conseguia dormir. Vaguei um pouco pelo quarto, comi, bebi, tentei ler um livro, conversei com Ortal pelo telefone. Não conseguia dormir.

Tampouco tinha certeza sobre a tatuagem. A tatuagem clássica do *Ironman*, na forma das letras IM, é simbólica como as "asas" em uma formatura militar: há asas da Marinha, asas das Forças Aéreas, asas dos Paraquedistas — símbolos que, uma vez que você os conhece e que é digno de usá-los, não há como vestir um uniforme sem eles. Faz parte da imagem. Mas uma tatuagem? Eu nunca usara nem brinco. Quando era mais jovem, todo mundo furava a orelha, mas me parecia frívolo e doloroso. Tatuagens tampouco me atraíam. Nunca pensei em fazer uma. Meus amigos e eu falamos sobre isso antes da competição e decidimos que precisávamos parar com o assunto antes que trouxesse "mau agouro" para nós.

Agora eu falei para Donny:

— Tatuagem?

— Dissemos que faríamos em Israel — ele respondeu.

Era 1 hora da manhã.

— Não consigo dormir.

No dia seguinte, seria a cerimônia de encerramento: receberíamos nossas muito valiosas e sentimentais camisetas por termos terminado e um belo caderno como *souvenir* que também era dado para todos os que conseguiam conquistar o cobiçado título. Mas, antes daquilo, às 6 horas da manhã, ouvi uma batida frenética na minha porta. Acordei e, no momento em que coloquei os pés no chão, percebi quanta dor sentia no corpo. O pico da dor, diga-se, chega 36 horas depois da competição. Meus músculos estavam tensos como nunca. Entendi que realmente tinha levado meu corpo ao limite: até descer do meio-fio para a rua era difícil para mim. Eu subia degraus como um velho. Mas agora, logo pela manhã, Donny entrava no quarto, alerta e cheio de energia.

— Vamos! Vamos fazer uma tatuagem. Mais tarde todo mundo vai querer e não vai sobrar horário para nós.

Nós fomos. Pensamos que várias pessoas estariam paradas na fila antes de nós no estúdio de tatuagem, mas éramos os primeiros. Tudo bem, chegamos às 7h30 e o estúdio abria às 8 horas. *Para que eu preciso disso?*, perguntei a mim mesmo. Donny foi na frente, saiu dez minutos depois e disse:

— Não se preocupe. Não dói.

Fui até lá e gritei. A tatuagem doeu mais do que todo o *Ironman*. Eu sabia que, em geral, os *Ironmen* usavam shorts, até mesmo no inverno, em especial para exibir a tatuagem. E, vamos ser sinceros, todo mundo reconhece o desenho. É um pouco como virar samurai de repente — é só uma tatuagem pequena na perna, mas, na verdade, é uma âncora que o faz lembrar de seus valores como *Ironman*. Agora, gemendo de dor, disse para mim mesmo: *Então, é claro que dói, mas, de agora em diante, você é um Ironman. Conseguiu ir além dos limites do seu corpo. Não tem vergonha de gritar por causa de uma tatuagem?*

A tatuagem que fiz é como uma marca de nascença para mim. Ela simboliza o dia no qual renasci. Eu tinha renascido na linha de chegada no Arizona.

"No dia em que a pessoa nasce, ela entra no estádio.
No dia que ela entende por que nasceu, qual é sua
vocação, ela entra em campo."
Alon Ulman

No dia em que entrei naquele campo, comecei a entender por que eu tinha nascido.

...

Tudo isso aconteceu não faz muito tempo — 9 de abril de 2006. Mas parece que já faz algumas décadas. O poder e a aceleração que minha vida ganhou desde então foram extraordinários. Desde aquela competição, quando ultrapassei meus próprios limites pela primeira vez, tudo começou a progredir em velocidade estonteante. Alguma coisa drástica aconteceu na linha de chegada do Arizona.

Ali percebi que, depois de quase morrer, comecei a viver. Viver poderosamente. *Ali percebi que, reconhecidamente, há um limite que cada um de nós tem e consegue alcançar, mas nem mesmo chegamos perto dele e a maioria de nós se vende muito barato.*

Em anos consecutivos, participei de mais quatro competições de *Ironman*, viajando por todo o mundo, e transformei essa percepção em um estilo de vida. Em uma das minhas viagens ao exterior, fui entrevistado em um programa de televisão em Toronto, no Canadá.

— O que você compreendeu ao avistar a linha de chegada? — o entrevistador me perguntou.

A resposta que dei articulou a mudança que ocorreu em mim em um segundo. Um único segundo tinha me elevado ao sétimo nível de consciência e mudado completamente meu mundo.

No momento em que cruzei a linha, *sabia que tinha mais.* Eu não pensei — eu soube. Claramente, não tinha "mais" naquele dia. Naquele dia, tinha exaurido totalmente meus recursos. Mas eu sabia; eu sabia que no ano seguinte iria a outra competição de *Ironman* em algum lugar do mundo e, no caminho, tomaria todos os tipos de decisões — embora ainda não soubesse quais seriam — para terminar a prova e ainda fazer isso em uma ou duas horas a menos do que meu tempo atual. Eu sabia que tinha isso no meu corpo.

"O que você ganha por alcançar seus objetivos
não é tão importante quanto quem se torna
por alcançar seus objetivos."
Henry David Thoreau

Como pode ser? O que isso significa?, perguntei a mim mesmo. Há oito meses, não sabia nada sobre esta competição. De fato, antes de Rafi mencioná-la, nem tinha ouvido falar no nome *Ironman*. Quando ele me falou sobre a prova, era algo totalmente fora do meu "escopo" e, quando comecei a treinar, me senti bem assustado, porque falar é fácil... É tão fácil se sentar em casa e assistir ao discurso de políticos na TV ou "planejar" movimentos táticos em jogos da Copa do Mundo, enquanto ganha uma barriga de vinte quilos, e seus filhos não falam com você.

Contudo, quando começamos a nos aproximar de algo, da ação, da realização — é assustador. Começamos a demonstrar algum respeito. Na primeira vez que pedalei cem quilômetros, minhas pernas doíam, fui para casa e disse para mim mesmo: *Cara, foram cem quilômetros. Como você vai conseguir pedalar 180 e ainda correr uma maratona?*

Quando entendi tudo isso, no Arizona, disse para mim mesmo: *Espere um minuto. Assim como completamos o Ironman, podemos fazer o mesmo para ganhar dinheiro? No amor? Nos relacionamentos? Nos negócios? Contribuir para o mundo?* Esse entendimento rapidamente se transformou em conhecimento. E ficou claro que aquilo não era verdade só para mim, mas para todo mundo. Não há limite para o que uma pessoa é capaz de conquistar; a verdade é que não chegamos nem perto disso. E isso é um desperdício imenso, já que a maioria de nós se contenta com pouco em nossa vida e se vende barato! *Podemos ser, fazer e ter muito mais* do que imaginamos.

Felicidade, percebi, é ultrapassar os limites e se mover constantemente adiante, crescendo cada vez mais e doando cada vez mais. E devia haver alguma metodologia, um sistema, um jeito, um tipo de engenharia e DNA para o sucesso e conquista da vida que queremos.

...

Em minha jornada, entendi que cada um de nós tem uma versão maior de si: o "Grande Eu", o eu potencial. Um tipo de "versão especial" de nós mesmos; podemos crescer, nos aproximar um pouco mais dela a cada dia e alcançá-la. Cada um de nós tem um "eu agora" — uma função agregada de quem e do que somos hoje, o que significa: qual minha aparência, o que sei agora, meu vocabulário, o nível de autoconsciência, quanto ganho, minha contribuição para o mundo... E cada um de nós também tem — em algum lugar no reino das possibilidades — nosso "Grande Eu", o eu possível. Ele tem outros nomes, mas cada um deles significa a mesma coisa. É o eu potencial, a melhor e maior versão possível de nós mesmos. Toda pessoa pode ser o CEO da IBM, Ronaldo ou Einstein? Não. Mas cada um de nós pode ter sucesso? Sim, sim e, mais uma vez, sim! Não há ninguém que "simplesmente não tenha isso em si".

Figura 2. A direção da felicidade do "Eu agora" para o "Grande Eu"

O que isso quer dizer? Quer dizer que cada um de nós pode ser duas vezes, quatro vezes, dezessete vezes o que somos neste instante. Mas dezessete vezes mais o quê? O que você quiser. Depende dos parâmetros sobre os quais estamos falando.

Você pode ser, ano após ano, um cônjuge melhor, um pai melhor, ter um corpo mais forte e mais saudável, ser mais feliz, mais contente, mais autoconfiante, ter mais "espinha dorsal" e uma melhor autoimagem. Não concorda comigo que de ano em ano você tem mais habilidade para obter conhecimento e, segundo isso, aumentar seus padrões, desenvolver mais capacidades e, portanto, dar mais?

Então, esse caminho de crescimento e progresso vale para todos? As crianças crescem dessa forma natural. Elas têm uma "mentalidade de crescimento" natural. E os adultos? Alguns, sim, outros não. De qualquer forma, cinco anos se passarão a partir de agora. E depois mais dez e depois ainda mais. Algumas das pessoas que você encontrar em cinco anos parecerão melhores, estarão ganhando mais dinheiro, vivendo vidas melhores, estarão em relacionamentos mais profundos e recompensadores, se sentirão mais saudáveis, terão mais autoconfiança e segurança financeira... E algumas não!

A verdade é que a maioria não.

Então, por que isso acontece para alguns e não para outros? Como avançamos nesse caminho? Falarei sobre isso posteriormente. E há um limite para esse caminho? Há um limite para o quanto uma pessoa pode ser boa? Pode crescer? Pode dar? Há, mas é quase sempre muito distante e sempre há outro nível para o qual podemos crescer.

Esse caminho — marcado com uma seta no diagrama — é a essência da vida, até onde consigo ver, e é também a rota para a felicidade!

Quando cruzei a linha final do *Ironman*, fui tomado de alegria. As pessoas confundem prazer com felicidade. Prazer é uma coisa maravilhosa, mas só ocorre em momentos. Prazer é um componente de curto prazo da felicidade, enquanto a significância é um componente de longo prazo: *a felicidade é um estado do ser. É possível viver assim.*

Por toda sua vida. Na minha jornada, entendi que, quando nos movemos na direção de uma versão maior de nós mesmos cotidianamente, somos felizes. No mundo físico, participei do *Ironman.* No mundo não físico, avancei na direção de uma versão maior de mim mesmo. Cada vez que ultrapassamos nossos limites, nos movemos na direção do nosso "Grande Eu". Para mim, foi o *Ironman* — para você, pode ser o que escolher.

"Uma vida incrível é uma questão de escolha."
Alon Ulman

A felicidade é *avançar na direção da sua imagem vencedora.* Quando uma pessoa sabe o que quer, aonde quer chegar e sente como se estivesse avançando nessa direção, ela é feliz.

Isso "depende das circunstâncias"? Circunstâncias são como o vento no mar. Em geral, os capitães dizem que não é possível escolher a direção que o vento vai soprar, mas você pode controlar a direção das velas para chegar aonde deseja. Você já percebeu, por exemplo, que quando veem uma obra de arte impressionante, um carro bonito ou uma peça única de mobiliário, as pessoas se maravilham e dizem: "Uau, que obra-prima". Mas, quando veem a vida das pessoas de sucesso, empresas que estão crescendo, carreiras brilhantes, famílias que também são obras-primas, o que dizem? "Que sorte".

Sério? Pessoas que lutam contra todas as dificuldades e conseguem ter sucesso apesar de todas as probabilidades — isso é sorte? Há dezenas de milhares de novos milionários a cada ano nos Estados Unidos — isso é sorte? O mundo no qual vivemos hoje oferece e nos permite fazer coisas com as quais, no passado, sequer sonhávamos.

No passado, se uma pessoa nascesse escrava, ela morreria assim. Não havia mobilidade social. Agora, mais do que em qualquer outro momento da história, o mundo permite crescimento e sucesso. Por isso, quando uma pessoa sabe qual é sua imagem vencedora — ou seja, sabe o que quer, o que tem desejo de fazer e que tipo de pessoa quer ser — e quando sente que está se movendo naquela direção diariamente, ela é feliz. Não falo de felicidade amorfa, mas de felicidade real. Você, eu, nós todos nos tornamos quem e o que escolhemos ser, segundo o que estamos dispostos a fazer para que isso ocorra.

No passado, acreditava que isso era possível. Hoje sei que funciona. Há resultados comprovados. Sei que faz muita falta não ter esse conhecimento e, portanto, não se tornar quem você poderia ser no mundo. Sei como eu era antes e como vivo agora, e isso também é verdade para centenas de milhares de pessoas que experimentaram o *The Winner's Code* ao participar dos meus seminários "Código do vendedor" e "Código do dinheiro".

E há outra coisa que quero que saiba: não é complicado. Pode ser aprendido e você pode assumir controle imediato de sua vida. Vejo isso acontecer, tanto em mim quanto diante dos meus olhos, inúmeras vezes. Você também pode ver isso acontecer na sua vida. Então, vamos começar a ter um mundo melhor.

"Uma pessoa vai se tornar o que escolher ser, segundo o que estiver disposta a fazer para que isso aconteça."
Alon Ulman

CAPÍTULO 11

O bilhete dourado

Qual é a coisa mais preciosa que temos? (e temos muitas coisas preciosas). É nossa vida! Nossa vida é muito preciosa. Imagine se vivêssemos com consciência disso. Como nossa vida estaria?

Comecei a viver poderosa e apaixonadamente só depois que quase morri. Sei que "ganhei o bilhete dourado". Nem todo mundo tem a "sorte" que inicia o tipo de acontecimento que ocorreu comigo quando ainda era muito jovem. E tenho certeza de que todos vocês são muito mais espertos do que isso. Não esperem. Cada segundo é precioso.

Nossa vida é muito preciosa, é a coisa mais preciosa que existe. Mesmo assim, alguns de nós não levam esse presente a sério. A maioria das pessoas levanta todas as manhãs e cruza os dedos para ter um bom dia, para ter uma boa reunião, para ter um novo governo, para ter "sorte". E o que acontece com elas? Para seus filhos e os meus? Quem quer que queira realmente que seu mundo mude e cresça, precisa ele mesmo mudar e crescer. Só então verá os resultados.

Vamos verificar por um minuto o que é um "resultado". De onde vêm todos os resultados na vida?

O que é um "resultado"? Durante meus seminários "Código do Vencedor", faço essa pergunta e ouço respostas como "felicidade" ou "dinheiro".

— Qual é o significado do dinheiro? — pergunto.

Quanto dinheiro? Estou falando de resultados simples, segundo critérios claros e definidos (se uma criança de sete anos não entende do que estamos falando, então não está claro). Teste de clareza: o que quer que você não consiga explicar para uma criança de sete anos de algum jeito que ela entenda, você mesmo não entendeu. *Seja claro: clareza = poder.*

A frase "perder peso" não expressa um resultado claro. Um resultado é algo que nosso GPS emocional pode sentir e responder imediatamente com "eu quero" ou "eu não quero". Por isso, "perder peso" é uma resposta que não significa nada para mim. Perder um grama? Perder cem gramas? Há pessoas que perdem peso por causa de uma doença. É isso que queremos? Deus nos livre.

Pense em coisas que todos nós — desde uma criança de sete anos até um idoso de 97 — possamos sentir. Como um resultado de exame. Como se formar com honra (não se formar também é um resultado). Entrar no cheque especial — isso é um resultado? Sim, sem dúvida. E um ótimo casamento ou, ao contrário, um divórcio. Saúde boa ou prejudicada também são resultados. Então, o que cria esses resultados? De onde eles vêm?

> "Você é o que você pensa. Sua alma assume
> as cores dos seus pensamentos."
> Marco Aurélio

Costumo chamar esse princípio de "Sistema Operacional Humano". O software que dirige todos nós — em todos os lugares, todas as horas, sem diferenciar entre religião, cor de pele ou gênero — é idêntico e incrivelmente simples de entender.

...

O Sistema Operacional Humano funciona da seguinte forma:

Pensamento → cria uma emoção → emoção → cria uma ação → ação → cria um resultado

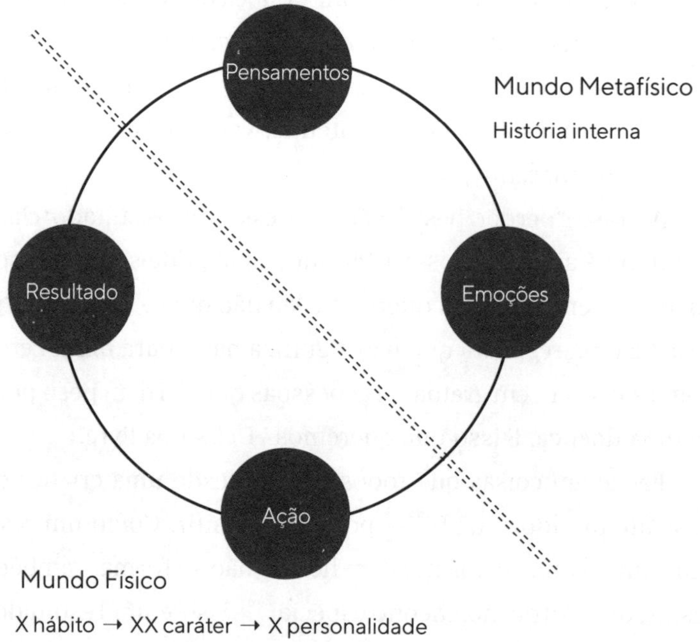

Figura 3: O Sistema Operacional Humano

Uma ação que se repete bastante se torna um *hábito.* Nós criamos hábitos, e nossa coleção de hábitos constitui nosso caráter. O caráter — dia após dia, mês após mês, ano após ano — cria nossa personalidade, quem nós somos. Um pensamento que se repete sem parar, nos termos do "Código do Vencedor", é chamado de *história interna.* De quem é esse pensamento? É meu! Por exemplo, eu acho que todos os ricos são ladrões? Eu acho (como mulher) que todos os homens são...?

Pensamentos têm um poder tremendo. Há pessoas que acreditam que seu sucesso depende de si mesmas, que são elas quem "escrevem o roteiro" de sua vida. Por outro lado, há aquelas para quem tudo depende de algo externo (como sorte, destino, o governo, o chefe). E como elas se sentem em relação às ações que podem realizar? Primeiramente, desamparo. Portanto, não fazem nada. E os resultados que conseguem estão de acordo com isso... Nada. Quando as pessoas falam sobre pensamento positivo, estão se referindo a pensamentos que nos ajudam a progredir na vida.

É porque nossos resultados na vida são como frutos. Quando olhamos para uma árvore, algo que podemos ver — os frutos — são os nossos resultados. Não vemos as raízes da árvore. Da mesma forma, sentimentos não podem ser vistos, só *ações e resultados.*

Expressões faciais são ações que expressam sentimentos, porque a fonte de cada ação é um sentimento.

Aqui estão mais algumas reflexões sobre personalidade. Você conhece a história do escorpião e do sapo? Essa fábula parece ter aparecido na Rússia, no início do século 1920. Nela, um escorpião pede a um sapo que o ajude a atravessar o rio.

— Mas você é um escorpião! — diz o sapo. — Vai me ferroar. Não posso fazer isso.

O escorpião responde:

— Como assim? Você vai me carregar nas costas. Vai me fazer este grande favor e eu vou ferroar você? Aí nós dois vamos nos afogar. Estou pedindo que me leve. Preciso chegar ao outro lado.

Depois de longas negociações, o sapo concorda, coloca o escorpião nas costas e o carrega pelo rio. De repente, no meio do rio — *bum!* O escorpião acerta o sapo por trás com uma ferroada fatal no pescoço. Ambos começam a afundar e a se afogar.

Prestes a morrer, o sapo, atordoado, murmura:

— Mas por quê? Você me prometeu. Coloquei você nas costas... Por que fez isso comigo? Para quê? Agora vamos ambos nos afogar.

— Sou um escorpião. É minha natureza.

Essa resposta não é exclusiva para escorpiões. Muitas pessoas usam isso como "desculpa": "O que posso fazer? É minha natureza, minha personalidade".

É mesmo? Uma pessoa é um escorpião? Não é possível mudar seus hábitos e personalidade?

E o que é sorte?

Talvez resultados sejam realmente dependentes da sorte que alguns de nós têm e outros não. Será que é isso?

Há uma história maravilhosa sobre duas pessoas que viajam juntas para a África para verificar a situação do mercado local de calçados. Quando chegam lá, veem que todo mundo está andando descalço.

Uma delas diz consigo mesma:

— Quem foi o idiota que me mandou aqui para vender sapatos para pessoas descalças?

A história interna que essa pessoa está contando para ela mesma faz brotar um sentimento de raiva. Como resultado, ela pega o telefone e demite todo o departamento de pesquisa e desenvolvimento, não consegue resultado algum, volta para o escritório e diz para si mesma:

— Que grupo de idiotas. Não tenho ninguém com quem trabalhar.

A outra pessoa, no mesmo lugar, vê os mesmos moradores descalços e diz para si mesma:

— Quem foi o gênio que me mandou aqui? O mercado inteiro é meu. Só estão me esperando!

A história interna desperta motivação, desejo e alta energia, e a pessoa começa a trabalhar — vende sapato para todos que estão descalços e termina controlando a maior parte do mercado.

Dois anos se passam. A primeira pessoa está sentada em casa, lendo sobre a outra no jornal. Mostra para a esposa o artigo sobre o amigo de sucesso e diz para ela:

— Você se lembra de que eu estive com ele na África? Revirei cada pedra! Não tinha nada lá. Nada! Eram todos descalços. E este cara... Aonde quer que vá, ele dá a maior sorte!

E ele está certo — realmente não havia nada lá. Não para ele, tampouco para seu amigo. Então, qual é a diferença entre eles?

Há pessoas que dizem que a definição de sorte é estar no lugar certo no momento certo. Mas os dois amigos estavam no mesmo lugar na mesma hora, e ambos foram lá fazer a mesma coisa: procurar um novo mercado. Ambos viram as mesmas coisas, mas atingiram resultados diferentes. Por quê? Porque a história que contaram para si mesmos sobre o que estavam vendo (pensando) era diferente e, por causa disso, a emoção foi diferente — a ação foi diferente, o resultado foi diferente.

"Sorte é o que acontece quando a preparação
encontra a oportunidade."
Seneca

"Oportunidades: este é o trabalho de Deus, do Universo.
Sempre há oportunidades.
Prontidão: este é nosso trabalho. O que
você está disposto a fazer para alcançar o que quer
e se tornar quem quer ser?
Que preço está disposto a pagar?"
Alon Ulman

Se alguém tem uma dívida de cinquenta mil, isso é um resultado. Não é um "problema". Imagine se o ministro da Economia fosse até a casa dessa pessoa e se oferecesse para pagar o débito pessoalmente. Ele diz:

— Cara, não consigo vê-lo assim. Aqui, tome. Tenho muito dinheiro.

Então, pega a carteira, conta cinquenta mil em dinheiro e dá para o outro homem. Eles se abraçam e o ministro deixa a casa e segue feliz para ajudar outra pessoa a sair do fundo do poço financeiro. Tudo bem, mas o que vai acontecer com a mesma pessoa depois de uma semana? E como isso afetará seus filhos?

Se o ministro da Economia fosse de porta em porta e desse dinheiro do próprio bolso para as pessoas, isso faria diferença na vida de alguém? Claro, por uma semana. Talvez por um mês. No máximo, dois meses, e só. Se o preço do leite caísse a zero, como isso mudaria a vida da mesma pessoa? É provável que seus filhos tivessem excesso de cálcio. Só isso. A pessoa ficaria menos zangada? Seus filhos falariam com ele de outro modo? Seu *status* profissional mudaria?

Nada disso mudaria de verdade. Gostaria de saber por quê? Porque este tipo de pessoa continua focada e envolvida em fazer perguntas como: "Quando o preço do leite vai cair? É uma vergonha que esteja tão caro".

Vencedores, ao contrário, fazem a si mesmos perguntas que promovem. Por exemplo: "Quais habilidades teriam mudado meus resultados de forma irreconhecível se eu as desenvolvesse"? Se essas pessoas fossem falar de suas finanças, elas diriam: "Essa é minha situação financeira. Tenho X quantidade de dinheiro. Como posso dobrar isso? Como posso quadruplicar? É isso que eu valho"?

A propósito, a resposta do Universo é "Sim". O que nós "valemos" e o que temos são o resultado de todas as nossas ações até agora. Não dos nossos professores, dos nossos ministros, nem do Banco Central. Nosso "valor" pode ser resumido por todas as escolhas que fizemos e todas as ações que realizamos (valor para o mercado, não diante de Deus. Diante de Deus, todos são iguais. Para o mercado, não).

"Só nós podemos nos libertar."

Alon Ulman

Então, quem você escolhe ser? Os resultados dependem de você. Mais tarde, vamos discutir como você pode alcançar qualquer objetivo que quiser em seis estágios. Porque, para mudar nossos resultados (frutos), devemos mudar nossa história interna (o que significa cuidar das raízes).

Como fazemos uma mudança? Quando as pessoas vão na direção da mudança? Quando isso dá certo?

Em muitos casos, as pessoas se movem para fazer uma mudança quando conseguem algum tipo de resultado insuportável. Um ataque cardíaco, por exemplo. Ou quando vão para casa e descobrem que suas malas o esperam do lado de fora, a fechadura da porta foi trocada e que foram mandadas embora de vez. Ou quando o banco cancela o cartão de crédito. E então elas procuram algum tipo de especialista (professores especialistas, conselheiros de relacionamentos, advogados, banqueiros) e pedem para dizer o que devem fazer.

Por quê? Porque é o que podem "ver": as ações e os resultados, não os pensamentos e emoções que fizeram a situação ficar daquele jeito.

Se esse fosse o caminho, as pessoas abririam um livro sobre relacionamentos, fariam exatamente o que está escrito lá dentro e desfrutariam de casamentos incríveis. Mas não é o caso. Na verdade, a questão central é a "história interna". Grandes mudanças no mundo vêm apenas depois que a história que as pessoas estão contando para si mesmas mudou dramaticamente.

Você se lembra de quando a Terra era plana? Claro, ela nunca foi plana, mas diga isso para os líderes da Igreja durante a Idade Média — e a alguns ultimamente. Pitágoras, Platão e Aristóteles estavam entre os primeiros a afirmar que a Terra é redonda, e isso aconteceu nos séculos IV, V e VI a.C. Até então, a história que a Terra é plana era a que dizíamos para nós mesmos. E não foi o formato da Terra que mudou; foi nosso paradigma.

Outro exemplo: nos Jogos Olímpicos na Cidade do México, em 1968, havia um competidor de salto em altura estadunidense chamado Dick Fosbury. Até então, atletas de salto em altura, em geral, saltavam usando a técnica de "tesoura". Mas Fosbury tinha desenvolvido sua própria forma de salto. No começo, todos riram e zombaram daquele jeito estranho de saltar, mas então ele começou a conquistar resultados cada vez mais impressionantes, depois ganhou a medalha de ouro e estabeleceu um novo recorde mundial ao mesmo tempo, pulando a altura de 2,24 metros. Daquele dia em diante, todos foram, aos poucos, adotando sua técnica de salto, conhecida como "Salto Fosbury". Hoje, ninguém mais salta usando uma técnica diferente.

Pessoas de sucesso e eficazes investigam a natureza de todas as chamadas "verdades" e "é assim que as coisas são". Mesmo assim, são intelectualmente modestas. Uma pessoa que não tem abertura e flexibilidade intelectual vai se manter presa às suas verdades (ou seja, às suas histórias internas), portanto, continuará fazendo as mesmas ações e conseguindo os mesmos resultados e não será capaz de crescer e se desenvolver.

Para nossos propósitos, recordes olímpicos e conquistas científicas são bons exemplos, mas não são práticos o bastante. E estamos preocupados com sucesso prático, não teórico. Então, vamos verificar algumas histórias internas e veremos como elas nos afetam em todas as áreas. O resultado trata-se de uma saga predeterminada, baseada na história interna. Aqui está uma história assim, na área do dinheiro.

No Capítulo 5, falei sobre cálculos financeiros que fiz com meus amigos quando era criança e vivia na área da costa norte de Israel, enquanto tentávamos entender como era possível que alguém ganhasse muito dinheiro. Todos os nossos cálculos eram baseados no que sabíamos de casa e nos levaram à inevitável conclusão de que quem quer que tivesse uma quantidade muito grande de dinheiro, aparentemente, era ladrão. Segundo essa minha história, qual era a probabilidade de nós mesmos conseguirmos muito dinheiro?

Quem entre nós já ouviu ou já contou para seus filhos histórias internas, como “todas as pessoas ricas são ladras”, “dinheiro não cresce em árvores” ou “dinheiro chama dinheiro”? Quem quer que tenha esse jeito estreito de pensar não vê nem entende que é possível ter uma receita como essa. Mas quer pense que tudo é possível para você ou que tenha certeza de que tudo depende dos outros, *nos dois casos, você vai descobrir que está certo.*

Se acredita que é impossível ganhar mais do que dois mil por mês, qual será a emoção que sentirá a respeito de uma possibilidade como essa, mesmo se estiver exposto a ela? Qual é a probabilidade de perguntar a si mesmo o que quer ou determinar um objetivo para si? Esta possibilidade não existe conscientemente até que aconteça ou até que nós mesmos a criemos, fazendo-a acontecer — que é o jeito mais fácil de conseguir nossos resultados desejados.

Todas essas frases não podem ser definidas estritamente em termos de “corretas” ou “incorretas” — todas estão corretas, mas sempre dependem da história que contamos para nós mesmos, porque é o que determina como nos sentiremos e o que faremos; e nossa vida e os resultados serão moldados de acordo.

Quem são as pessoas que acreditam no paradigma que diz que “dinheiro atrai dinheiro”? Perceba que, em geral, são pessoas que não têm dinheiro, e é como explicam para si mesmas e/ou para os outros por que não são empreendedoras, investidoras ou donas de negócios. “Dinheiro atrai dinheiro”, elas dizem, “e se eu não tenho dinheiro, então eu...”

A verdade é que dinheiro realmente atrai dinheiro. Todo empreendedor ou inovador sabe que é assim, embora entendam que o dinheiro não tenha necessariamente que ser deles.

...

Por que eles colocariam o próprio dinheiro na equação? Essas são barreiras que temos em nossa mente. Se alguém acha que tem uma boa ideia, e que é um empreendedor maravilhoso e sabe como gerenciar um projeto, essa pessoa simplesmente precisa fazer isso.

Há muitas pessoas que têm dinheiro e estão interessadas em investir e transformar cada real em seis reais. Se alguém sabe como é possível fazer isso ou, mais especificamente, pode mostrar aos outros como fazê-lo, então esses outros darão seu dinheiro de boa vontade. Se isso lhes render um retorno de quatro reais para cara dólar que deram, eles vão beijar e abençoar o dono da ideia. Porque é o que um empreendedor faz: ele cria valor. E, como ele cria valor, outras pessoas trazem o dinheiro que ele precisa ao investirem nele, e é como ele também se beneficia deste valor.

Outra história interna? Quem quer que repita para si mesmo uma frase como "já que não tenho dinheiro, não consigo ter dinheiro" nunca terá dinheiro. São pessoas que não agem para que isso aconteça. Em vez disso, explicam por que é impossível. E quem quer que acredite que "dinheiro corrompe" e não quer ser corrompido, seu subconsciente não vai permitir que essa pessoa seja corrompida e, é claro — infelizmente —, não permitirá que ela seja rica. A coisa significativa que filhos de pessoas ricas herdam de seus pais não é necessariamente dinheiro, mas a compreensão das leis do dinheiro, a internalização do jeito deles de pensar, a mentalidade e os hábitos das pessoas ricas. Pessoas ricas fazem perguntas diferentes para si mesmas e pensam de um jeito diferente.

Pessoas ricas jogam o jogo do dinheiro a fim de vencer. Outras pessoas jogam a fim de perder. Você consegue ver isso imediatamente de acordo com a linguagem que a pessoa usa. Pergunte para alguém: "Como vai você?", e essa pessoa pode responder com um "sobrevivendo" ou "dia após dia". Pessoas ricas deixam o dinheiro trabalhar por elas e, se não veem isso acontecer, tornam-se frustradas pelo potencial desperdiçado. Outras pessoas "trabalham duro" pelo seu dinheiro. Dizem para si mesmas que "para ganhar dinheiro, tenho que trabalhar duro. Dinheiro não cresce em árvores".

Pessoas ricas sabem que dinheiro *cresce, sim,* em árvores. Elas simplesmente perguntam a si mesmas onde estão as árvores nas quais o dinheiro cresce, como é possível colher o dinheiro nelas e como ter mais árvores dessas plantadas ou cultivadas? São perguntas que mudam a vida.

"Se quer uma mudança significativa em sua vida,
você deve mudar suas histórias internas para as que vão
fazê-lo avançar na direção da sua imagem vencedora."
Alon Ulman

As pessoas me perguntam: "Tempo é dinheiro, não é?" Bem, não. Se isso fosse verdade e uma pessoa qualquer quisesse fazer, digamos, cinquenta reais por hora, ela poderia dormir por dez horas, acordar de manhã e, então, descobrir quinhentos reais em sua caixa registradora. Além disso, se tempo é dinheiro, como é que alguns de nós ganham oito reais por hora, alguns de nós oitenta reais e outros oitocentos? Responderei essa pergunta: a pessoa que ganha oito reais por uma hora de trabalho tem este tipo de renda porque vai trabalhar em algum lugar e faz algo que vale este tanto de dinheiro. Certo? O que aconteceria se ela aumentasse o valor que cria? Ela consegue fazer isso? De quem é dependente? Certo. *Valor = dinheiro.*

"Suas realizações e resultados só podem crescer e
prosperar na medida em que você cresce."
Alon Ulman

Como diz o autor T. Harv Eker, as pessoas ricas entendem que sua renda só crescerá na medida em que elas mesmas crescerão — como resultado de desenvolver suas habilidades e agregar mais valor.

Vamos voltar às histórias internas e desta vez do mundo da saúde. Aos 35 anos, eu tinha barriga, queixo duplo, olheiras, dor nas costas e me sentia irritado o tempo todo. É possível explicar isso do ponto de vista biológico: a partir dos trinta anos, os homens perdem espermatozoides, células musculares... E todos os meus amigos me diziam: "Bem-vindo ao clube". E diziam: "Se você acordar pela manhã quando tiver quarenta e suas costas não doerem, é melhor ir fazer um check-up, talvez esteja morto". Esta é uma perspectiva, uma história interna que envolve uma suposição latente que, dia após dia, é provável que minha condição piore conforme envelheço. Se uma pessoa tem a visão de que dia após dia sua saúde vai provavelmente se deteriorar, este pensamento causa uma sensação de impotência e, como resultado, uma falta de atividade. O que acontecerá com seus resultados? Vão piorar. Todos conhecemos pessoas que vivem com esse tipo de expectativa em relação à sua saúde. Imagine se as pessoas entrassem no mundo dos negócios com esse tipo de expectativa?

Quando conheci aqueles rapazes que estavam treinando para a competição do *Ironman*, eles me pareceram estranhos. Pessoas que tinham dezesseis, dezessete, quarenta e cinquenta anos e que chegavam para o treinamento logo pela manhã com a intenção de serem ainda melhores no dia seguinte. Essas eram suas expectativas na área dos esportes, depois disso eles as aplicavam também na área dos negócios. Decidiram que seriam melhores, então perguntaram a si mesmos: *O que preciso fazer para que isso aconteça?*

Todos conhecemos pessoas que sempre dizem: "Sua saúde é a coisa mais importante". Há pessoas que fumam, têm vinte quilos de sobrepeso, "não têm tempo" para praticar esportes e ainda dizem: "Sua saúde é a coisa mais importante". Você percebeu que é comum vermos pessoas que estão em má forma dizendo algo assim? É porque só depois que perdemos alguma coisa que, de repente, a apreciamos. Apreciamos de verdade. Então, ficamos dispostos a escavar até o centro da Terra se pudermos retornar às condições que tínhamos antes.

A perspectiva que estou propondo é completamente diferente, e é provável que leve sua condição de saúde a um nível totalmente distinto. É verdade que existe uma coisa chamada genética, mas o que estamos fazendo com isso? Jogamos gasolina, acendemos um cigarro, fritamos nossos nervos e reclamamos o dia todo. Neste tipo de condição, a doença é quase inevitável. Mesmo assim, se você tiver uma percepção diferente, pode diminuir sua idade psicológica em quinze anos, a despeito de sua idade cronológica. Aliás, o que é melhor para seus filhos: pais exaustos que não têm energia ou pais saudáveis e enérgicos, cheios de vida?

Leve a sério este nosso bem — nosso corpo, nossa saúde. É o bem mais importante de todos. E como sabe que algo é realmente importante para você? Com base no preço que está disposto a pagar. Uma pessoa que não pratica esportes não acha que sua saúde é importante, embora certamente pense que é importante a princípio. Mas na verdade...? Na verdade, não acha. *O que é realmente importante para você? Tudo pelo que está disposto a pagar um alto preço.*

E quanto aos relacionamentos? É exatamente o mesmo princípio. Aqui está uma história: dois irmãos estão sentados um bar. São gêmeos idênticos que cresceram na mesma casa e receberam a mesma educação. Um deles é tímido e acha que nenhuma garota jamais concordará em sair com ele. Não há como ele ter sucesso com as garotas, então não adianta. Ele se sente impotente e sem esperança.

No bar, os dois irmãos veem uma garota, da qual ambos gostam. O que este irmão fará? Nada. É claro que ele não vai paquerá-la, com medo de que ela não corresponda aos seus avanços. E quais são os resultados? Nenhum, claro. Ele não começa a flertar com ela, ou com ninguém mais, e continua a dizer a si mesmo que não há nada que possa fazer. Ele simplesmente não é atraente.

Seu irmão gêmeo tem autoconfiança e acredita que qualquer mulher que ele paquerar vai sair com ele. O que ele faz? Ele a paquera, é óbvio. E a história que se desenrola em sua cabeça é que aquela noite é a noite daquela mulher especial. Porque "se ela tiver sorte, talvez eu concorde em lhe dar meu número de telefone no final da noite".

Ele vai até ela, e o resto é óbvio.

Está ligado à aparência? Não. Eles são gêmeos idênticos. Está ligado à sorte? Não. Está ligado à disposição. A oportunidade existe. É nosso Sistema Operacional Humano. Se o tímido mudasse seu jeito de pensar e acreditasse em si e em seu próprio valor, seus sentimentos mudariam. Ele estaria disposto a assumir o risco de ser rejeitado e qual seria o resultado? É muito provável que a mulher concordasse feliz em sair com ele.

Mesmo assim, cada um dos irmãos teve um resultado completamente diferente. E isso acontece todo o tempo. O jeito de pensar do irmão tímido cria um sentimento de impotência, medo e estresse para ele. Quando somos impotentes, dizemos a nós mesmos: "Que sorte meu irmão tem. Como todas as mulheres saem com ele"? Ou "Como ele está ganhando dinheiro"?

...

Prometi que falaríamos sobre o *De caso com o acaso*: em 1998, o filme britânico *De caso com o acaso*, estrelava Gwyneth Paltrow. O filme tem duas histórias paralelas: o que realmente acontece com a protagonista e o que poderia ter acontecido com ela. Usando o mesmo princípio, é interessante pensar sobre o que poderia ter acontecido naquele momento horrível no Arizona quando meu músculo saiu do lugar se eu não tivesse decidido, de maneira consciente, escolher um novo pensamento para substituir o pensamento inicial de impotência. Provavelmente não estaria escrevendo este livro, uma coisa leva a outra. Se não tivesse conseguido ultrapassar meus próprios limites, o que eu pensaria de mim mesmo? Como eu me veria? De vez em quando, as pessoas perguntam se autoimagem é importante. E eu respondo: "É muito importante. *A opinião que tem mais influência sobre nós, mais do que qualquer outra opinião no mundo, é nossa própria opinião de nós mesmos*". Isso porque nossas realizações nunca vão além da própria autoimagem. Se não temos uma opinião elevada sobre nós, temos muito o que fazer para mudar a situação. E é possível.

...

Uma das leis universais é que *tudo no que nos concentramos vai crescer e expandir em nossa vida*. Segundo essa lei, se nos concentrarmos nas deficiências do nosso cônjuge, elas vão crescer e, é claro, vão nos incomodar cada vez mais. Se nos concentrarmos no que não podemos fazer, no que é impossível para nós e no que "definitivamente não funciona", nada irá funcionar. Se eu me sentasse em casa, aos 39 anos, com minha condição médica daquela época, me concentrando em um destino amargo e dissesse: "Poderia ter alcançado o posto máximo na Marinha, mas isso me foi tirado... Receberei aposentadoria por invalidez do seguro social, em vez disso", e lamentasse sobre todas as coisas que não poderia mais fazer, eu estaria totalmente certo. Porque sempre estamos certos. Há pessoas que escrevem cartas de reclamação, dizendo para o mundo inteiro o que poderiam ter sido, que não têm uma genética maravilhosa ou um ambiente favorável... E tudo isso *enquanto também têm capacidade de escolha.*

Nós escrevemos nosso próprio roteiro, somos os protagonistas e os diretores dos nossos filmes. Vencedores pensam: "O que posso fazer?" e "Como posso?", *consciente ou inconscientemente. Em qualquer acontecimento, escrevemos nosso próprio roteiro quaisquer que sejam as circunstâncias. E somos nós quem podemos reescrever toda a trama.* E até mesmo ganhar um Oscar.

"A maioria das pessoas age a fim de estarem certas;
os vencedores agem a fim de avançar."
Alon Ulman

...

Catorze meses depois que terminei minha primeira competição de *Ironman* no Arizona, completei o *Ironman* na Áustria. Naquela época, dava para dizer que eu era mais do que um *Ironman*. No momento em que me percebi como tal e treinei com outros *Ironmen*, me transformei na pessoa que queria ser. No Arizona, meu objetivo era me tornar um *Ironman*. Eu tinha terminado a competição em doze horas e vinte minutos. Desta vez, na Áustria, meu objetivo era ultrapassar um novo limite: terminar o percurso — nadar, pedalar e correr a maratona — em menos tempo e me tornar um membro do clube "Sub 12", que consiste em competidores de *Ironman* que completaram a prova em menos de doze horas.

CAPÍTULO 12

Quatro mundos, três idades

Se você já tiver considerado, e não por um simples momento, competir em uma prova de *Ironman*, deixe-me dar um conselho de amigo: Áustria antes do Arizona. Você não precisa começar com o percurso mais difícil, e a Áustria é, sem dúvida, um destino mais simpático que o deserto do Arizona, em especial quando se trata de um *Ironman* iniciante.

Quando cheguei ao destino da competição, fiquei movido pelo cenário espetacular ao meu redor. Não que a paisagem do Arizona não seja fascinante — claro que é —, mas quem presta atenção no cenário enquanto experimenta tanta tensão, preocupação e foco no alvo? Desta vez, realmente pude apreciar a magnitude do desafio diante de mim, eu tinha mais treinamento — físico e emocional — e sabia que já tivera sucesso em cruzar a linha de chegada. Fora isso, já que me parecia muito com os *Ironmen* sarados que conheci na linha de largada no Arizona, devo ter finalmente começado a acreditar que era como eles. Com a idade de 42 anos e sete meses, eu parecia e me sentia muito melhor do que jamais me sentira (e parecera).

"Agora é hora de mudar nossos hábitos de pensamento e comportamento e alterar nossa experiência do corpo e do processo de envelhecimento."
Deepak Chopra

A visão de Deepak Chopra sobre idade é muito significativa. Conforme mudamos o jeito como percebemos nosso corpo, nosso envelhecimento e tempo, podemos mudar a direção da nossa idade biológica. É claro, naquela época eu ainda não sabia o quanto isso é verdadeiro e significativo, e até que ponto o envelhecimento está sob nosso controle. Na verdade, cada pessoa tem três idades simultâneas: a primeira é nossa idade cronológica, sobre a qual não temos influência. Cada uma das rotações da Terra adiciona 24 horas do dia em que você nasceu, e é o que determina sua idade cronológica. Nossa segunda idade — ou como o médico Deepak Chopra chama, nossa "idade biológica" — é determinada pela condição psicológica e de funcionamento dos sistemas do nosso corpo. Esta é a idade real do corpo, tanto por dentro quanto por fora, e pode ser medida com biomarcadores claros. A amplitude para todos nós é assim.

Pegue, por exemplo, três mulheres cuja idade cronológica seja quarenta anos (e, é claro, o exemplo a seguir também é verdadeiro para os homens). A amplitude possível será de trinta, e o delta será de mais ou menos quinze anos. O que significa que, no fundo, uma delas pode ter 25 anos em termos biológicos — e isso não é só em termos de aparência, mas também em termos das condições de trabalho do corpo. Contudo, na outra ponta da amplitude está a idade biológica de 55. Este conhecimento está intuitivamente arraigado em todos nós: somos todos cercados por pessoas que oscilam ao longo dessa amplitude. A densidade óssea desta mulher de quarenta anos pode ser a de uma de 25 — assim como seu metabolismo, habilidade física, níveis de energia, condição cardíaca, pele etc. — com toda a experiência de vida, sabedoria e *status* que conquistou com seus quarenta anos cronológicos na Terra. Por outro lado, ela poderia estar sem energia, sofrendo com deficiência de cálcio e de outras deficiências problemáticas, reclamando de um metabolismo lento (com tudo o que isso implica) e pode ser mais velha do que sua própria idade uns bons quinze anos. O resultado é que aquelas três mulheres que estão cronologicamente nos quarenta anos de idade podem estar em qualquer ponto entre os 25 e os 55 anos, biologicamente.

Temos alguma influência sobre nossa idade biológica? Claro que temos. Certamente que sim. Consciente ou inconscientemente, não só influenciamos nossa idade biológica, mas, em grande medida, nós a determinamos. Ela aumenta ou diminui de acordo com o jeito como pensamos e agimos, juntamente com os genes que recebemos.

E você? Quantos anos tem?

Que idade biológica eu quero ter? ______________________

Quais são as duas coisas que vou fazer para conseguir chegar lá?

1. ______________________

2. ______________________

Físico	Mental
Emocional	Espiritual

Figura 4. Nossos quatro mundos

Podemos escolher com que combustível continuaremos a abastecer nosso corpo. Já concluímos que, se escolhermos encher o tanque do nosso carro com o combustível errado, não devemos nos surpreender se ele quebrar no meio da estrada, certo? O corpo funciona precisamente segundo esse raciocínio.

Em um capítulo anterior, mencionamos que há três outros mundos além do físico — mundos que não podem ser vistos: o mundo mental, o mundo emocional e o mundo espiritual. Também dissemos que, apesar de serem intangíveis, esses mundos são muito reais. Que "combustível" você está escolhendo para abastecer cada um desses quatro mundos? Está preenchendo sua vida com objetivos de crescimento e renovação ou com objetivos voltados para a sobrevivência?

...

Depois de onze horas e 27 minutos nadando, pedalando e correndo, cruzei a linha de chegada do *Ironman* Áustria. Me sentia muito mais forte e mais capacitado do que no ano anterior e pensei: *Enquanto eu conseguir suportar o esforço físico, continuarei a participar de uma competição principal a cada ano até chegar aos sessenta.* Hoje, aquela decisão se provou ser um desafio que não é tão simples. Em comparação com o passado, de um jeito paradoxal, tenho menos tempo hoje para treinar do que jamais tive. Mas é importante, para mim, treinar e participar de competições, colocar meu corpo e minha mente nesses desafios, praticar os valores que são fundamentais para mim, e repetidamente ultrapassar meus limites. Até hoje, participei de quatro competições internacionais de *Ironman* e uma competição *TOUR Translap* — cruzando a Europa de bicicleta pelos Alpes. É uma experiência louca, desafiadora, estimulante, edificante e, claro, altamente recomendada.

E é aqui que chego à terceira idade. Não, não "à idade final", como na velhice ou na aposentadoria; em vez disso, uma das nossas três idades: nossa *idade psicológica.*

...

Você se lembra de que mencionei aquelas pessoas de trinta anos que, em um determinado momento, só querem descansar, dormir ou se aposentar cedo? São "idosos psicológicos". Não importa que idade tenham, eles não querem nada. Só: "Vamos lá, me deixe dormir". Vão contar animados sobre um ótimo emprego que arrumaram, um trabalho incrível, no qual "não faço nada o dia todo e ninguém percebe". E eu digo: "Ninguém percebe? Esse é um grande engano. *Você* percebe e todo mundo ao seu redor percebe e, não menos importante, *seus filhos percebem*".

Seus filhos o veem, ouvem e aprendem com você. Portanto, não se surpreenda quando perguntar a eles um dia o que querem fazer na vida e eles responderem que não têm nenhuma expectativa específica para o futuro. Que eles simplesmente "não sentem vontade" de fazer algo, conquistar algo ou fazer qualquer tipo de grande contribuição para os demais.

Nossa vida é a coisa mais preciosa que temos. Não tem preço. É algo sério e precioso. Vamos tratá-la de acordo.

"A morte não é a maior perda na vida. A maior perda é a que morre dentro de nós enquanto vivemos."
Norman Cousins

Quantas pessoas você conhece que ficam sentadas durante horas diante da televisão ou do computador e vivem a vida dos outros? Há, na tela, outras pessoas fazendo coisas interessantes, empolgantes e satisfatórias enquanto elas se sentam na poltrona, com os olhos arregalados para o monte de atividade que se desenrola. Elas gostariam de fazer coisas assim, de verdade. Mas, aparentemente, não têm tempo. Elas não têm tempo para viver a vida na plenitude porque estão ocupadas assistindo à vida de alguém. Pergunto a você, com toda honestidade: "Isso não é insano"?

Pessoas que são psicologicamente jovens sempre têm objetivos maiores que si mesmas. Elas enxergam a idade cronológica como um simples fato e nada mais. São enérgicas e famintas de vida em cada idade, a cada minuto. Pegue, por exemplo, o falecido Shimon Peres, ex-presidente de Israel — ele tinha mais vitalidade e energia do que a maioria das pessoas de noventa anos. Existem esses tipos de pessoa que são guiadas por um desejo de vida: elas se esforçam para melhorar tudo o que veem, para crescer, para aprender e querem ajudar toda pessoa a se sentir melhor depois de encontrá-la. Isso, em si, constitui um imenso tanque de combustível para que consigam ter uma tremenda energia. Elas parecem estar sempre preocupadas com questões que são muito maiores do que essas ninharias. Estas seriam as metas tipo C que estabeleceram para si mesmos. A partir do momento em que a professora da escola parou de dar tarefas para elas, estabeleceram para si cada vez mais objetivos e recordes, missões e sonhos para conquistar.

"Um homem pode se sentir tão velho quanto seus anos,
mas tão jovem quanto seus sonhos."
Shimon Peres

Ou, como digo nos meus seminários, "Você é tão jovem quanto seus sonhos, não tão velho quanto sua idade".

...

Muitos de nós se levantam pela manhã esperando que a vida — alguém ou algo — nos diga o que fazer. Mas, quando deixamos nossa casa em busca de uma vida independente, nossos pais não estão mais ali para nos sacudir e dizer: "Levante-se da cama! Faça sua lição de casa".

E eu imploro para você, não faça isso com suas crianças. Deixe-as serem quem são. Faça sua lição de casa e elas farão as delas.

Quantas pessoas exigem de seus filhos: "Leia livros! É importante ler" e depois se largam no sofá para assistir à televisão? A última frase não é escrita para servir de julgamento, assim como nenhuma sentença neste livro. É tudo escrito com base no amor e no desejo de doar. Você deve ter ciência de que seus filhos entendem. Qual é a conclusão deles? "Se meus pais assistem à televisão todos os dias, é um sinal de que é bom. Então, também vou assistir. E, se não é bom, então o que isso diz a respeito dos meus pais?"

Se seu filho chegar em casa depois da escola e disser: "Não me incomode com a lição, tive um dia cansativo, então deixe-me assistir a algumas horas de TV e relaxar", o que você dirá para ele?

1 – Por quê?

2 – Onde ele aprendeu a se comportar assim?

Você quer que seus filhos sejam alguma coisa? Então, seja o que quer que eles sejam, para o seu bem e para o bem de qualquer um que o veja. E os filhos nos veem: eles nos observam (quando percebemos e quando não). Eles nos admiram. Não têm um exemplo ou influência melhor do que o que oferecemos a eles.

E se você tem um sonho, jamais desista. Sonhos são objetivos tipo C. E o que nos impede de alcançar nosso objetivo tipo C não é nossa habilidade. Esse tipo de objetivo nunca está conectado com o que conseguimos ou não fazer. Digamos que você esteja em Tel Aviv agora. Se eu perguntasse se você consegue ir a pé até Haifa, que fica a quase cem quilômetros, o que diria? "Ficou louco? Caminhar de Tel Aviv até Haifa? É muito longe". Certo? Agora, tente imaginar, só por um momento, que seu bebê está doente na estrada e alguém precisa salvá-lo, neste exato instante, correndo até Haifa. Imediatamente. Qual de vocês arrombaria a porta e começaria a correr?

E não é que não seria difícil. Seria muito difícil. Mas possível. Por que... O que mudou? A distância não mudou. Nem nossa condição física. Infelizmente, isso não muda de um momento para outro. E nosso objetivo — ir de Tel Aviv para Haifa na velocidade mais rápida possível — continua o mesmo que era. O incentivo que mudou. A motivação mudou — indo de zero a cem. Como isso aconteceu?

Antes de mais nada, o valor que atribuímos à ação mudou. Era importante para nós. O sentido do valor mudou o *pensamento*, a *emoção* mudou e, por consequência, a *ação* foi criada. Como saberemos, na realidade, se atribuímos valor a algo? Se é importante para nós ou não? A resposta é simples: uma coisa que é importante para nós é *algo pelo qual estamos dispostos a pagar o preço.* E quanto maior o preço, mais importante essa coisa é para nós. O exemplo do bebê na estrada, claro, é extremo, mas eu o uso para ilustrar este princípio claro: quando algo é sinceramente importante, você estará disposto a pagar um alto preço por ele. E não falo só de dinheiro.

Para saber o quanto a vida é importante para mim, tive que correr um perigo letal. Então, e só então, comecei a viver verdadeira e poderosamente, e a me atualizar totalmente em todos os sentidos da palavra. Comecei a viver de verdade só depois que quase morri. Você parece ser mais inteligente do que eu. Não espere.

...

Muitas pessoas me dizem: "Tudo bem, entendi. Então, quando devo começar"? E eu sempre respondo: "*Agora*". Há um ditado chinês que diz: "O melhor momento para plantar uma árvore foi vinte anos atrás, e o segundo melhor momento é agora". Então, se assumirmos que todos vivemos em um filme, escrevemos o roteiro e o protagonizamos, o convido a pensar sobre seu filme. Que filme você está protagonizando e qual será seu primeiro passo?

Qual será seu próprio Ironman?

Apresento a você, com amor, doze dicas práticas desenvolvidas com base em minha experiência pessoal. São dicas que valem ser implementadas para competições, como maratonas ou *Ironman*, mas também funcionarão para qualquer objetivo tipo C. Se você cumprir toda a lista, verá que ela também o beneficiará mesmo se não tem vontade de correr ou nadar, mas, em vez disso, seu objetivo for cantar canções que você escreveu e compôs, por exemplo.

O *Ironman* me ensinou que:

1. Você precisa ter um treinador excelente e aprender com pessoas que tiveram sucesso. Isso vai aumentar sua probabilidade de sucesso e reduzir a probabilidade de lesões ou de fracasso. Você também pode ter sucesso sozinho, mas o caminho será mais difícil, mais longo e, provavelmente, vai incluir lesões.

2. Cada prática tem seu próprio objetivo e todas as práticas levam ao objetivo maior.

3. O corpo e a mente precisam se ajustar para as novas condições: às diferenças de fuso horário e de temperatura, às condições de campo e atmosféricas. Não são luxo, mas necessidades reais. Sem ajustar-se a isso, é impossível ter sucesso. É importante dar a todo seu sistema o tempo necessário para se ajustar às novas circunstâncias e poder funcionar do melhor jeito.

4. Além disso, seus músculos mentais precisam de treinamento para serem capazes de alcançar um estado de "tensão positiva", a mesma conhecida zona na qual atletas entram durante competições longas: um estado de alerta, concentração, foco e habilidade de "estar no momento". Para alcançar este estado emocional durante a competição, conduzi uma investigação em mim mesmo e examinei o que me fazia bem: que música, que sentimento, quais pensamentos. Eu me recordava constantemente que tinha percorrido um longo caminho para chegar à competição e aquela era a hora de desfrutar o momento o máximo possível.

5. A chave para o sucesso não está nos eventos em si, mas em como nos relacionamos com estes eventos e gerenciamos emocionalmente a situação. Se pensar no percurso, estágio após estágio e usar visualização guiada, você chegará mais preparado. Quando eu era instrutor de tênis, ainda adolescente, aprendi a frase "jogue com a bola seguinte". Quem pensa na bola anterior está prejudicando a bola atual. Os verdadeiros mestres jogam apenas assim — a bola do momento.

6. Lembre-se de respeitar seu corpo a caminho de seu objetivo: atletas usam bebidas que aumentam os carboidratos, sal e outros minerais vitais ao corpo. É importante conhecer seu corpo e saber do que ele precisa durante os treinos e durante a competição — e isso se refere a qualquer objetivo, não só a competições atléticas. Se quer viver como um Rolls-Royce, é importante ter certeza de usar combustível de alta qualidade.

7. Escrever é uma ferramenta excelente. Permite que olhemos para dentro de nós mesmos, nos concentremos, articulemos nossos objetivos, planejemos passos e controlemos processos. Experimente.

8. Tudo é importante: dormir o suficiente, sentir-se confortável (na bicicleta, por exemplo), usar o tênis certo. Tudo isso começa e termina com ouvirmos a nós mesmos. Tente se perguntar (não necessariamente em voz alta, é claro): "Do que preciso neste instante"? Em geral, a primeira resposta que aparece será a mais precisa. No que se refere à vida e à liderança, os líderes perguntam a si mesmos o que *a situação* exige naquele momento e não "Do que preciso"?

9. A competição de *Ironman*, como qualquer jornada na direção de um objetivo tipo C, é uma cadeia de tomadas de decisões em meio a condições mutáveis. Seus músculos estão doendo, o percurso muda, de repente começa a chover — algo está sempre acontecendo ao ar livre, por dentro, ao redor, assim como no corpo. É importante desenvolver a habilidade de se adaptar às mudanças e aos propósitos em condições de incertezas. Neste sentido, escolher seus pensamentos é uma técnica excelente. Em vez de pensar: "Ah, não, não estou preparado para este cenário. Isso vai estragar tudo", substitua o pensamento de frustração por um progressista: "O que tem de bom no que está acontecendo agora? Como isso pode me fazer avançar"?

10. Reunir inteligência é importante. Antes de sair para a batalha, o comandante deve reunir informação de fontes visíveis e ocultas sobre o inimigo, a arena, a meteorologia, a situação, ameaças, possibilidades e intenções. Não há substituto para preparação prévia. Quando você está a caminho de realizar seu objetivo, não poupe esforços no estágio da preparação. Reúna informação e preste atenção a cada detalhe que puder ajudá-lo em tempo real. É como você pode minimizar a chance de ter distrações e como pode permanecer focado no objetivo. Informação organizada é poder, no sentido pleno da palavra. O conhecimento relevante aumenta a preparação e, quando sua preparação aumenta, temos mais "sorte" (lembre-se: sorte = preparação que encontra a oportunidade).

11. Para humanos — como para um submarino convencional (em oposição a um submarino nuclear, que tem fonte inesgotável de energia) —, o gerenciamento da energia é necessário. E, no *Ironman*, quando o corpo está no estado extremo, um gerenciamento estrito de energia é necessário. A mesma coisa é verdade em nossa vida quando vivemos intensamente.

12. "Quem quer que comece a toda velocidade, vai se esgotar". Isso se aplica a qualquer lição na vida: quando planejamos passos para avançar, sabemos como planejar o ritmo adequado para ter energia de alta qualidade suficiente de sobra nos estágios finais extenuantes do caminho.

Essas lições — aprendidas por meio de dificuldades, perseverança, dores, bolhas nos pés, determinação, arranhões, fracassos e sucessos — me acompanham a cada dia, na minha rotina em casa e além. Uma vez que realmente as integrei, fui capaz de ultrapassar outro limite e ainda outro depois disso.

CAPÍTULO 13

Quem está esperando você na linha de chegada?

Quando pergunto para as pessoas que roteiro elas estão escrevendo para o filme do qual são protagonistas, e como este roteiro pode impactar sua vida e a de seus filhos (e, algumas vezes, também os arredores e até mesmo o país em que vivem), com frequência a resposta é: "Olhe, o problema é que venho de um lar que...". Sim, todos nós viemos de "um lar que...", e mesmo assim ainda não existiu um lar que possa impedir o *Ironman* que existe dentro de todos nós. Este *Ironman*, é claro, é uma metáfora para qualquer grande sonho que você tenha, qualquer versão de sucesso que gostaria de criar ou qualquer ambição que você se preocupe ou ache (ou tem certeza) que não tem o poder ou a habilidade para realizar.

Meus pais não estavam exatamente me esperando para comemorar na linha de chegada do percurso no Arizona, nem na linha de chegada na Áustria. Eles não torceram animados por mim e gritaram "Você é incrível!" quando cruzei a linha final exausto. Não fiquei surpreso. Eu sabia, antecipadamente, que eles não estariam lá. Eles mal compareceram às cerimônias de formatura das quais participei, e foram muitas. Desde que me recordo, eles simplesmente gritaram um com o outro e, cada vez que gritavam, isso só aprofundava a sensação de ansiedade em mim. A cada grito que ecoava em nossa casa, pensava: será que esta vai ser a noite em que vão se separar? Esta será a noite em que meu pai vai partir e nunca mais voltar?

Desde aquela época, até agora, enquanto escrevo estas linhas e penso nisso, meu estômago se contrai. Meus pais se casaram muito jovens. Meu pai tinha vinte anos e minha mãe, dezoito. Ambos tinham boa aparência, eram fortes, carismáticos e cheios de motivação e boa vontade. Eu os amava quando era criança. Eu os amo hoje, e continuarei amando-os enquanto viver. Não tenho ressentimentos em relação a eles, porém reconheço que o relacionamento carregado que tinham deixou marcas em mim.

Quando criança, cresci sentindo que o mundo todo estava apoiado em meus ombros. Fui uma criança que assumiu muitas responsabilidades, porque entendi, mesmo com meus sentidos infantis, que ninguém faria isso além de mim. Não é fácil crescer assim, entretanto, não conheci outra infância. Também sabia que, depois de uma noite insone, deitado na cama e ouvindo meus pais gritando com todas as forças de seus pulmões, eu teria que me levantar de manhã, ao som do despertador que tinha programado para mim mesmo, me vestir, ir até a padaria da esquina comprar um pãozinho e fazer um sanduíche para levar para a escola.

Isso tudo quando eu tinha apenas sete anos e estava no segundo ano. Eu ficava assustado, contudo, não falava sobre o assunto e não compartilhava a história com ninguém — nem com criança nem com adulto. Não contei nem para meu melhor amigo o que acontecia em casa. Por um instinto de lealdade inflexível, preservei a dignidade dos meus pais e me mantive em silêncio.

Há algum tempo, me encontrei com o mesmo amigo de infância. Mais de quarenta anos tinham se passado desde a escola.

— Alon — ele me disse —, eu realmente admirava você quando éramos crianças por tudo o que passou em casa e como não demonstrava nada para o mundo. Não sei como você conseguia lidar com tudo. E, agora que sou pai, admiro você ainda mais.

Fiquei surpreso por ele saber e envergonhado pelo que aconteceu naquele tempo. Agora que sei que minha missão neste mundo é salvar famílias e crianças, entendo que parte disso envolve partilhar histórias da minha infância.

...

Meu pai estava longe de ser um garoto-propaganda. Ele era filho do meio entre quatro irmãs, prematuro e com baixo peso ao nascer, no auge da Segunda Guerra Mundial. Seu pai — meu avô — trabalhava como motorista de carroça para a Israel Electric Corporation.

Durante minha infância, eu brincava com o cavalo dele, cujo nome era Eitan. O nome sempre me fez rir. Quem dá o nome a um cavalo de "Eitan"? Eu alimentava o animal com pedaços de melancia nas dunas de Kiryat Yam. Passava as férias com minha avó e meu avô, comendo goiabas que pegava no pé, bem no quintal deles. Eram pessoas religiosas e, embora meu pai tivesse decidido, aos dezesseis anos, não usar mais o *yarmulke*, o solidéu que sinaliza devoção, ele foi criado para ser um homem majestoso e carismático, com um bom coração e uma forte habilidade para ver e entender a alma humana. As pessoas sempre se sentiam atraídas por ele; as mulheres ficavam imediatamente enfeitiçadas.

Minha mãe também tinha pais sobreviventes do Holocausto: o pai dela veio para Israel sem os pais quando tinha dezessete anos e se ergueu com as próprias mãos ou, mais precisamente, com as unhas. Ele era uma pessoa dura, e minha mãe recebeu uma educação rígida de "garota de boa família", e estava focada em cultivar sua habilidade notável como pintora.

Não foi um casamento feito no paraíso. Quando meus pais se casaram, meu avô deu a meu pai um emprego em sua empreiteira. Meus pais foram empregados a maior parte da vida. Em determinado momento, eles tentaram ganhar a vida com suas carreiras independentes, mas não tiveram sucesso. Minha mãe tinha uma empresa no ramo de design arquitetônico. O negócio teve bons momentos, porém a administração organizacional e financeira não era aquela coisa, e problemas de dinheiro eram sempre uma fonte de tensão.

Sentia como se fosse responsável por eles. Que eu era, de fato, o adulto da casa. Uma vez, quando estávamos fazendo uma viagem em família de Acre até a cidade costeira na qual vivíamos, meus pais tiveram uma briga particularmente tempestuosa. Irritado e enraivecido, meu pai parou o carro, desceu e começou a caminhar na beira da estrada. Minha irmã mais velha e eu ficamos no carro com minha mãe, que não sabia dirigir, em um lugar que parecia o meio do nada. Senti como se estivesse perdido. Como se todos estivéssemos perdidos.

...

Minha amada irmã Dafna e eu estávamos acostumados com a trilha sonora das brigas dos meus pais. Ouvíamos tudo. Cada palavra, cada voz erguida. Talvez eles não estivessem cientes de que estávamos do outro lado da parede, no quarto ao lado, ou talvez soubessem muito bem que estávamos lá, mas não conseguiam se controlar. Um dia, outra grande briga eclodiu entre eles, quando a tensão e as suspeitas de um em relação ao outro chegaram a níveis máximos. Eu tinha doze anos. Depois de gritar e lançar palavras duras ao ar, meu pai saiu de casa, batendo a porta, enquanto declarava decidido:

— Vou embora.

Não era novidade. De tempos em tempos, ele deixava a casa zangado por algumas horas, se acalmava e voltava. Eu sempre tinha medo do dia em que ele sairia e não voltaria mais. Desta vez, foi o que aconteceu. Um dia se passou, dois dias se passaram e meu pai não voltou. Quando partiu, ele prometera: "Já chega", e dessa vez parecia que estava mantendo sua palavra. Minha mãe, minha irmã e eu, que vivíamos em um pequeno apartamento nos fundos da casa bem cuidada do meu avô e minha avó, passamos longas horas com eles nesses momentos difíceis. Minha mãe chorava o tempo todo. Eu me lembro de que o irmão mais velho dela veio para uma visita e falou com ela muito zangado e com muitos gritos.

Dia após dia, eu ficava na varanda, sob a sombra, e esperava que meu pai voltasse para casa.

— Você vai ver, ele vai voltar — prometi para minha irmã. — Ele sempre grita e faz ameaça e, no fim, volta.

Mas os dias passaram e ele não voltava. Enquanto isso, em sua grande dor, minha avó não parava de falar mal dele na minha frente. Ela dizia que "ele" — meu pai — estava abusando de sua filha, e que ele "tinha vindo de Kiryat Yam e destruído a família". Mas eu sabia que minha verdade era diferente. Sabia que meu pai não era assim, e continuei a esperar.

— Esqueça dele — minha avó dizia. — Ele não vai voltar.

Eu não acreditava no que ela falava, mas não encontrava palavras para replicar. Queria pedir para ela parar de me machucar com suas palavras duras e ásperas, porém não conseguia. O tempo passou lentamente, entretanto, depois de duas semanas — que pareceram uma eternidade para mim —, o carro do meu pai parou na frente da casa dos meus avós. Ele colocou a cabeça para fora e me chamou para que fosse até ele. *Eu sabia! Eu sabia que ele ia voltar para me buscar.*

— Não vá com ele — minha avó implorou e acrescentou. — Não é bom para você. Ele vai falar todo tipo de coisa. Não acredite nele.

Saí correndo de casa, entrei no carro e fomos embora. Eu me acalmei imediatamente. Amava estar com meu pai, me sentia seguro novamente. Em casa, tinha visto minha mãe chorar por horas, miserável e sofrendo. A sensação que ela tinha de ser a vítima era um fardo insuportável sobre meus ombros.

— É importante, para mim, que você saiba o que aconteceu — meu pai disse, e me contou sua versão do que minha mãe tinha feito.

— Não acredite no que os outros contam para você — ele pediu, e meu espírito se partiu ao meio.

Quando minha avó disse "Não acredite nele", defendi meu pai. Quando meu pai disse "Não acredite nela", defendi minha mãe. E, como sempre, mantive a dignidade deles. Eu só tinha doze anos e já era um operador qualificado, um oficial maduro e responsável.

— O que você pensou? Que eu fosse deixar você? Nunca vou deixar você — meu pai me prometeu. — Mesmo se eu não quiser ficar com sua mãe, não vou deixar você.

Foi tão tranquilizador ouvir aquelas palavras sendo ditas para mim, pela primeira vez, de modo claro. Nunca, durante todos aqueles dias e noites de medo e gritos, ninguém tinha se incomodado em dizer isso para mim. Só quinze anos mais tarde — quando já estava com 27 anos, casado, com filhos e minha irmã era recém-casada — nossos pais se divorciaram formalmente. Tinham permanecido juntos "por causa dos filhos" até então. Eles nos deram uma ferramenta dúbia para nossa vida: um exemplo de um casamento fracassado e amargurado. Mas foi por isso que eu sabia exatamente que tipo de relacionamento estava procurando — o completo oposto ao deles. Esse é o relacionamento que consegui criar anos mais tarde com minha amada Ortal. Há alguns meses, celebramos nosso trigésimo aniversário de casamento, e eu a amo mais a cada dia que passa.

Fingi durante toda minha infância. Mantivemos a aparência de uma família feliz. Ninguém sabia sobre a vida dupla que administrávamos, interna e externamente. Quando eu ainda era uma criança muito pequena, lembro que uma vez visitamos as irmãs de meu pai, minhas tias, e elas não paravam de nos contar todos os tipos de histórias negativas sobre minha mãe e a família dela.

— Quando eram muito pequenos e caíam ou se machucavam — elas diziam —, vocês chamavam "papai" e não "mamãe". — Então, depois que enfiavam a faca, elas a viraram: — O que dizer de uma mãe quando seus filhos chamam "papai"?

E eu, como sempre, continuei a ser uma sentinela leal, protegendo a honra de minha mãe.

"As pessoas disparam mísseis emocionais
umas nas outras, e nossa autoimagem
não tem sistema de defesa antiaéreo."
Alon Ulman

A sensação de estar sozinho me acompanhou durante anos, mesmo depois da infância. A sensação de não ter um ombro no qual chorar, de precisa ser a rocha sólida no qual todos se apoiavam, enquanto não tinha ninguém em quem me apoiar. E eu não era uma pessoa solitária, pelo amor de Deus. Pelo contrário: estava cercado por uma família amorosa e amigos maravilhosos. Sempre fui popular e nunca senti nenhum tipo de solidão indesejada. Mas, bem lá no fundo, tinha uma tendência a sentir como se tivesse que atingir resultados, ter realizações, porque ninguém faria isso por mim — porque ninguém estava "na minha retaguarda" e porque o fracasso nunca foi uma opção. *Sou responsável. Preciso tomar conta de todo mundo.*

É verdade que isso é um "impulso", algum tipo de forte poder motivador, mas não é um modo de vida recomendado. Com frequência, digo que a motivação de uma pessoa que teve uma infância difícil é muito mais poderosa e focada do que a daqueles que cresceram alimentados com uma colher de prata, por pais que sempre souberam como cobrir as dívidas, amenizar as quedas e facilitar os fracassos para eles. Cresci um indivíduo altamente motivado, orientado para meu objetivo. Essas são circunstâncias da minha vida, para o pior e para o melhor. E foi a vida que me ensinou como pegar as dificuldades e transformá-las em algo bom, e em transformar o que é bom em "excelência com a máxima distinção", para ter uma vida com minha esposa e filhos que é totalmente diferente.

Tenho uma opinião muito forte sobre esse assunto, e hoje isso continua a me impulsionar. Há crianças, como eu fui, que estão passando por esse tipo de coisas neste exato momento, mesmo assim, nós não as vemos. Quando falo em "vê-las", estou me referindo aos nossos corações, não aos nossos olhos. Eu as vejo e quero ajudá-las para que a vida delas não seja mais assim. Essa é minha missão. Essas crianças não fizeram nada de errado e não merecem viver nada disso. Sei que em meus seminários, hoje em dia, estamos "salvando" crianças — todas as crianças cujos pais participam desses eventos, incluindo aquelas que ainda não nasceram. Elas terão pais mais felizes e mais dignos: pais cujas circunstâncias estão melhores, pais que se sentem realizados, pais que têm um bom casamento. Eu os faço entender e sentir como cada palavra, frase, comportamento, declaração e resultado que eles têm na vida influencia seus filhos.

Não muito tempo atrás, uma mulher que participou de um dos nossos seminários escreveu na página do Facebook do *The Winner's Code* que eu sou o "Cavaleiro das Crianças". Fiquei muito emocionado com isso.

E, apesar de tudo, foi do meu pai que recebi conselhos valiosos e informações essenciais. Mencionei como conheci Ortal enquanto estava na Marina, em uma noite qualquer. Várias circunstâncias me fizeram parar de vê-la depois de alguns meses, para desânimo do meu pai. Fiquei surpreso com a reação firme dele quando descobriu que tínhamos parado de nos ver. Meu pai, que ao longo dos anos tinha me permitido fazer o que eu quisesse e não dizia uma palavra a respeito, explodiu aos gritos raivosos:

— Só sob meu cadáver!

Achei aquilo um exagero. Sua reação foi extrema e senti como se ele estivesse "se intrometendo em minha vida". Era verdade, mesmo assim, não pude deixar de reconsiderar o passo que tinha tomado. Sempre tive um grande profundo respeito por ele. Bem lá no fundo, também achei que provavelmente ele estava certo. Pouco depois, trombei com Ortal mais uma vez em um dia de esportes para oficiais. Ela me contou que estava namorando. Combinamos de nos ver "só para um café" — e o resto é história. Só Deus sabe onde eu estaria agora se meu pai não tivesse tido aquela reação ríspida e decidida, insistindo que uma parceira como Ortal não era para ser deixada de lado. Como mencionei, estamos casados há trinta anos. Ela é o amor da minha vida, minha parceira na jornada da vida e mãe dos meus tesouros — meus três filhos incríveis. Cada dia ela fica mais bonita, e meu amor por ela só cresce.

Vamos voltar para a Áustria, para a linha de chegada da minha segunda competição no *Ironman*. Essa competição foi significativa para mim, pois consegui entrar no clube "Sub 12" — para participantes que completaram o percurso em menos de doze horas. O dia da competição, 1º de julho de 2007, foi significativo para mim, porque também foi o dia da minha dispensa formal das Forças de Defesa de Israel após 24 anos de serviço. Meu longo período na Marinha foi um capítulo significativo da minha vida, durante o qual amadureci e me tornei quem sou, ou pelo menos quem era na época. Eu estava em uma encruzilhada, cheio de animação e preocupações sobre minha futura vida civil. Tinha recebido algumas propostas tentadoras: administrar uma startup ou ser o diretor de uma prestigiada escola privada. Mas sentia que queria algo mais, mesmo que ainda não soubesse precisamente o quê. E a ideia de não saber como sustentar minha família financeiramente nos anos seguintes era paralisante. Principalmente por causa do meu passado traumático, da insegurança emocional e econômica que vivi na infância e por causa de uma experiência intensa que tive, a qual chamo infantilmente de "História da caixa de areia" — embora esteja longe de ser um conto infantil.

Certa noite, quando eu tinha dez anos de idade, ouvimos de repente uma batida na porta da nossa casa. Fui abri-la e dois policiais estavam parados ali. Eles perguntaram:

— Seu pai está em casa?

Fui afastado da porta, embora resistisse: não entendia o que queriam com meu pai, o cara mais comum do mundo. Naquela época, ele estava tentando trabalhar como empreiteiro independente, a fim de evitar conflitos com meu avô. Durante aquele período, eu tinha aprendido a não perguntar o que estava acontecendo quando ele ficava em casa por estar sem trabalho. Embora eu não ousasse perguntar o que tinha acontecido quando ele voltou para casa da delegacia de polícia, entendi que tinha relação com dinheiro.

A imagem do meu pai, tão forte e reverenciado, que jogava futebol comigo às sextas-feiras, foi estilhaçada de vez. Sem saber exatamente por que ele tinha sido levado para interrogatório, e se era culpado ou inocente, fiz a promessa a mim mesmo de que, quando tivesse meus filhos, eu nunca os colocaria em uma situação similar, e nunca os deixaria serem obrigados a ver policiais entrando em casa no meio da noite e me levando para longe deles.

Trinta e quatro anos se passaram até que reuni coragem, aos 44 anos, para confrontar meu pai e perguntar de uma vez por todas o que tinha acontecido exatamente ali. Só então, pela primeira vez, ouvi de sua boca a história kafkaniana sobre dois sacos de areia que tinham desaparecido do local de obra de outra empreiteira. Ele me disse que queria terminar um trabalho que precisava entregar para um cliente e que tinha ficado sem material de construção. Decidiu pedir um favor pessoal para um empreiteiro conhecido e teve permissão para pegar dois sacos de areia "emprestados". Mas ninguém se lembrou de informar ao segurança do local da obra, nem para os vizinhos muito observadores: eles tinham certeza de que meu pai era um ladrão que aparecera em uma picape, carregara alguns sacos de areia e partira, e rapidamente relataram para a polícia. Meu pai, é claro, foi liberado depois de uma curta investigação, porque os policiais localizaram o empreiteiro, que confirmou a história, e perceberam que tudo não passava de um mal-entendido. Ele chegou em casa tarde da noite, mas eu já estava dormindo. Quando acordei, corri até seu quarto, na esperança de encontrá-lo dormindo ali e perceber que tudo não passara de um pesadelo, mas ele não estava lá. Já tinha saído para trabalhar.

Eu só soube de tudo isso depois do fato. Naqueles anos, não ousei, como disse, fazer perguntas "enxeridas". E aquele tempo sem saber a verdade (que, como costuma acontecer, era muito mais simples do que o que se passava na minha imaginação) me fez preferir a segurança de ser um empregado e de tomar outra firme decisão: eu nunca ficaria devendo. Na minha casa, você nunca vai ouvir a expressão "no vermelho". Nem eu nem meus filhos sofremos por causa de dinheiro.

...

Para equilibrar um pouco, é importante compartilhar as coisas incríveis que recebi dos meus pais também. Do meu pai, recebi o charme pessoal — a habilidade de ser a "alma da festa" e de me conectar com todo mundo com abraços e carinho. Meu pai nos abraçava e nos dava muito amor, em uma época que as pessoas não costumavam demonstrar afeto e afeição. Quando todo mundo dava um tapinha na cabeça dos filhos, meu pai nos dava um abraço. Também recebi dele o amor pelos esportes e a habilidade de praticá-los.

No oitavo ano, meu pai era o campeão escolar de Israel, correndo sessenta metros em 7,4 segundos. Ele falava sobre como as pessoas costumavam chamá-lo na rua com admiração: "7.4". Tinha um coração caloroso e simples, no melhor sentido da palavra. Quando eu era criança, meu pai era tipo um herói para mim.

De minha mãe recebi um amor pela leitura e pela busca por conhecimento. Ela costumava me comprar livros o tempo todo. Li centenas de livros durante a infância: enciclopédias, assim como atlas e histórias fascinantes sobre exploradores de todo o mundo. Depois, parei de ler até os 27 anos, então voltei ao hábito e li mais centenas de livros (não, não estou exagerando). Agora, em geral, compro um livro novo por semana e vou toda noite para a cama com um livro.

Enquanto estou escrevendo estas linhas, meu pai e minha irmã estão participando do meu curso como membros VIP do "O Código do Vencedor - grupo *Platinum*", e minha mãe é a mascote da empresa "O Código do Vencedor". Ela faz questão de participar de todas as nossas atividades — apresentações, seminários e os eventos do grupo *Platinum* — desde o primeiro até hoje.

...

Durante toda nossa vida, deslizamos por uma escala que vai do prazer à dor. Fazemos tudo que é possível para desfrutar alguns momentos de prazer, em geral, para evitar a dor. Hoje, sei que a história que vivi quando criança teve um impacto em minha vida financeira ao longo dos anos.

Por um lado, tomei a decisão de que nem eu nem meus filhos seríamos humilhados por causa de dinheiro. Jurei que nunca — nunca — teria problemas de crédito e, de fato, não tenho. Por outro lado, essa lembrança me impediu de ter meu próprio negócio ao longo dos anos. É perigoso ter uma empresa, dizia para mim mesmo.

Mas, espere, estávamos na Áustria, certo? Desta vez, quando cruzei a linha de chegada depois de onze horas e 27 minutos, eu estava em boa condição física, falando relativamente bem e ciente do que acontecia ao meu redor: o clique das câmeras, a comemoração da multidão, as bandeiras coloridas — tudo em plena luz do dia. Terminei antes de escurecer, não como no Arizona.

Ortal estava entre os espectadores. Eu me sentia cheio de energia; tiraram minha foto com a bandeira de Israel e meus amigos como lembrança. Estava tomado por um sentimento de realização e euforia. Naquele mesmo momento, também cruzava a linha de chegada do capítulo militar da minha vida. Eu sabia muito bem que pertencer ao clube "Sub 12" era maravilhoso e dava um sentimento satisfatório de orgulho, mas ninguém pode viver disso. Daquele ponto em diante, tinha que escolher minha direção e começar a correr com toda minha força. Senti uma tremenda animação, ansiedade e medo.

...

Uma nota pessoal: até os estágios finais de escrever este livro, eu não tinha certeza se incluiria este capítulo, que contém uma parte tão pessoal da minha história com meus pais e minha infância. Nunca falei sobre minha infância de um jeito tão franco, e é importante explicar mais uma vez que não tenho, e jamais tive, intenção de ferir os sentimentos dos meus pais, a quem amo e aprecio muito.

Também não estou tentando ilustrar a "amargura do meu destino" — Deus me livre. Não sou uma pessoa que se queixe ou reclame e nunca senti pena de mim mesmo. Para minha grande alegria, tempos depois, cada um de meus pais iniciou um bom relacionamento e hoje estão vivendo felizes, cada um com seu novo parceiro.

Então, por que este capítulo foi incluído, no fim das contas?

Por duas razões principais.

1. Para salvar as crianças

Estou falando com você — pai e mãe, ou qualquer um que tem ou terá um filho. Crianças são pessoas. Pessoas pequenas. São talentosas, enérgicas, curiosas, espertas e cheias de vida. E são equipadas com receptores abertos e com uma sensibilidade muito elevada. Você precisa saber que não existe uma "quarta parede" ("a quarta parede" é um conceito que vem do mundo do teatro e descreve a parede imaginária que separa o palco da plateia).

As crianças ouvem, veem, sentem, interpretam, ficam assustadas e preocupadas. Quando os pais brigam e se insultam, os filhos veem isso e ficam tensos, se preocupam. Eles não veem os pais fazendo as pazes e fazendo amor no privado. Não veem o quadro completo. Mantenha-se sob controle e não os machuque. Assuma a responsabilidade. Cada vez que abrimos a boca ou fazemos alguma coisa, estamos criando uma história interna em nossas crianças. Devemos prestar atenção. Estar cientes disso e não criar dor, traumas desnecessários e percepções repressivas neles. As crianças enxergam os pais como heróis. É como devemos ser. Elas precisam de pais a quem possam amar e apreciar.

Vamos deixar nossas ações nos fazerem dignos de sermos heróis: heróis não perdem a esperança e não negligenciam as áreas importantes da vida como a saúde, as finanças ou o casamento. Heróis não gritam e machucam aqueles a quem eles amam e não exigem dos outros coisas que eles não conseguem fazer.

Heróis aprendem, se desenvolvem e crescem o tempo todo. Não ficam ocupados em sobreviver, porque decidiram crescer além disso e estão acima de seus problemas; e eles dão amor, respeito e um sentimento de segurança para aqueles que confiam nele. Sob quaisquer condições.

Heróis assumem responsabilidade pela sua vida e pelas circunstâncias de sua vida. Servem como fonte de inspiração e como exemplo para aqueles que estão ao seu redor. Heróis têm corações grandes e ombros largos. Pais são líderes. Uma criança não deveria perceber, aos sete anos de idade — ou mesmo na idade de dez ou dezoito anos —, que não tem ninguém em quem se apoiar.

"O que quer que você queira que
seus filhos façam — seja!"
Alon Ulman

"A coisa mais importante que um pai pode
fazer por seus filhos é amar a mãe deles."
Theodore Hesburgh

2. Para dizer algo importante para todas as crianças entre nós

Isto é tanto para aqueles que têm filhos agora ou que foram filhos de pais que "fizeram e disseram isso e aquilo para eles" e que acreditam que esta é a única razão pela qual não conseguem alcançar seus objetivos. Para aqueles que estão lendo este livro, quero dizer o seguinte: seu passado não é indicativo do seu futuro. Podemos fazer tal qual nossos pais fizeram e então teremos os mesmos resultados que eles. Mas também é possível fazer exatamente o oposto. É uma escolha — uma escolha que é totalmente sua. Não fique zangado com seus pais. Deixe isso para lá. Nem que seja para seu próprio bem, se ainda não fez isso.

Tenho certeza de que seus pais fizeram o melhor que puderam na época. Na maioria dos casos, eles eram muito jovens, inexperientes e sabiam muito menos do que sabemos hoje. Eles nos amavam e achavam que estavam fazendo o melhor para nós, mesmo quando passavam a maior parte do tempo lidando com a sobrevivência diária e a falta de controle. Hoje, como adulto, você tem a capacidade de escolher o que é certo para você. E, por mais profundas que sejam as dificuldades que viveu no passado, isso é o quanto sua alavancagem é grande hoje.

Ah, e mais uma coisa: lembre-se de construir sua vida de modo que sempre esteja presente para seus entes queridos, e *então esse alguém que você ama — e que ama você — sempre estará o esperando na linha de chegada.*

CAPÍTULO 14

O que está entre nós e o sucesso

"Sucesso não é sorte."
Alon Ulman

Gostaria de dizer para você que, quando fui dispensado das Forças de Defesa de Israel, em julho de 2007, os céus se abriram e eu, imediatamente, descobri meu chamado e comecei a viver feliz desde então. A segunda metade da frase é bem precisa, mas o "imediatamente" levou tempo, porque pegar atalhos e ultrapassar barreiras exige saltos de consciência. Ainda que eu tenha tido minha dose de limites ultrapassados, meu objetivo tipo C ainda está diante de mim, e o fim do meu caminho da vida militar foi só o início da minha nova jornada para realizar esse objetivo. Para pessoas que me dizem "Você teve sucesso do dia para a noite", cito o comediante Eddie Cantor, que diz: "Leva-se vinte anos para fazer sucesso do dia para a noite".

Quando pergunto para as pessoas por que elas não estão hoje, neste instante, vivendo a vida que queriam viver, elas de repente percebem que nunca pensaram muito nisso. Todos queremos ter sucesso, ser feliz, rico, saudável, alegre, bom pai ou boa mãe, possuir boa aparência, ser contente e autoconfiante, ter alta autoestima, contribuir para a comunidade etc., mas, cá entre nós — *psiu, não conte para ninguém* —, a maioria não terá nem será nada disso.

Já vimos que cada pessoa pode ter sucesso e que é possível aprender como fazer isso. Se é assim, você já se perguntou por que, mesmo assim, as pessoas não conseguem o que querem? Por que a maioria das pessoas não vive a vida que queria viver?

Com o tempo, percebi que, com frequência, as pessoas, descobrem que estão sendo impedidas pelas mesmas coisas. Na última década, mais ou menos, e durante meu trabalho com milhares de indivíduos, reconheci quatro barreiras principais. Além delas está nossa versão especial de nós mesmos, nosso "Grande Eu".

As quatro barreiras para o sucesso

As pessoas não conseguem o que querem e não crescem na medida em que podem, porque:

1 - Não conhecem as regras;
2 - Não sabem o que querem;
3 - Têm medo;
4 - Têm hábitos que não as deixam seguir em frente (ao contrário dos hábitos dos vencedores).

Veja um garotinho, por exemplo. Coloque-o no primeiro ano do Ensino Fundamental e volte para buscá-lo no final de seu período na escola. É a mesma criança? Não, ele cresceu e se desenvolveu física, mental, emocional e espiritualmente. Seu vocabulário, padrões, conhecimento, capacidades etc., todos aumentaram.

Em comparação, veja pessoas que estão entre trinta e 42 anos ou entre quarenta e 52 anos, com a mesma diferença de doze anos entre elas. Algumas delas continuarão as mesmas, sem mudanças: elas têm os mesmos pensamentos, os mesmos amigos, as mesmas opiniões, a mesma renda... Outras alcançam uma posição profissional mais alta, ganham mais dinheiro, sabem mais, têm relacionamentos mais satisfatórios, e continuam crescendo. Qual é a diferença entre elas?

1. As pessoas não conhecem as regras

Na minha visão, as regras do mundo estão divididas entre internas e externas. O primeiro grupo, as internas, são universais, enquanto as externas são criadas pelos humanos e são ensinadas em nossas escolas e universidades — as regras do transporte, dos impostos, das regulações, da contabilidade etc. Mas existe a teoria e existe a prática. Se o mundo funcionasse só de acordo com as regras externas, todos os investidores seriam milionários, todos os psicólogos teriam relacionamentos incríveis, todos os filhos de professores seriam alunos espertos e de destaque, todos os nutricionistas estariam em forma, todos os conselheiros amorosos teriam bons casamentos e todos os sexólogos seriam... Tudo bem, eu não disse nada — mas já está em sua cabeça!

> "Dez centímetros de aprendizado sobre si mesmo valem mais do que dez quilômetros de teoria."
> Alon Ulman

Quem quer que entenda as regras internas — aqueles elementos universais que estão sempre operando, os princípios pelos quais tudo funciona — e as use, e que trabalhe em harmonia com elas e não contra elas, tem sucesso. Enquanto isso, todos os demais continuarão lamentando: "Não há nada a ser feito", "É destino", "É carma", "Ou você tem ou não tem". Mas quem entre eles vai aumentar suas chances de viver a versão melhorada de sua vida?

Quando agimos em harmonia com as regras, é possível obter sucesso com facilidade e pouco esforço. Você se lembra daquele cara que se senta em frente à televisão com o controle remoto nas mãos e uma mancha permanente de ketchup na roupa? Aquele que gerencia o mundo de sua poltrona, discutindo em voz alta com os políticos e se ressentindo de sua (e da nossa) realidade? É um exemplo clássico de alguém que não entende as regras.

Imagine, por um instante, um jogador de futebol que conhece todas as regras, exceto uma: a regra que diz que é proibido tocar na bola com a mão. Ele tem chance de ter sucesso? Não. Já que não conhece essa regra, ele vai parecer patético para o restante dos jogadores e dos espectadores e, pior ainda, será o último a saber que é patético. Porque ele não sabe a regra, e "você não sabe que não sabe, até saber". Ele entra em campo, todo animado. Segura a bola, sai correndo na direção do gol para marcar e as arquibancadas balançam com as gargalhadas. Alguns dos espectadores vaiam, "buuuuu", e outros xingam; o juiz dá ao jogador um cartão amarelo, e quanto ao jogador em si? Ele está desapontado, frustrado e, principalmente, zangado. "Fiz o melhor que pude. Esperei esta oportunidade por toda minha vida! E, olha, eu joguei no gol. Onde errei"?

Pessoas zangadas ao nosso redor respondem basicamente da mesma forma: trabalham de manhã até a noite, até a exaustão... E estão zangadas. Elas não entendem as regras. Afinal, o mundo inteiro não pode ter um único propósito — fazer mal a elas. Será realmente que seus filhos vieram ao mundo só para atrapalhar? Para ser um empecilho? Não. Mas alguém que não sabe o que quer trabalha contra as regras, e não com elas. Creia você em Deus ou na natureza, as regras universais são criadas por um poder maior. Essas regras estavam aqui antes de nós e estarão depois de nós, e sempre serão aplicadas e estarão operando independentemente se sabemos disso ou não.

Por exemplo, a lei da gravidade. A lei da gravidade não se importa se eu concordo com ela ou não, se acredito nela ou não, se confio nela ou não. Ela não me conhece e não é consciente da possibilidade de conhecê-la ou desconhecê-la.

Isso é chamado de "trabalhar em harmonia" ou "trabalhar em desarmonia". Em linguagem simples, é sobre trabalhar com a lei universal ou contra ela. Todos sabemos que o jeito mais fácil de descer de um telhando é pulando, mesmo assim, nós não fazemos isso por uma única razão: conhecemos a lei. Sabemos o que vai acontecer.

Conhecer as regras é um conceito básico necessário para jogar o jogo da vida com sucesso. Depois que conhecemos as regras, temos que perguntar o que entendemos como vitória.

A maioria das pessoas vive na total ignorância a respeito do jeito como vivem, pensam, sentem e agem, e sem saber as regras da vida. E então o que acontece? No futebol, é óbvio, mas também na vida: quem quer que grite com seus filhos e não estabeleça um objetivo para si mesmo todo dia não entende as regras. Quem quer que tenha uma classificação de crédito ruim não entende as regras. Caso contrário, não estaria assim. Isso não tem nada a ver com talento. E o que aprendemos na escola? Isso mesmo — as regras externas. Reunimos conhecimento e educação. Conhecimento é excelente, mas há uma diferença entre conhecimento, e educação e consciência. Se alguém, por exemplo, é professor de Biologia e bate em seus filhos, o professor é educado? Sim. Mas qual é o nível de consciência dele? E se ele está devendo no banco? Não é porque não tem talento. Mas, sim, porque não conhece as regras do jogo do dinheiro, por exemplo.

2. As pessoas não conseguem o que querem porque não sabem o que querem

> "Pessoas de sucesso sabem o que querem.
> O resto de nós sabe o que não quer."
> Alon Ulman

Quais as chances de acertar bem no alvo quando você não enxerga o alvo? Nove em dez adultos não são capazes de responder estas questões: "O que você quer? Quais são seus objetivos na vida?".

Eles sabem dizer o que não querem: onde não querem trabalhar, com quem não estão dispostos a viver, como não querem que falem com eles.

Mas o que *você quer*? Quais são as três coisas que, se acontecessem para você neste ano, em sua vida pessoal, em sua carreira, em seus estudos, em seus relacionamentos, o fariam feliz? A maioria das pessoas nunca pensou nisso.

Segundo estudos, cerca de 10% das pessoas estabelecem objetivos para si mesmas, mas apenas 3% os escrevem. Então, quais são as chances de atingir o alvo quando não está claro nem mesmo onde o alvo está? Imagine-se jogando um jogo no qual você precisa marcar pontos, mas o alvo está sempre se movendo e desaparecendo. Quais são as chances de acertá-lo?

Mesmo pessoas realizadas, que sabem como alcançar objetivos nos negócios e escrevem planos de negócios, que impõem a implementação de tais programas, exercem influência sobre dezenas e até centenas de pessoas e tomam conta de grandes orçamentos, até mesmo muitas delas não têm seus próprios objetivos pessoais! Elas não pensaram nisso até agora. E, se pensaram, não sabem como alcançá-los.

Eu também vivi assim. Sempre posterguei me perguntar "O que eu realmente quero fazer", porque não tinha ideia de como começar a responder.

Quando sair das forças armadas, meu subconsciente me dizia... *Vamos decidir quando sair das forças armadas.* E ali estava eu, prestes a ser dispensado do serviço militar. Levei 23 anos e meio para ser dispensado das forças armadas, e ainda era incapaz de responder essa pergunta sobre o que queria fazer. Não que eu precisasse, tivesse ou fosse capaz de fazer. Porque, assim como você, todos nós somos capazes de fazer um monte de coisas. Mas o que realmente queremos? Qual é nossa imagem vencedora?

O que eu quero ter nos próximos cinco anos? O que quero fazer? Que pessoa quero ser e que tipo de vida quero ter? Se não sabe como responder a essas perguntas ou não está interessado em lidar com elas, quem fará isso?

Perguntei a mim mesmo: *O que eu quero? Não do que preciso ou tenho que...* E eu não sabia, naquela época, como responder a essa questão. Não tinha ideia de por onde começar a fim de fazer um trabalho significativo. Precisei de um processo de nove meses inteiros trabalhando nisso até ser capaz de articular e escrever o que eu queria em um bilhete.

Deve haver um caminho mais curto, mais acessível e prático para as pessoas descreverem sua imagem vencedora, pensei comigo mesmo. Esse foi meu primeiro motivo para inventar o modelo do "O Código do Vencedor". Uma coisa que me faz feliz hoje é ver como os participantes dos seminários do "O Código do Vencedor" facilmente criam uma imagem vencedora de si mesmos, enquanto trabalham com as ferramentas certas, as quais eu não tive.

Eles falam comigo nos seminários sobre desejo. Desejo deve ser formado ao redor de alguma coisa. Cada míssil e torpedo sofisticado é equipado com controles tipo servo e sistemas de controle de cruzeiro que podem apontá-lo com precisão na direção de qualquer alvo, assim como um sistema de correção de erro que permite ajustar qualquer derivação no caminho que possa ocorrer no percurso até o alvo. Já mencionei que o cérebro de cada pessoa comum é equipado com múltiplos sistemas fortes que ajudam a alcançar os objetivos estabelecidos. Mas um míssil disparado sem um alvo definido — qual é o sentido disso?

Quando nosso desejo é formado ao redor de um objetivo, temos alta energia, propósito e ansiedade. Para pessoas sem ambição e objetivo há tédio, futilidade, baixa energia e habilidades e poucas competências que são simplesmente espalhadas ao vento. Pessoas que sabem o que querem são capazes de mover montanhas.

Este é o princípio do foco: se saímos ao sol, os raios emitidos bronzeiam nossa pele em poucas horas. Se segurarmos uma lente de aumento, o que acontece? Seremos queimados em questão de um minuto pelos mesmos raios de sol. A força dos raios não mudou, porém a força do que foi projetado em nossa pele mudou por causa do foco da lente de aumento. Quando focamos todos os raios em uma direção, conseguimos um raio laser. É assim que funciona para pessoas que têm o desejo focado em um objetivo que é importante para elas.

"A falta de direção, não a falta de tempo, é o problema.
Todos temos dias de 24 horas."
Zig Ziglar

A falta de direção é o maior "ladrão" da vida. Pessoas que sabem o que querem encontram-se no primeiro degrau da realização. Neste sentido, crianças pequenas são o máximo da eficácia. Elas sabem a todo momento o que querem e estão focadas em alcançar seus objetivos.

"Vencedores — assim como crianças — têm objetivos
a todo momento e agem para alcançá-los. O resto das
pessoas foca no que não quer e age para passar o tempo."
Alon Ulman

Vamos dizer que você já saiba o que quer alcançar em sua vida. Por que não aconteceu até agora? O que o está impedindo?

Pense em algo que sempre quis. Se tudo fosse possível e não houvesse chance de falhar — se o sucesso fosse inevitável —, o que você faria? Por que não aconteceu até agora?

3. Medo

O medo define nossos limites como indivíduos e como grupos. "O que vai acontecer se eu não tiver sucesso? O que vai acontecer se fracassar? Sou jovem demais. Sou muito velho, não vão me deixar...". O medo da pobreza paralisa muitas pessoas, juntamente com o medo de acabar sozinho, o medo de que ninguém vai nos amar, o medo das críticas — "O que vão dizer?", "O que vão pensar?" e "O que vai acontecer se..."? O medo de perder nossa saúde e ficarmos doentes, o medo de envelhecer, o medo da morte, o medo de plateias e o medo que muitos carregam bem lá no fundo — "não sou bom o bastante".

A verdade é que pessoas de sucesso também sentem medo. O medo é natural. Uma pessoa que não tenha medo algum é deficiente no entendimento da realidade. Eu não gostaria de seguir líderes que não tivessem medo.

Heróis também sentem medo, no entanto, agem *apesar do medo.* Líderes agem pela grandeza, não pelo medo. A maioria das pessoas deixa o medo indicar suas limitações, depois permanece em sua zona de conforto pela vida toda. E outra coisa aparentemente absurda que descobri indo mais fundo: uma pessoa que está disposta a fazer só o que é confortável para si vai se encontrar vivendo uma vida bem desconfortável. Uma pessoa que está disposta a fazer o que precisa ser feito para criar a vida que quer vai viver uma vida que outros chamam de desconfortável. Entende-se que estão basicamente escalando e, para os alpinistas, isso nunca é confortável. Escalar não é confortável. O mecanismo de ultrapassar os limites está do outro lado do medo.

Eu levei nove meses — NOVE meses inteiros — para escrever, definir e criar para mim mesmo: aquele único bilhete. Um bilhete no qual escrevi com palavras curtas e simples o que eu queria. Durante aqueles nove meses de "gravidez", não me sentia confiante e, em geral, sentia medo. A maioria das ações que realizamos são feitas por medo. Embora o medo seja um mecanismo natural e totalmente normal, a verdade é que a maioria dos medos que preenchem nossa vida são imaginários, como pensamentos de coisas horríveis que poderiam acontecer, mas não acontecem. Medos que não se realizam. Poderíamos viver a vida inteira com esses medos imaginários nos atrapalhando e nos impedindo de viver plenamente no sentido total da palavra.

Não é impressionante que a maioria das ações feitas pela maioria das pessoas se origine no medo? E ainda mais impressionante se considerarmos o fato de que isso não acontece por falta de escolha, pois há uma alternativa: podemos viver com o medo sendo nossa força motora e podemos escolher outra possibilidade — que é chamada grandeza. Quando agimos pela grandeza que há dentro de nós (e não há uma pessoa que não tenha grandeza ou — se preferir — uma versão melhor de si mesma), temos um grande negócio (em termos de grandeza), uma família maravilhosa e vidas ótimas e incríveis no sentido pleno da palavra.

Ensinamos nossos filhos a terem medo. Quando eles não comem as almôndegas que foram servidas no jantar, dizemos para eles: "Se não comer, o policial vem buscar você". *O que quer dizer com policial? E por que eu tenho que comer se não tenho fome?* Como é possível criar uma pessoa para ouvir seus desejos internos quando ela é forçada a agir com base no medo, na preocupação de desagradar quem está ao seu redor e na ameaça de perder tudo o que tem?

"Cuidado com pessoas que não têm medo. Heróis não são pessoas que não têm medo. Eles têm medo e agem apesar do medo. Crescem acima dos problemas e dificuldades. O restante permite que o medo estabeleça os limites para si."
Alon Ulman

Quantas pessoas que você conhece têm medo de deixar um emprego chato que as esgota e lhes causa sofrimento?

"Preciso ganhar a vida", elas dizem. "O que vai acontecer se eu não ganhar nenhum dinheiro? Que outra escolha tenho? Preciso fazer isso".

"Não", eu digo. "Você não precisa fazer; você quer fazer, e há uma grande diferença entre os dois. O mecanismo de ultrapassar os limites está além do medo, e você pode ir além, mas espera".

Antes disso, chegamos à quarta razão pela qual a maioria de nós não vive uma grande vida.

4. As pessoas não alcançam o que querem porque têm hábitos que não as deixam seguir em frente

Se prosseguirmos na presunção de que todos temos hábitos (Lembra? Hábitos = ações que repetimos várias vezes), podemos distinguir entre os hábitos que nos fazem avançar e aqueles que nos atrapalham ou nos bloqueiam, nos impedindo de avançar para onde queremos estar ou sonhamos estar. Por mais estranho que soe, alguns dos hábitos que não nos deixam seguir em frente são hábitos dos quais estamos cientes. Sabemos quais são e, mesmo assim, continuamos a mantê-los e permitimos que nos controlem.

Um hábito particularmente comum — que conheci de perto — é fumar. Uma pessoa que acende um cigarro vinte vezes por dia tem hábito de fumar. Uma pessoa que chega em casa do trabalho todos os dias e grita com os filhos (que o quarto está uma bagunça, que não fizeram a lição de casa) também tem um hábito. Uma pessoa que gasta mais dinheiro do que ganha tem um hábito de fazer dívidas e convence a si mesma que "é culpa do banco". Mas o hábito ainda é dessa pessoa, não do banco.

O que nos faz adotar determinados hábitos e não outros? Qual é o motivo pelo qual pessoas bem-educadas fazem coisas repetidas vezes, mesmo quando estão machucando a si mesmas e às outras pessoas e mesmo que, de outra forma, estariam dispostas a fazer qualquer coisa para parar de fumar, parar de comer *junk food*, parar de gritar, parar de humilhar os filhos ou a esposa, parar de entrar em mais dívidas? Na verdade, alguns de nós continuamos a manter hábitos que machucam a nós mesmos e aos demais.

Você se lembra da história interna? Daquele pensamento que se repete sem parar? O condicionamento, se você preferir. Bem, temos uma história interna sobre tudo: sobre o casamento, sobre paternidade e maternidade, dinheiro, sobre nossa capacidade, a realidade ao nosso redor, as relações humanas. E, assim como os hábitos, as histórias internas podem nos fazer avançar e nos fazer crescer ou podem nos bloquear e nos atrapalhar.

Vou voltar ao nosso Sistema Operacional Humano: nossas histórias internas constroem nossos hábitos, nossos hábitos se acumulam em nosso caráter único e, no fim do dia, suspiramos e dizemos: "O que mais posso fazer? É minha personalidade".

Sério? Será que realmente é sua personalidade, vamos dizer, negligenciar ou abandonar seus desejos? E, se não, quem é esse homem ou essa mulher que está negligenciando sua vida? E quem supostamente deve nutri-la?

Assim como no exemplo do escorpião e do sapo ("É minha natureza"), aqueles que reclamam que outros comeram e beberam o que era deles, aqueles cujos pais fizeram "X" para eles ou que deixaram o parceiro esfaqueá-lo pelas costas vão afirmar que têm o tipo de personalidade que permite que "X" faça "Y" para eles.

Então, um dia, seu filho vai chegar em casa e dizer que foi suspenso da escola porque jogou uma cadeira na professora. A pessoa vai olhar para o filho, chocada, e perguntar:

— Mas por quê? Por que você fez isso?

E a criança vai revirar os olhos e responder:

— O que quer dizer com por quê? Ela me irritou. O que mais eu podia fazer? É minha personalidade.

E então o que dizer para o filho? Que não tem ideia de onde a criança aprendeu aquilo? Mesmo que seja verdade, mesmo que existam coisas que façam parte da "minha personalidade", essas coisas também podem ser mudadas. Árvores e pedras não podem ser mudadas, mas nós podemos. Talvez não seja fácil, mas a verdade é que é possível e vale a pena. Quando nossos pensamentos mudam, nós mudamos. Quando nossos padrões se elevam, nós mudamos.

"Toda vez que quiser escolher o que fazer, pergunte para si mesmo: 'Isso vai me fazer avançar? Como a pessoa que eu gostaria de ser se comportaria'? E você saberá o que fazer."
Alon Ulman

"Uma ação que se repete = um hábito, uma coleção de hábitos = caráter."
Alon Ulman

Não há hábitos bons e ruins. A questão é se esse hábito o faz avançar na direção de seu objetivo e na direção da pessoa que você quer se tornar. Se não, o que pode ser feito?

"Somos o que fazemos repetidamente. A excelência, portanto, não é um ato, mas um hábito."
Aristóteles

As quatro barreiras para o sucesso são, na verdade, também os quatro caminhos que nos levam à grande versão de nós mesmos e à vida que sempre quisemos. Imagine que vida ótima podemos construir para nós mesmos e como a vida será quando:

1. Conhecermos as regras.
2. Soubermos o que queremos.

3. Soubermos o que nos impede e como ir além disso.
4. Estabelecermos hábitos vencedores para nós mesmos.

Nos seminários da "O Código do Vencedor", nós investigamos e praticamos todos esses quatro caminhos.

"Primeiro fazemos nossos hábitos,
depois nossos hábitos nos fazem."
John Dryden

Uma pessoa que internalizou o Sistema Operacional Humano (veja na pág. 175) já sabe que hábitos podem ser mudados, dependendo do que você escolhe fazer quando um ônibus de biquíni passar.

Na comédia estadunidense da década de 1990, *Debi & Lóide*, estrelando Jim Carrey e Jeff Daniels, há uma cena desconfortável que às vezes compartilho com os participantes dos meus seminários. Quando as gargalhadas param, olho para as pessoas e sei que, a partir daquele ponto, a frase "um ônibus de biquíni" vai significar para elas as oportunidades perdidas na vida.

Na cena, vemos Lloyd e Harry caminhando pelo acostamento de uma estrada, em algum lugar no deserto, quando, de repente, um grande ônibus para perto deles, lotado de belas mulheres de biquíni. Três voluptuosas mulheres descem do ônibus. Uma delas se dirige aos dois e diz:

— Oi, rapazes, estamos participando do Torneio Nacional de Biquíni e precisamos de dois rapazes para nos passar óleo antes de cada apresentação.

Uau! Eles olham um para o outro, e Harry responde imediatamente, sem hesitar:

— Estão com sorte! Tem uma cidade a cerca de cinco quilômetros daqui. Tenho certeza de que conseguirão encontrar dois rapazes lá!

As jovens olham para ele desapontadas e dizem:

— Ok, obrigada.

A porta do ônibus se fecha e o veículo parte.

Um segundo depois, Lloyd se vira para Harry e diz:

— Você tem alguma ideia do que acabou de fazer?

E os dois começam, imediatamente, a correr desesperados atrás do ônibus. Eles correm para alcançá-lo, e o veículo para. A porta do ônibus se abre, e Lloyd fica parado ali, ofegando, sem ar, e diz para as garotas:

— Vocês precisam desculpar meu amigo, ele é um pouco lento. A cidade... Na verdade é para o lado de lá!

Mais uma vez, com o desapontamento no rosto das garotas, a porta do ônibus se fecha e ele vai embora. Harry e Lloyd caminham desapontados e dizem um para o outro:

— Dois caras de sorte vão se divertir esta noite...

— Sim, um dia teremos sorte... Você só precisa abrir os olhos e ficar alerta.

Se a falecida avó de meu pai estivesse assistindo a essa cena, ela, definitivamente, teria dito:

— Se eu não fosse o motivo da piada, também teria dado risada.

Mas é exatamente como nos comportamos regularmente. Dezenas de ônibus de biquíni metafóricos passam por nós, e os guiamos até a cidade na outra direção. Então, não é de se estranhar que sejamos deixados no acostamento da estrada com uma nuvem de poeira no rosto e sintamos que não tivemos sorte mais uma vez.

Deus ou o Universo nos manda oportunidades constantemente — na linguagem do "O Código do Vencedor", ônibus de biquínis. A questão é: estamos preparados? As pessoas caminham pelo mundo com uma barreira de desenvolvimento que está incorporada no conjunto mais perigoso de palavras — "Eu sei". *Mas aqui está o lembrete:*

"Você não sabe que não sabe, até saber."

Desconhecido

Como sabemos se alguém realmente sabe alguma coisa? Tente pensar como uma criança de sete anos. Com as crianças, tudo é claro: como sabemos se alguém sabe como fazer dinheiro? Ah, é simples: essa pessoa tem muito dinheiro. Como sabemos se alguém é capaz de ter um bom relacionamento? Isso é fácil: essa pessoa tem muito amor em sua vida. Mesmo assim, quem entre nós encontrou uma personalidade que professa ser "excelente em relações" e quando você a desafia gentilmente e a lembra que ela está no quinto casamento, e mesmo este casamento não está se aguentando, ela suspira e diz: "Tudo bem, é porque todas a minhas esposas são...".

E quando você diz para essa pessoa: "Mas seus filhos tampouco falam com você", ela diz que "As crianças hoje em dia são...".

E quando tentamos dizer "E seus empregados se ressentem de você pelas costas", a pessoa já está pronta com um "Você tem ideia de como a ética do trabalho é negativa neste país"?

> "Como sabemos se alguém sabe alguma coisa no mundo real? Se os resultados dele ou dela atestam isso."
> Alon Ulman

É verdade que ninguém é perfeito. Mas, para uma pessoa que reage assim, esse será o ponto mais alto de sua vida. Ela não alcançará um lugar melhor ou mais alto porque sua história interna está bem-organizada, e ela vão vai parar de acreditar nisso nem por um instante. Mas aqui está a boa notícia: a estrada está cheia de ônibus de biquíni.

Sim, a vida é cheia de grandes oportunidades e há o suficiente para todo mundo. E não é apenas "sorte", porque sorte — como o filósofo Sêneca disse, e eu mencionei antes — é nem mais nem menos quando a preparação encontra a oportunidade. Alguns estarão prontos, vão reconhecer a oportunidade e entrar no ônibus. Outros vão continuar caminhando pelo acostamento da estrada. Alguns de nós vão sugerir que conseguiram entrar porque "o ônibus estava indo exatamente na sua direção". E há aquelas pessoas que vão dizer: "Aff, mais um ônibus".

Hoje posso olhar para trás na minha vida e ver quantos "ônibus de biquíni" passaram por mim sem que eu os pegasse. Eu tinha um nível de consciência diferente na época. E uma pessoa que espera o dia em que terá sorte — uma pessoa que cruza os dedos para que chegue o dia em que o sucesso virá bater em sua porta — também tem um nível diferente de consciência. Então, é razoável presumir que ela continuará indo para casa se sentindo amarga e zangada, vai gritar com as crianças ou se justificar para o gerente do banco. Essa frustração vem do fato de que essa pessoa não está vivendo a vida que realmente quer — a grande versão de si mesma. E ela desistiu: senta-se deprimida na poltrona e zapeia entre os canais de TV.

Particularmente, acho que isso não é nada menos que um crime. Um crime contra a humanidade: contra ela mesma (nós mesmos), contra seus filhos (nossos filhos). A vida não é algo que acontece ao longe, em um planeta diferente. Está aqui. A tela foi ligada há um tempo; o filme está passando. Nossa vida é o que está acontecendo aqui e agora. Somos a humanidade: você, eu e nossos filhos.

Consigo ver algo ao longe que se aproxima. Acho que é... Isso! Um ônibus de biquíni. Você percebeu?

CAPÍTULO 15

A Fórmula para Ultrapassar os Limites: os seis passos

"Existe realmente uma fórmula para alcançar grandes objetivos e ultrapassar limites?", perguntam os céticos. *Sim, existe uma fórmula*, e é uma pena que eu não estivesse ciente dela aos doze anos de idade. Precisei de uma vida inteira para desenvolvê-la. É estruturada em seis passos. Claro que não se trata de uma poção mágica que funciona por conta própria, independentemente do nosso esforço. A Fórmula para Ultrapassar os Limites só funciona *se trabalharmos com ela*. Uma pessoa que usa os seis passos da fórmula vai conquistar qualquer objetivo que estipular para si mesma. Lembra? A pessoa que tem o impacto mais significativo sobre nossa vida somos nós. E agora apresento para vocês a Fórmula para Ultrapassar os Limites.

...

Passo 1: Um objetivo digno, com um desejo inflexível de alcançá-lo (objetivo tipo C)

O primeiro passo para alcançar qualquer objetivo é ter um objetivo digno. Mas quem decide se o objetivo é digno ou não? É claro que somos nós. Como podemos saber que objetivo é digno de nós? Uma lenda urbana diz que "Há pessoas que têm objetivos, e há pessoas que não". Eu acredito que não exista uma única pessoa na face da Terra que não tenha objetivos. Todo mundo tem objetivos, mesmo pessoas que não estão cientes disso. A diferença é o quanto uma pessoa é consciente de seus objetivos.

O que significa um objetivo digno com um desejo inflexível de alcançá-lo? Quando um objetivo é digno — e estou prestes a explicar o que significa "digno de nós" —, o desejo é parte inerente dele, está embutido nele e é inseparável dele. Por outro lado, se você não tem desejo por ele, é um sinal de que não é um objetivo digno.

Outro ponto a considerar: se colocamos em prática repetidas vezes objetivos que não são dignos de nós, o que estamos fazendo? Nas aulas de Economia, na universidade, você aprende que preço é igual a custo alternativo. Uma pessoa que muda sua vida por objetivos indignos está desperdiçando sua vida. Eu fiz isso por muitos anos e, novamente, não era pobre, mas cumpria meu "dever"; eu "completava as tarefas". Fazia isso muito bem, só que então mais tarefas se seguiam. E então o que acontece? Mais tarefas ainda virão. Esses não são objetivos dignos. Sempre pensei que nossa vida não poderia ser uma coleção de tarefas e missões que precisavam ser completadas a fim de que outras viessem depois. Deveria haver algo mais do que isso, porém eu estava muito ocupado. Não tinha tempo para pesquisar e pensar sobre o que é realmente a vida.

Como comparação, um objetivo tipo C nos faz crescer ao longo do caminho para que sejamos dignos de conquistá-lo.

Convido você, neste exato momento, a rever seu objetivo tipo C em sua mente, enquanto continuamos a conhecer a fórmula.

"Vencedores ultrapassam barreiras como forma de vida;
o restante conquista objetivos de sobrevivência."
Alon Ulman

Um objetivo tipo C poderia ser deixar de ser empregado para se tornar dono de uma empresa ou sair de uma situação financeira precária para ter independência financeira, e de lá para desfrutar uma vida de riqueza e liberdade. Pode ser um objetivo na sua carreira ou onde quer que você escolha.

O *Ironman* foi meu primeiro objetivo tipo C. Mas, a partir do momento em que entendemos como o mecanismo funciona e conquistamos um objetivo tipo C, podemos conquistar cada vez mais objetivos tipo C que não teríamos estipulado para nós mesmos. Nosso escopo se amplia em relação ao que é possível para nós, e o jeito de conquistar esses objetivos se torna sistemático.

...

Passo 2: Um avanço na consciência (Sim, eu posso)

Cada pessoa tem seu próprio jeito de ultrapassar limites pessoais, e o fato de minha descoberta ter ocorrido logo depois do *Ironman* é minha própria história pessoal. Você se lembra de como, no Capítulo 5, Rafi me falou sobre a competição, e eu perguntei para ele: "E você... Você vai"? Lembra como Rafi me olhou direto nos olhos, apontou para meu coração e perguntou: "E você"? A competição de *Ironman*? Isso sequer estava no domínio da minha consciência, em meu escopo. Contudo, desde que ouvi aquela sequência de palavras, aquilo não me deixou em paz. Fui para casa, coloquei no Google as palavras "*Ironman*, Arizona" e comecei a pesquisar, a fazer perguntas. Parecia ultrajante para mim — realmente ultrajante. Totalmente além dos domínios do que era possível para mim. Passei um tempo dando voltas ao redor de mim mesmo, fazendo perguntas, como: "*Eu consigo? Não consigo? Existe uma chance? Não tem chance? Vou ter sucesso*"?

São perguntas que trazem estagnação. Elas me fizeram ficar preso, e eu não avancei um milímetro sequer. Certamente, você já deve ter passado por uma situação dessa, quando se ocupou com esse tipo de pergunta e esse tipo de dúvida. Enquanto isso, você não chega a lugar algum — não em uma área específica, não em qualquer outra área. Em determinado ponto — quando parei de dizer para mim mesmo que estava velho demais e por que eu não tinha tempo e por que "não tinha chance" —, houve uma centelha de um avanço na minha consciência que apareceu na forma de um pensamento, como *"Espere um minuto. Aquele cara tem 47 anos, quatro filhos, trabalha, então... então... Talvez eu também consiga".*

É exatamente assim que os avanços na consciência começam: com um "Talvez eu também consiga". E é como acontece na área das finanças, por exemplo: a maioria das pessoas não estabelece um objetivo tipo C para si mesma, tipo "ficar rico" ou "ter liberdade financeira", porque não está em seu escopo (domínio da consciência). Hoje entendo que, apesar de ter dois diplomas em Economia, não tinha me ocorrido estabelecer um objetivo desse para mim antes de chegar aos 43 anos e ter passado por tudo que já tinha passado.

Mas, sim: uma opção adicional tipo C é independência financeira ou "liberdade financeira" — viver o tipo de vida que você quer com os meios que criar. A interpretação usual do conceito de "liberdade financeira" é viver a vida que você quer sem a necessidade de trabalhar e sem a necessidade de depender de ninguém. Isso parece ser um objetivo digno? Acredito que sim, e o que é mais digno sobre ele é a pessoa que você vai se tornar a fim de chegar lá.

Criar os filhos com liberdade financeira, ser capaz de dar para eles tudo o que quisermos — isso não é só um objetivo digno, mas também um valor moral. Mesmo se usar essa liberdade financeira para salvar o mundo, doar sua fortuna aos necessitados e ficar satisfeito com o mínimo, você ainda será livre. Porque quem não tem não pode dar. E quem tem é livre para escolher se quer doar ou não.

Um avanço na consciência para liberdade financeira exige um salto corajoso de "Não há como eu ter liberdade financeira" para

"Liberdade financeira? Pode apostar". Na minha vida, foquei em não dever no banco. Dever no banco, para mim, era a materialização de todas as horríveis ansiedades e medos que carregava comigo desde a infância. Mas ser rico? Me estabelecer? Quem já ouviu falar deste conceito, "liberdade financeira"? Eu não era sequer capaz de acessar esse nível de consciência. Então, desde o instante em que ultrapassei um limite e soube que podia ultrapassar os limites em outras áreas, isso mudou. Quando o nível de consciência se eleva ao nível no qual formamos objetivos tipo C, não dá para voltar. Assim como na história da Árvore do Conhecimento: quem quer que coma, vai conhecer o sabor da fruta para sempre.

Óbvio que existem muitos mais objetivos tipo C possíveis nas áreas da carreira, da saúde, dos relacionamentos e em todos os outros aspectos da vida.

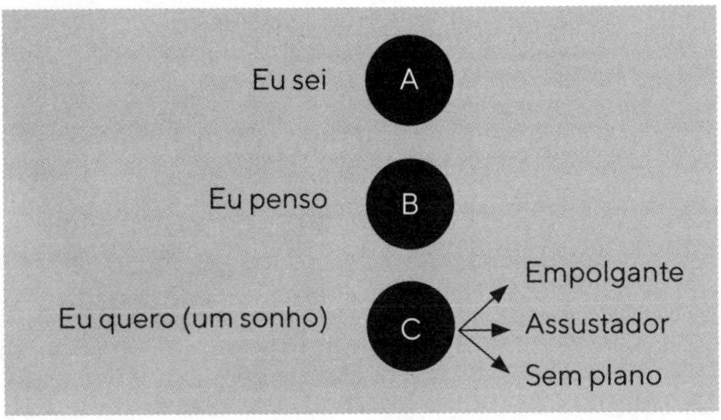

Quais objetivos você estipulou para si e conquistou?

Objetivos tipo A____

Objetivos tipo B____

Objetivos tipo C____

Figura 5: Os três tipos de objetivos

O tamanho da nossa consciência decide o tamanho do nosso objetivo.

Objetivo tipo...	Eu...	O que me faz pensar assim?	Significado deste tipo de objetivo:
A	... Sei que consigo.	Já conquistei no passado, repetidas vezes.	Eles não me fazem saltar da cama pela manhã, não me estimulam, não me proporcionam nenhum tipo de empolgação ou satisfação. Ditam uma vida com baixa energia e sem progresso. São objetivos necessários, mas não o suficiente para a felicidade.
B	... Penso que consigo	"Todo mundo" está fazendo isso. Alguém que é parecido comigo já conseguiu.	Estou vivendo como os personagens da peça *Esperando Godot*. Conquisto e conquisto — e ainda não sinto realização e paz. Há um "vazio na minha alma".
C	... Realmente quero!	Objetivos tipo C são empolgantes e assustadores ao mesmo tempo, e não sabemos como alcançá-los.	Encher minha vida com objetivos tipo C significa viver com alta energia e faz com que eu me sinta cheio de energia e psicologicamente jovem. É um caminho certo para a felicidade, para o significado e o sucesso.

Figura 6: Os três tipos de objetivos

O medo é um claro indicativo de reconhecimento de um objetivo tipo C. Se o mero pensamento de conquistar o objetivo o empolga e o assusta, é um sinal de que:

- Você não alcançou esse objetivo ou um objetivo como este no passado, e não é só mais do mesmo.
- Você realmente quer conquistá-lo. Quando conquistarmos esses objetivos tipo C, deixaremos de ser empregados para nos tornarmos CEO no empreendimento mais significativo que temos: *o empreendimento da nossa vida.*

...

Você já sabe que está prestes a tornar este próximo ano o melhor ano de sua vida — só não sabe ainda como? Excelente!

Assim que completamos os dois primeiros passos, o que ocorre conosco (em nosso coração e nossa mente) é que começamos o processo de crescimento, assim como uma semente que passa por um processo de crescimento e desenvolvimento antes de irromper pela superfície da terra. Mas, a fim de que algo tangível aconteça no mundo físico, *você sabe o que precisa acontecer?*

CAPÍTULO 16

Qual combustível você está usando?

Existe uma ponte entre o mundo interno e o mundo físico. A ponte é chamada "ação". Ação é a ponte para a realização, para a transformação do pensamento e desejo de uma conquista no mundo físico e tangível.

Quando estava sentado diante do computador, em casa, e tinha acabado de dizer para mim mesmo todas as desculpas pelas quais era "uma pena" que eu não podia me inscrever no *Ironman*, ouvi uma voz interna que me dizia: "Covarde, inscreva-se! Não entre nessa — apenas se inscreva".

E foi o que fiz. Apertei "enter", digitei o número do meu cartão de crédito e terminei o processo de registro. Foi uma ação no *mundo físico* que me levou de um lado da "linha das boas intenções" para o outro lado — o mundo real, prático. Quantas pessoas você conhece que vivem anos sem cruzar essa linha e prometem a si mesmas que "um dia" vão passar mais tempo com seus filhos? "Um dia" vão investir mais em si mesmos? Até existe uma expressão para esse "um dia", o dia no qual (talvez) tudo que não acontece agora vai acontecer. Depois de segunda, terça, quarta, quinta, sexta, sábado e domingo, também tem o "algum dia". "Alguma hora". "Quando for". Lá fora, além do arco-íris.

Aqui vai uma pergunta para você: o que acontecerá com uma pessoa que se senta em um quarto silencioso e fechado, se concentra e realiza uma prática guiada de visualização e recita afirmações (declarações positivas e fortalecedoras), como "De um dia para o outro, estarei mais saudável; de um dia para o outro, minha aparência será melhor, mais saudável..."?

Depois de alguns dias, é provável que uma coisa aconteça: ela e seus filhos estarão muito famintos. Por quanto tempo você consegue ficar sentado em um quarto fechado sem sair e realizar ações, como trazer comida para casa?

Passo 3: O primeiro passo (ação!) na direção do alvo

Uma vez, quando eu era "prático", no sentido que entendia o significado do termo na época (que era "não desenvolvido", segundo minha compreensão atual), me deparei com livros de desenvolvimento espiritual e que tratavam de motivação pessoal. Fiz pouco caso das frases que falavam sobre quando você quer alguma coisa, o Universo conspira para ajudá-lo a conseguir.

Aff, que bobagem, lembro de dizer a mim mesmo. *O Universo ajuda pessoas com mais dinheiro? Pare com isso. Tenho mestrado em Economia. Estão tentando vender uma bobagem dessa às pessoas!*

Hoje sei que quem quer que esteja equipado com ambição e um desejo inflexível de alcançar um objetivo verá como o Universo inteiro virá em seu auxílio. Eu costumava pensar que isso era só baboseira espiritual, mas, na verdade, é pura física. O mundo funciona de um modo muito preciso: no minuto em que você dá o primeiro passo no mundo físico (o que significa se afastar de pensamentos limitantes, como "Eu gostaria de poder", para que o motor do "Eu posso" possa ser ligado) e ações são feitas na direção do objetivo, desse momento em diante, é como se você tivesse subido na esteira do Universo.

Os avanços ganham impulso com alguns fatores: do ambiente que o cerca, da energia que você cria ao seu redor, de sua consciência — que agora está aberta para receber qualquer sinal na direção desejada (você vai notar de repente todos aqueles "ônibus de biquínis" em qualquer contexto que seja relevante) — e do fato de que qualquer pessoa que já "subiu na esteira" é diferente da que era antes de dar o primeiro passo.

Assim que me inscrevi no *Ironman*, atualizei a página de participantes e vi: "Alon Ulman, de Israel", e entendi: *É isso*! Estou inscrito. E o que faço agora? Por onde devo começar?

Não tinha ideia, mas tudo mudou. As perguntas mudaram. Você se lembra de como as perguntas que fazemos são mais importantes do que as respostas? Parei de fazer a mim mesmo perguntas, como "Consigo dar conta da tarefa"?, "Será que vão me deixar"?, "Vou conseguir"? e "Preciso de tudo isso ou não"?. Comecei a me fazer só questões progressistas:

- Como vou fazer?
- O que preciso fazer para que isso aconteça?
- Onde posso encontrar o conhecimento, as ferramentas e as pessoas para me ajudar nesse assunto?
- Como chegar na competição física e mentalmente preparado?
- Como garantir que eu termine o percurso?

Óbvio, não tinha ideia no início. Assim como não tinha ideia, aos 42 anos, como ser rico ou como me tornar uma pessoa melhor de um dia para outro. Nada disso tinha me ocorrido como um objetivo possível. Hoje sei que conquistei — e que você vai conquistar — coisas que são muito mais complicadas do que essas. O "interruptor" está localizado na nossa consciência.

Um passo: é tudo que é necessário a fim de se mudar para a terra de possibilidades infinitas. Não é simples, mas é possível.

A vida pode mudar em um instante. Em um único momento de decisão, de ação. Uma decisão tem um poder tremendo.

Depois do fato, o que teria acontecido se eu não tivesse me inscrito naquele dia? Teria dito para mim mesmo o que aparentemente disse no passado sobre tantas outras coisas? *Tudo bem, mais tarde eu me inscrevo. Ano que vem. Não é conveniente agora.* Nunca é conveniente. É provável que eu tivesse voltado ao site no dia seguinte e visto as palavras INSCRIÇÕES ENCERRADAS na tela.

Se não tivesse escolhido um pensamento progressista na barraca que servia como vestiário no *Ironman*, eu teria dito para mim mesmo: *Tudo bem, realmente queria fazer isso desta vez...* Mas como minha vida seria agora se o *Ironman* que está dentro de mim (como existe em cada um de nós) permanecesse oculto? Minha vida inteira provavelmente seria diferente hoje. Lembra-se do nosso "Grande Eu"? Se tivermos o privilégio de prová-lo, de senti-lo, mesmo que por um instante, não vamos parar de querer nos transformar nele.

Muitas pessoas têm o potencial de correr uma maratona. Quem se inscreve? Muita gente pode (potencialmente) ser um pai ou mãe feliz, rico, realizado, excelente, conquistar seu objetivo e ter valor para os outros, então quem vai se inscrever? Digo, quem decidiu que isso vai acontecer consigo? Quem vai se inscrever para transformar sua vida em uma obra de arte? Ou, mais precisamente, quem está prestes a se dedicar a isso, a fazer o que for preciso ser feito para que isso aconteça?

...

Antes de olharmos para o quarto passo da nossa fórmula prática, gostaria de voltar no tempo por um instante e levá-lo comigo para uma visita curta e nostálgica à Escola de Comando e Estado-Maior das Forças de Defesa de Israel. Diferente de qualquer outra unidade operacional das forças armadas na qual estive durante todos os meus anos de vida militar, a Escola de Comando e Estado-Maior é outro mundo. O *campus* verde cria uma atmosfera relaxante que o faz se apaixonar por ele no instante em que adentra por seus portões.

Quando me despedi das pessoas da Escola de Comando e Estado-Maior, fui tomado por uma onda de nostalgia. Eu me lembrei da época em que era diretor do curso de treinamento dos oficiais sêniores (comandantes). Se você quiser, esse curso transforma jogadores de basquete em treinadores e lhes proporciona habilidades de estratégia, comunicação, administração, comando e liderança. Os oficiais avançados do estado-maior com quem trabalhei eram pilotos, soldados blindados, engenheiros e até o comandante da unidade de forças especiais caninas "Oketz" — homens e mulheres de vários campos profissionais. Eu floresci naquele período. Sentia que estava fazendo exatamente o que amava fazer: ajudar as pessoas a tirar o melhor de si mesmas. Visitamos unidades militares e até inventei um slogan privado para minha equipe, que nos acompanhava ao longo do curso: "uma equipe vencedora, um lar acolhedor".

Na minha apresentação do curso, mostrava para eles imagens de pessoas correndo. "Estas pessoas... Elas são vocês", eu dizia para eles. "E vamos correr doze quilômetros juntos". Combinamos o elemento de uma família acolhedora com a dureza militar. Também havia workshops com especialistas em liderança, com quem aprendi técnicas de visão e persuasão, jogos e ideias que me ajudaram a desenvolver e expandir o workshop Eixo de Preparação de Oficiais Sêniores. Sempre amei workshops, porém nunca tive tempo livre para eles — estava ocupado com coisas mais importantes. Ali, eles se tornaram minha preocupação principal. E eu desfrutei cada momento daquilo.

Agora estava parado sob as árvores do gramado da Escola de Comando e Estado-Maior, pensava em como o mundo da instrução era bom para mim. No mundo operacional, eu definitivamente me divertia. Era sempre divertido no mundo do comandante. Adorava comandar, mas tudo o mais sempre parecia um "trabalho" que eu tinha que fazer. E estava tão animado agora, por passar meu conhecimento adiante, para o bem dos outros.

A palavra "trabalho" não me caía bem. Na minha consciência da época, trabalho era sempre sinônimo de algo difícil de fazer, que não desfrutamos, só esperamos que acabe. A atmosfera da Escola de Comando e Estado-Maior desfez esse paradigma: de repente, entendi que "trabalho" podia ser empolgante, alegre, administrado com facilidade e que podia proporcionar um sentimento de satisfação e autorrealização diariamente.

Aqui era bom para mim, pensava comigo mesmo. *Ajudei muitas pessoas a conseguirem grandes realizações, reuni conhecimento e experiência. Cresci e me desenvolvi.*

Enquanto eu estava aprendendo sobre liderança em alto nível, sentia que o conhecimento estava permeando e se infiltrando em minha personalidade. A melhor forma de saber e entender algo é ensinando. Algo em minha rígida personalidade militar se abriu e suavizou. Aprendi a receber feedback. Nunca fui um "comandante de burocracia" e sempre preferi a dimensão humana de ser um comandante, mas ali aprendi o quanto é importante amar as pessoas que você está comandando.

Hoje, digo para todos os donos de empresas: "É importante que você ame seus clientes". Sugiro isso para todo líder — e somos todos líderes, então vamos parar de falar sobre gerenciamento e começar a falar sobre liderança. Ali, minha percepção de que é impossível "gerenciar" pessoas ficou mais forte, porque as pessoas não são objetos: elas têm motivações, a habilidade de escolher. Elas devem ser lideradas e isso, claro, começa por liderarmos a nós mesmos. Pela primeira vez desde que meu pulmão colapsou, senti como se tivesse uma oportunidade para avançar para um lugar novo e positivo.

"É impossível gerenciar pessoas; pessoas não são objetos. Elas devem ser lideradas, e isso inclui a nós mesmos."
Alon Ulman

Como parte da expansão da consciência que experimentei naquele período, fiquei ciente da importância das coisas que não são visíveis aos olhos, o que foi outra percepção que mudou minha vida. Estou me referindo aos quatro mundos que já mencionamos brevemente — o mundo físico e os três mundos invisíveis: o mental, o emocional e o espiritual. Também falamos sobre a qualidade do combustível que abastece cada um desses mundos.

Já que vencedores entendem tudo isso, eles se destacam em cultivar o ativo mais produtivo que ele e seus filhos têm: eles mesmos. Sua história interna é: "Dia após dia, estou melhorando conscientemente ao estabelecer objetivos em todas as áreas da minha vida" e também "Estou investindo no meu ativo mais produtivo, física, mental, emocional e espiritualmente". Você conhece pessoas que investem em uma dimensão e negligenciam as outras?

Se você quiser viver como um vencedor, é importante ter certeza de fazer duas coisas regularmente:

1. Reabastecer — e com o combustível certo — todos os nossos quatro tanques/mundos: o físico, o mental, o emocional e o espiritual.

2. Preencher sua vida com novos objetivos e crescimento e não apenas objetivos de sobrevivência.

Certo, mas como fazemos isso?

Falamos sobre "abastecer" no mundo físico — sobre a importância do alimento que colocamos em nosso corpo e sobre as atividades físicas como parte inseparável da manutenção da nossa saúde atual. Qual é o combustível apropriado que nos permitirá viver poderosamente nos mundos mental, emocional e espiritual?

O mundo mental (do pensamento)

No mundo do futebol, é típico chamar alguma coisa que você não consegue ver com seus olhos de "mental". Na verdade, esse termo também se aplica aos três mundos que não são o mundo físico. O "mundo mental" se refere aos nossos pensamentos ou a qualquer coisa que passe pela nossa cabeça.

O incrível autor e palestrante Zig Ziglar, já falecido, costumava perguntar "O que você faria se alguém colocasse uma pilha de lixo no meio da sua sala? É razoável presumir que você iria atrás dessa pessoa, a pegaria e a obrigaria a limpar tudo imediatamente. Então, por que as pessoas estão dispostas a aceitar lixo mental"?.

Pergunte a si mesmo:

- O que você está lendo?
- Para o que está olhando?
- O que está aprendendo?
- Que materiais coloca em sua mente?
- Com quem se associa e sobre o que conversam?
- Você tem objetivos?
- Você escolhe quais conteúdos olhar, o que ler e o que escutar?
- Você tem um coach ou mentor que o ajuda a se desenvolver?

O que está em nossa mente determina o que seremos capazes de produzir depois. As pessoas podem, na verdade, esperar anos para que o mundo seja mudado por ocorrências externas. Mas nosso mundo muda no segundo em que nós mudamos, e nossas histórias internas e pensamentos pertencem ao nosso mundo mental.

Já compartilhei com você meu grande amor pelos livros. Quando eu era um jovem comandante de um navio lança-mísseis, durante uma das minhas idas à base, a caminho de uma longa viagem, ouvi uma entrevista com o falecido Shimon Peres na rádio. Na época, ele era primeiro-ministro e ministro da Segurança. "Que livros leu recentemente?", o entrevistador perguntou, e Peres lhe respondeu animadamente.

Tentei lembrar que livro li recentemente, mas não consegui. Isso, imediatamente, me deixou irritado. Com quem? Com Shimon Peres, é claro! *Como ele consegue ler? Sou "só" um comandante de um navio lança-mísseis e não tenho um momento sequer para respirar. Tenho um bebê de um ano de idade em casa que não vejo há muito tempo e não tenho tempo nem para dormir... E para ler? E ele... Ele é o primeiro-ministro! Como assim, ele tem tempo para ler?*

Era como se o entrevistador lesse meus pensamentos:

— O senhor é o primeiro-ministro. Como consegue tempo para ler?

— Sempre fui ocupado e sempre amei ler — Peres respondeu contente. — Leio na cama antes de dormir. Sempre. Às vezes por cinco minutos, às vezes durante horas.

Ele explicou que os livros, ao contrário da televisão, nos permitem escolher o conteúdo que estamos levando para nossa mente. A partir daquele dia, voltei a ler todas as noites. Ganhei conhecimento e consciência e, não menos importante, exercitei meus músculos mentais. É impossível exagerar na importância do conhecimento e da admiração que obtemos dos livros.

Até hoje, compro cerca de cinco livros toda semana, e tenho seis estantes de livros em casa. Às vezes, não leio o livro inteiro; é suficiente ler um único capítulo — até mesmo um parágrafo ou uma única sentença mudará sua vida. Não vale a pena? Toda manhã, quando estou correndo ou pedalando logo cedo, escuto audiolivros, e fico animado diariamente em aprender coisas novas que vêm desde pensadores do século XX até aqueles, como Marco Aurélio, Maimônides e Aristóteles. Pense no nosso vocabulário e no quanto a leitura o afeta. Podemos sonhar, formular nossos desejos e aspirações e comunicá-los para nós mesmos e para os demais apenas segundo o tamanho e a extensão do nosso vocabulário.

Ou como Will Smith colocou em seu discurso “Chaves da vida”, de 2005, “Não há novo problema que alguém já não teve e escreveu sobre isso em um livro. Leia”.

O mundo emocional

Cada ação que alguém faz origina uma emoção. Pessoas fazem negócios com pessoas que as fazem se sentir bem. E, mesmo se você inserir outra palavra no lugar de “negócios”, a frase ainda é precisa para a maioria dos outros tipos de interação.

Se cortarmos uma laranja ao meio e a espremermos, vamos conseguir suco de laranja. Se quisermos um pouco de sabor de ameixa e apertarmos com mais força, o que vamos conseguir? Ainda teremos suco de laranja, mas desta vez estará mais amargo por causa da parte ácida da casca.

Funciona da mesma forma com as pessoas. Só podemos expressar o que temos dentro de nós. Se temos amor dentro de nós, o amor sairá, e se alguém tem amargura, raiva e ódio dentro de si... Como o amor vai emergir dessa pessoa?

Eis outra emoção simples: imagine um rio violento e furioso, com água límpida e cristalina fluindo com bastante força. A água simboliza saúde, abundância, fluxo, energia, pureza e vida. Direcione a mesma água por meio de alguns canos e a deixe-a represada em algum canto. Quando você se deparar novamente com essa água estagnada em cinco ou dez anos, o que vai encontrar? Um pântano verde e malcheiroso, com doença, podridão e sujeira. É assim que a natureza funciona.

Também no caso dos seres humanos, a energia não desaparece, ela só muda de forma. Uma pessoa que guarda raiva e outras emoções que não avançam em seu mundo emocional, sem qualquer válvula de escape, está abrindo espaço para água estagnada. Essa energia não desaparece e pode vir a se expressar na forma de doenças, por exemplo. Cinismo fazia parte da minha vida no passado, porque eu não entendia o que isso significava. O cinismo envenena o mundo espiritual e danifica a autoimagem.

Imagine uma semente de pinheiro que é regada com água limpa, cuidada, tratada com gentileza e que recebe luz. O que vai acontecer? Ela fará o que deve fazer. Vai crescer com facilidade e sem esforço e se tornar um pinheiro forte e duradouro, talvez até mesmo um bosque de pinheiros. É o mesmo para uma criança. Toda criança. Pegue a mesma semente, o mesmo carma, a mesma genética, destino e horóscopo, com as mesmas exatas condições, e regue por uma hora todos os dias com ácido (cinismo, comparações, críticas ou comentários virulentos que afetam a autoimagem). Tem alguma chance de que a árvore cresça bem?

Além disso, no mundo emocional existe o "combustível correto" e o "combustível errado". Qual é o combustível que anda movendo a sua vida?

- Você tem muitos amigos?
- Está ciente da influência que seus arredores têm sobre você?
- Está se esforçando para nutrir relacionamentos com pessoas vencedoras?
- Sabe como perdoar e deixar para lá?
- Diz com frequência para seus entes queridos que os ama?
- Passa tempo fazendo coisas que ama?
- Na maior parte do dia, você experimenta animação e alta energia?
- Ah, além disso... Você sabe como encorajar e elogiar os demais e se lembra de fazê-lo?

Como alguém que serviu por muitos anos em uma estrutura de operações militares, um indivíduo como eu sabe até que ponto às vezes negligenciamos a dimensão emocional de nossa própria vida. Cometi muitos erros porque não entendia o significado disso.

É tão fácil ignorar a dimensão emocional ou passar sobre ela em nossa agenda diária, que é cheia até a tampa de tarefas e atividades estressantes. O elemento emocional é quase sempre o último na escala de prioridades, e é o primeiro a ser danificado e minimizado quando estamos muito preocupados, ocupados ou cheios de ressentimento e raiva.

As pessoas ficam surpresas em descobrir que, enquanto estão investindo toda sua energia e esforços em seus negócios, seu casamento desmorona. Elas reclamam da distância e da falta de comunicação com os filhos e não assumem a responsabilidade por essa distância, que é resultado de negligência emocional.

"Nos relacionamentos, tudo o que
você quer receber... dê!"
Alon Ulman

Como nos sentiríamos se todos os dias nos falassem o quanto somos amados? Você acredita mesmo que isso nos deixaria "mimados"? Não, certo? Então, por que não dizer para nossos parceiros e nossos filhos que nós os amamos? Quando uma pessoa investe em seu casamento, ela está nutrindo a pessoa mais significativa que vai acreditar nela e companhá-la no caminho da realização de seus sonhos.

Nossos relacionamentos são o ativo mais precioso que temos: o investimento emocional em nossas famílias e nas pessoas que são mais preciosas para nós são os investimentos mais inteligentes e mais lucrativos que faremos na vida. Quanto mais gratos somos pelo que temos, mais isso vai crescer. Além disso, a gratidão elimina o medo. Uma pessoa que reserva um tempo para ser grato pelo que tem, em voz alta ou internamente, todos os dias, é também mais saudável e mais feliz. E isso não é uma coisa sem sentido. Pelo contrário, é simples física. Energia. Experimente e veja.

O mundo espiritual

Uma pessoa que desenvolve a espiritualidade é uma pessoa mais rica e mais feliz. O mundo espiritual é o mundo do significado. Reserve um momento para considerar as seguintes questões:

- Que significado dou para o que estou fazendo?
- Eu mesmo sou significativo?
- Quais são as crenças, intenções e valores que me guiam ao longo do caminho?
- E qual é o nível dos meus objetivos?
- Qual é o propósito da minha vida?

É importante nutrir e "abastecer" nosso mundo espiritual, que lida com motivação, objetividade e inspiração. E quem nutre um hobby (ou alguns) também será uma pessoa mais satisfeita e feliz. Valores: deles derivam todos os nossos comportamentos. Valores, em minha opinião, são mais importantes do que resultados, e são o que criam os resultados. Então, como vamos abastecer com o combustível correto?

...

Aqui você tem um posto de combustível emocional-mental-espiritual. Agora vou lhe dar uma prática para aumentar seu nível de felicidade prática.

Pedido de boa-noite: uma cerimônia regular antes de dormir

Muitos estudos foram feitos a respeito da felicidade. Toda uma área conhecida como "psicologia da felicidade" ou "psicologia positiva" foi desenvolvida ao longo do século passado. Por muitos anos, psicólogos e psiquiatras se concentraram principalmente em consertar "coisas" quebradas, muito parecido com a ciência médica. Não é incrível?

No Extremo Oriente, por exemplo, mesmo nos tempos antigos, o melhor médico era aquele que tinha o menor número de pacientes. Seu trabalho primordial, seu foco, era fazer com que seus pacientes permanecessem saudáveis — o que é uma perspectiva completamente distinta da que temos hoje.

Um pouco antes do ano 2000, a psicologia positiva surgiu no mundo Ocidental e começou a se desenvolver quando pesquisadores começaram a estudar o que fazia as pessoas serem felizes. Antes disso, o foco era principalmente em questões como "O que causa depressão?" e "Que remédios devem ser dados para quem sofre disso"?

A psicologia positiva lida com o estudo da felicidade e da prosperidade humana, em vez da identificação da patologia psicológica e de seu tratamento. Ela não lida com desordens emocionais; em vez disso, tenta encontrar e nutrir a força emocional e a resiliência a fim de viver uma boa vida. Uma das descobertas, é claro, foi que o fator de maior influência na sensação de felicidade é a atividade física. Eu amplio isso em meus seminários. Por isso, 90% dos formados no "O Código do Vencedor" transformam o esporte em estilo de vida. Muitos estudos descobriram que as pessoas que gerenciam suas agendas e que são gratas pelo que têm, em geral, são pessoas mais felizes.

Por causa disso, desenvolvi o "Pedido de Boa-Noite" — uma rotina pessoal que eu mesmo pratico toda noite antes de dormir. Quando vamos dormir de um jeito relaxado, também acordamos assim. Quando acordamos dessa forma, nosso dia todo também parece relaxado. E é como deve ser dia após dia, por toda nossa vida. Milhares de pessoas já alcançaram resultados incríveis utilizando esta ferramenta.

Por conveniência, você vai encontrar o questionário diário em um anexo no final do livro, mas vamos dar uma olhada nos elementos presentes nele agora.

O "Pedido de Boa-Noite"

Toda noite, antes de dormir, convido você a escrever:

1. As três melhores coisas que aconteceram com você ou que você fez hoje. Podem ser grandes ou pequenas — o tamanho não faz diferença. E não há chance de não ter acontecido nada. Se você se obrigar a encontrá-las, vai encontrá-las. Sempre parece que não estamos fazendo o suficiente. Se fizer este exercício, é provável que descubra que não é bem assim.

2. Cinco coisas em sua vida pelas quais é grato. Observação: você não deve escrever a mesma coisa todos os dias. Depois de uma semana, você pode "reciclar" um pouco. Podem ser coisas muito simples como: "Sou grato por enxergar", "Sou grato por filhos tão maravilhosos", "Sou grato por ser eu mesmo". O que você quiser.

Por que manter um diário assim?

- Porque a gratidão elimina o medo.
- Porque tudo em que nos concentramos se expande.

Já temos muito e vale a pena olhar e apreciar tudo isso. E quanto mais reconhecemos o que temos, mais nossa abundância vai aumentar.

Agora, quando aplicar a técnica, escreva um diário respondendo a estas questões também:

- O que fiz hoje para melhorar meu *relacionamento* com meu *cônjuge*?
- O que fiz hoje para melhorar meu *relacionamento* com *meus filhos*? (Ou com meus amigos, se não tenho filhos).
- O que fiz hoje para melhorar minhas *relações de trabalho*?

Sabe o que vai acontecer se você completar este exercício? Na primeira noite em que se fizer estas perguntas, você vai olhar para a página, a página olhará de volta para você, e dirá para si mesmo: "Esqueça isso. Vamos para a próxima questão". Na segunda noite, você vai decidir que levará a sério a tarefa de fazer o exercício e trabalhar com essa ferramenta simples e eficaz. É o suficiente para que escreva alguma coisa.

Em resposta a "O que fiz hoje para melhorar meu relacionamento com meu cônjuge?", não importa o que seja: um pequeno gesto, uma pequena experiência, um SMS que você recebeu ou enviou, uma surpresa. Se sua resposta diária para a pergunta "O que fiz hoje para melhorar meu relacionamento com meu cônjuge?" for "Elogiei minha esposa com entusiasmo", então escreva simplesmente "Elogiei minha esposa". Se foi uma mensagem de texto que enviou no meio do dia — "Eu te amo" —, então escreva isso. Ou quem sabe você não disse que a amava? Não diga: "Ela sabe" ou "Está claro para ela". Não é bom quando ela diz isso para você? Também é bom para ela ouvir.

Essas perguntas não são feitas para nos incomodar ou para julgar se estamos bem ou não. São questões progressivas. Você pode olhar para o que escreveu e dizer para si mesmo: "Uau, faço um milhão de coisas. Mesmo assim, não fiz esta coisinha básica".

Vamos considerar "O que fiz hoje para melhorar meu relacionamento com meus filhos"? Uma pessoa pode gritar com seus filhos durante quinze minutos todos os dias. Ao longo de dez anos, isso equivale a mil horas que perdemos porque "eles não arrumaram o quarto". Isso não nos faz avançar, nem faz nossos filhos avançarem e não há nada nisso que faça nosso relacionamento com eles avançar.

Imagine se substituirmos esses quinze minutos pela mesma quantidade de tempo lendo um livro juntos e conversando sobre isso. Quando fazemos a simples pergunta "O que fiz?" (e não "O que eles fizeram, por que não arrumaram o quarto e não fazem o que eu peço para fazer, e não... e não..."), só então, no dia seguinte

— se não jogou a página do diário no lixo e desistiu —, fará alguma coisa. Quando isso se torna um hábito diário, você verá que, em uma semana, estará em um lugar diferente, porque seus arredores começam a responder sem que entenda o que está acontecendo. As pessoas começam a fazer mais; seu relacionamento consigo mesmo e com seus entes queridos melhora dia após dia. Tente e se sinta à vontade para me escrever contando o que aconteceu!

Quanto à quinta e última pergunta (você ainda não dormiu, certo?): "O que fiz para melhorar minhas relações de trabalho"? Não desista. Responda a esta questão.

Agora, se você conseguir completar este "Pedido de Boa-Noite" por um mês, sua vida vai mudar. Em palavras mais simples, você vai voar alto. Com toda seriedade: o valor que você agregará como pai, cônjuge, empregado ou dono de empresa vai aumentar e, como consequência, os resultados que você tem também vão aumentar. Uma pessoa que faz isso por um ano ou mais, nem consigo imaginar o quanto vai crescer.

E já vimos que quem agrega valor acima da média também recebe resultados acima da média. Lembra?

CAPÍTULO 17

Torpedo Iron Head

Agora que abastecemos nosso tanque com combustível de qualidade e adquirimos um hábito especialmente construtivo para a hora de dormir, gostaria de convidá-lo a examinar os dois passos seguintes da Fórmula para Ultrapassar os Limites e revisitar os seis passos totais neste capítulo. Chegou a hora de agir.

Passo 4: Construa um plano de ação que garanta constante movimento na direção do alvo

Então, tomamos uma decisão e nos inscrevemos para ser um *Ironman*, para ser um empreendedor independente, para mudar para a Antártica, para ser rico, para liderar pessoas no caminho de obter objetivos maiores na vida, para transformar nossa vida em uma obra de arte, para ser uma pessoa melhor. Cada homem e sua própria decisão, cada mulher e sua própria escolha.

E agora? Levantamo-nos pela manhã, depois de tomar a decisão, e o que fazemos? E o que fazemos no dia seguinte? Quatro dias mais tarde? Como trabalhamos nisso de verdade?

Correr o mais longe que pudermos? Levantar-se cedo para nadar a mais longa distância possível? E o que acontecerá se sentirmos dor? Como saberei se é uma dor "boa" da exaustão saudável ou a dor "má", na qual em mais um segundo você vai estirar um músculo se continuar?

A resposta óbvia é "*um plano de ação é necessário*" — um programa que garanta que avancemos na direção do objetivo que estabelecemos para nós mesmos.

Mas como construímos um programa desse? Afinal, um objetivo tipo C representa ultrapassar os nossos limites, o que significa que é quase certo que não temos conhecimento prévio do campo (não se preocupe, você vai adquirir esse conhecimento).

Assim como você, eu não tinha ideia de por onde começar e nenhuma pista sobre o que e quanto fazer.

Neste ponto, temos *duas alternativas* diante de nós.

Uma alternativa é o método de tentativa e erro: entrar no Google, pesquisar material relevante, aprender, cometer erros, tentar encontrar um atalho e voltar... Aos quarenta anos, percebi que, se eu continuasse a aprender com a experiência — minha própria experiência —, talvez quando chegasse aos oitenta, saberia o que fazer. Sem levar em conta os custos inevitáveis dos meus erros ao longo do caminho.

Mas também há outro meio. É possível se ligar a pessoas que sabem como fazer — pessoas que já realizaram o que ainda está catalogado no arquivo de "sonhos" para nós. São as pessoas mais apropriadas, mais do que qualquer outra, para nos ajudar a criar um plano de ação. Você pode chamá-las de "figuras inspiradoras" ou "coaches", não importa. O importante é a escolha da pessoa a quem se ligar a fim de aprender de uma fonte primária como fazer o que você quer tanto fazer, conquistar, ser.

Como sabemos quem escolher? Escolhemos pessoas que têm essa coisa que você quer — *que já tiveram sucesso nisso.* Experiência é ótimo, mas não suficiente: uma pessoa que foi casada seis vezes tem muita experiência em casamento, mas você aceitaria conselho dela nessa área? Estou falando sobre *experiência de sucesso*, com preferência para aqueles que também ensinam.

Quando comecei a treinar para o *Ironman*, procurei quem era o treinador número 1, alguém que já trilhara o caminho para realizar esse objetivo e que também tivera sucesso em liderar muitas pessoas a chegar lá. Um treinador excelente vai aumentar a probabilidade do nosso sucesso e diminuir a probabilidade de nos machucarmos. De fato, diminuir a probabilidade de nos machucarmos é, talvez, mais importante do que aumentar a probabilidade de sucesso.

As pessoas se casam para ter sucesso, abrem empresas para ter sucesso. Ninguém quer fracassar. Mesmo assim, um terço dos casamentos termina em divórcio e mais casais têm uma vida conjugal que "não é lá essas coisas". Mencionei antes quantos negócios fecham todos os anos e, ao mesmo tempo, a maioria das pessoas está "sobrevivendo" — não fazendo tanto quanto poderiam, e certamente não se sentem tão livres quanto gostariam. Baseadas nessa situação, as pessoas chegam à conclusão de que ter um negócio é arriscado e que o casamento não é apropriado. É isso mesmo?

Consideramos antes se alguém daria a um soldado uma arma, um míssil ou morteiro sem instruí-lo, treiná-lo, certificá-lo ou testá-lo; em vez disso, só dizendo: "Boa sorte. Faça uma tentativa. Você vai aprender como funciona com o tempo".

> "Negócios, dinheiro, esqui ou qualquer outra coisa não é perigoso. Fazer as coisas sem entender o que estamos fazendo, sem conhecimento e a prática adequada, isso é falta de controle. Isso é perigoso."
>
> Alon Ulman

Por algum motivo, especificamente quando se trata das coisas mais importantes de nossa vida, temos a tendência a achar que "sabemos". Mas, quando alguém sabe de verdade, você pode ver e será convencido disso porque seus resultados e a vida que essa pessoa leva o atestam. Exatamente da mesma forma que um judeu justo não é alguém que sabe o que está escrito na Torá; em vez disso, é alguém que *vive* de acordo com o que está escrito. Portanto, no quarto estágio — o estágio de construir um plano e aprender com os especialistas no campo —, *não se arrisque*. Qualquer coisa que queira alcançar, vá e aprenda com o melhor!

E outro ponto importante sobre esta palavra: "programa". Estamos acostumados a usar a palavra "programa" no contexto do trabalho, então não reconhecemos seu significado e possibilidade de contribuição direta em nossa felicidade. Felicidade não é o momento no qual anunciamos alegres para nós mesmos: "Atingi meu alvo". Felicidade é avançar até lá. E não falo simplesmente do "caminho".

Uma pessoa que diz que "os resultados não são importantes, o caminho que é", em geral, não tem resultados para mostrar. Resultados são importantes, claro que são — definitivamente é importante que, no fim, sejamos capazes de alcançar o que queremos. O significado da eficácia é a habilidade de uma pessoa ou grupo de alcançar os resultados desejados de um jeito equilibrado. Mas você se lembra daquela citação maravilhosa de Thoreau que compartilhei no Capítulo 10? Não é o objetivo em si que é importante, mas no que a pessoa ou grupo se tornou a fim de ser digno do objetivo que alcançou. Quando digo que felicidade = avanço, o que quero dizer é que quando uma pessoa sabe onde está naquele momento, qual é sua imagem vencedora ou objetivo pessoal, e sente que está avançando naquela direção *dia após dia*, então ela é feliz!

Imagine, por exemplo, que você está seguindo um programa claro, que inclui que uma certa ação seja feita durante quatro horas todos os dias ou um dia por semana. E, no fim do programa (do caminho), depois de um ano, três ou cinco anos, você será capaz de se tornar um *Ironman*, um homem rico ou uma boa pessoa que está realizando seu destino e contribuindo com o mundo ou qualquer outra marca que queira alcançar. O programa é uma ponte prática para sua imagem vencedora. Só precisamos cumprir o programa, e o Universo já faz o resto. É reconfortante, não?

Adquirir conhecimento também é importante: devemos fazer todo o possível para conseguir, aprender e gerar todo o conhecimento apropriado (de fontes que são internas, externas, abertas e fechadas) que nos ajudará a atualizar o programa para alcançar o objetivo.

Uma pessoa sente felicidade quando percebe que está avançando; e, ao contrário, desespero, sensação de estagnação e depressão derivam de um sentimento de futilidade, de falta de objetivo ou da sensação de não fazer nenhum progresso na direção do objetivo. E, quando as pessoas vivem com um sentimento de futilidade, tornam todos ao seu redor miseráveis. Observe as pessoas insatisfeitas à sua volta: você vai descobrir que quanto mais talentosas e menos realizadas elas são, mais problemáticas elas são para si e para os que as cercam. Digo isso por experiência.

Mas quando entendem como a imagem vencedora à qual aspiram alcançar se parece (e não é questão de dinheiro, tempo ou outros recursos, só de conhecimento apropriado e consciência), elas começam a se mover naquela direção, sua confiança aumenta, a variedade em sua vida aumenta, seu sentimento de propósito aumenta e, é claro, o crescimento pessoal também aumenta. Dali em diante, todos os seus relacionamentos crescem, elas crescem, seus padrões e capacidades ficam maiores e elas são capazes de proporcionar mais e criar um valor maior. Esse é o *sinal de que estão no caminho certo para a felicidade prática.*

...

Como parte do programa acadêmico da Escola de Comando e Estado-Maior, organizei um workshop para meus subordinados sobre eficácia. Percebi que estava cada vez mais interessado no tópico da palestra, atraído por ele como se por fios mágicos, fazendo perguntas, formulando conclusões internas e as compartilhando. Foi como se o palestrante, Aviad Goz, e o resto dos especialistas captassem meu entusiasmo. Ouvi as coisas que Aviad dizia, que eram tiradas do mundo do desenvolvimento pessoal e soavam um pouco estranhas para o ouvido militar, e senti como se estivesse enlouquecendo. Meu coração estava em chamas. Pois aqueles eram os conteúdos exatos que sempre me atraíram: liderar pessoas a extrair o máximo de si e fazer o melhor!

Eu queria mais daquilo. No fim da palestra, agradeci calorosamente Aviad, e ele — muito gentil — me convidou para encontrá-lo no saguão de um hotel em Herzliya. O mundo da mentoria e do coaching estava só começando em Israel, e aquelas palavras soavam, para mim, como uma alternativa à tendência de marketing estadunidense. Estava curioso para ver o que tinha realmente por trás daquilo. Podia ser o que eu estivera procurando?

Aviad abriu a porta para um mundo imenso no qual estava prestes a mergulhar e a devotar minha vida com paixão. Óbvio que eu não sabia disso na época.

— O mundo está passando por uma mudança tremenda — disse ele. — A revolução tecnológica terminou, e o estágio seguinte é a revolução da consciência. A tecnologia já fez um salto quântico, mesmo assim, as pessoas pensam e agem como seus pais pensavam e agiam no passado, e isso simplesmente não funciona. Doenças como câncer, depressão e obesidade representam só uma pequena parte da expressão óbvia de falta de controle que a maioria das pessoas têm sobre sua vida hoje. A revolução da consciência, que já começou, ajudará as pessoas a combinar o avanço tecnológico com o avanço da consciência.

Uau, eu disse para mim mesmo.

— Vemos o custo do fracasso de se adaptar à revolução da informação. A maioria das pessoas fica perdida neste mundo e se transforma em dinossauro — prosseguiu. — O passo seguinte é elevar a consciência humana e adaptá-la a tudo o que a tecnologia permite.

Ele falou, e eu fiquei hipnotizado. Contei para ele sobre mim, sobre o que tinha feito nas forças armadas, sobre minha formação acadêmica. Contei a ele sobre minha carreira como comandante e sobre minha jornada do oitavo andar da ala de doenças respiratórias, no Hospital Rambam, até a linha de chegada da competição de *Ironman*, no Arizona. Contei que sempre senti que o sucesso não era "por acaso"; que um time de futebol, uma família, uma fábrica, uma empresa próspera de sucesso compartilham as mesmas qualidades.

Também disse que queria me familiarizar e estudar as leis universais do sucesso e fazer um doutorado sobre o tema. Aviad ouviu pacientemente. Não me interrompeu, mas permaneceu concentrado em minha história e nos *insights* que surgiram dela. No fim, declarou:

— Existem pessoas que têm um papel. Você tem um papel nesta revolução.

Deixei que a frase ecoasse pelo saguão do hotel. Me perguntei como me senti com as palavras que tinham acabado de serem ditas: *Ele realmente pensa isso? De mim? Sério? Ou talvez esteja dizendo isso para me convencer a trabalhar para ele... Esqueça,* disse para mim mesmo. *Eu adoraria trabalhar com ele.*

E ele prosseguiu:

— Você faz ideia da história incrível que tem?

E eu, que tinha completado meu primeiro *Ironman* dois meses antes e ainda servia nas forças armadas, respondi para ele o que sabia na época:

— Eu realmente queria algo. Fiz um esforço para isso, estava preparado para pagar o preço... E paguei. Qual é a história?

Qual é a história?

— Você poderia ajudar muita gente. Tem a capacidade de ultrapassar os limites, junto com a capacidade rara de liderar pessoas para alcançar um nível mais elevado, enquanto se conecta a elas com o que é possível para elas, e então as ajuda a crescer.

Uau, uau, isso é interessante!, minha voz interna disse. *Vá em frente.*

E ele continuou:

— Olhe, Alon, todo mundo tem energia, e energia é tudo. Mas há poucas pessoas que são uma força da natureza. *Você tem a energia interna de uma força da natureza.*

— Sinto que posso trabalhar com as pessoas e ajudá-las a ultrapassar seus próprios limites. Assim como fiz.

— Exatamente — concordou Aviad, e me colocou para trabalhar. — Organize uma palestra fascinante, instrutiva, que estimule todos que forem expostos a ela a revelar poderes em si que nem sabiam possuir.

Uma palestra? Como alguém começa a organizar uma palestra que mudará a vida das pessoas?

— Não é simples. Você tem que examinar cuidadosamente todos os materiais e decidir o que colocar lá e o que deixar de fora. Deve haver *logos*, *ethos* e *pathos* nela. É importante que faça uma apresentação que completará a mensagem que deseja transmitir com seu carisma, seu estilo direto, um pouco de humor e, o mais importante, lembre-se de que a história aqui não é você, mas as pessoas. Estruture sua palestra para que sua história se torne a história delas. Então, cada membro da plateia o escutará e sentirá que você está falando com ele e sobre ele.

— Isso! — exclamei animado. — Já que, quando você conta algo para alguém, nem sempre essa pessoa lembra o que você disse. Mas ninguém esquece como você a fez sentir.

— Verá como todo mundo na plateia vai derramar lágrimas de emoção quando cruzar a linha de chegada com você no *Ironman* do Arizona — prometeu ele.

Aviad sorriu, parou por um segundo e acrescentou:

— E, se quer saber, Alon, tenho certeza de que você está prestes a se tornar um "rock star" de verdade!

Caí na gargalhada. Não entendi sobre o que ele estava falando.

Começamos a nos encontrar com regularidade. Durante esses encontros, falamos sobre tópicos do mundo do desenvolvimento pessoal. Devorei os materiais aos quais era exposto. O resto do tempo, lia como um louco: continuei a "inalar" qualquer livro ou estudo que encontrava sobre temas relacionados ao desenvolvimento pessoal, motivação, realização, desenvolvimento, cumprimento de objetivos tipo C, autoimagem, gerenciamento do tempo, dinheiro e realização pessoal. Eu era o exemplo perfeito do ditado "Quando um aluno está pronto, o mestre aparece". Não conseguia me lembrar de ter me sentido tão sedento por conhecimento. Queria saber cada vez mais e estava repleto de paixão misturada com medo.

As coisas que Aviad me disse borbulhavam dentro de mim, à beira da fervura. Em minha empolgação, não conseguia descansar. Pensava sobre a palestra dia e noite e, se houvesse 25 horas no dia, e não 24, provavelmente teria dedicado a hora extra para isso também. Havia apenas uma frase com a qual eu sabia que iria começar. Surgiu dentro de mim em um instante, como só uma frase verdadeira pode nascer:

Imagine um avião voando a 33 mil pés de altitude sobre o mar Mediterrâneo. Estou preso em meu assento pelo cinto de segurança. Em um instante repentino, respiro fundo e... Não tenho ar. Vou morrer.

...

Passo 5: o torpedo Iron Head

Quando falo sobre um "torpedo Iron Head" a respeito do quinto passo da Fórmula para Ultrapassar os Limites, estou falando o mesmo que Arnold Schwarzenegger: "Não ouça os pessimistas". Se você já decidiu qual é o objetivo digno que o enche de desejo, se já teve um avanço na consciência e acha que pode alcançar esse objetivo, se já deu o primeiro passo e até criou um programa, se você pensa, age, respira seu objetivo e fala sobre ele com entusiasmo para o mundo, para seus parentes, seus amigos, sua família e até para seus colegas, o que acha que vai acontecer?

Presumindo que esse seja, de fato, um objetivo tipo C, e o paradigma, sua história interna, é diferente do seu ambiente regular, as pessoas ao seu redor, que o amam e se importam com você, vão tentar explicar por que ele não é alcançável: por que não você, por que não agora, por que não vai funcionar. Elas não fazem isso porque estão contra você, Deus me livre. Definitivamente, não. Elas fazem isso para tentar "proteger você". Mas é importante entender que estão falando com base em seus escopos, em suas experiências, nos resultados com os quais são familiares, em suas histórias internas a respeito do que é possível e do que não é possível, de quem consegue e quem não consegue. Elas estão falando de seu domínio de consciência, *seu* senso de capacidade.

O que precisa ser feito agora é desenvolver uma mente que se tranque para essas influências negativas. E por que chamo isso de "torpedo Iron Head"?

Uso o conceito de "torpedo Iron Head" como uma imagem de uma determinação inflexível — do tipo que é impossível tirar do curso ou confundir. Um torpedo é um sistema de armas navais que é autopropelido debaixo d'água. Um tipo de míssil subaquático. É lançado de um navio, de uma aeronave ou de um submarino e, em geral, tem como objetivo afundar a embarcação na qual é disparado. A maioria dos torpedos de hoje é sofisticada e capaz de seguir e "perseguir" de forma independente o alvo no qual foi travado pela mira, incluindo a capacidade de voltar e procurar mais uma vez se o alvo desapareceu. Mas, conforme a guerra eletrônica subaquática avança, invenções foram projetadas para despistar torpedos modernos.

Em contraste, o primeiro tipo de torpedo, antigo e nada sofisticado, era um torpedo Iron Head: não tinha capacidade de navegação própria nem um cérebro eletrônico. Era feito inteiramente de ferro pesado. Depois que era lançado, não havia como se comunicar com ele ou alterar sua direção. Se a embarcação-alvo percebesse sua aproximação e mudasse de rumo rapidamente, o torpedo Iron Head continuaria na direção inicial e perderia o alvo. Mesmo assim, ele tem uma vantagem: *ninguém consegue mexer com ele!* Ele não pode ser interceptado eletronicamente porque é como se fosse "cego". Não pode ser tirado de seu curso.

É claro que peguei essa analogia emprestada dos meus longos anos como comandante naval. Acontece que a determinação e a dedicação são componentes vitais para alcançar objetivos tipo C. Assim como o torpedo que pode se propelir debaixo d'água, para acertar o alvo no qual foi mirado e "torpedeá-lo" — ou seja, vencer sua resistência —, essa é a determinação daqueles que estão dispostos a correr, a pagar o preço se necessário, enquanto não permitem que frases desanimadoras de outras pessoas, dos céticos e das "almas bem-intencionadas" os desencorajem.

Dizem que o pescador costuma colocar caranguejos em baldes rasos. Se há um, dois ou três caranguejos no balde, eles vão subir pelas laterais e pular na água em questão de segundos. Mas, se colocar quatro ou mais caranguejos em um balde, você não precisa sequer ficar de olho neles. Cada vez que um dos caranguejos tenta sair, os outros batem nele com as garras, como se dissessem: "Sente-se, fique conosco, irmão. Aonde você está indo"?

Eles fazem isso por instinto, com base na crença de que estão protegendo os amigos do "desconhecido". Esta é uma expressão de sua consciência estreita. Pessoas em um ambiente social tentam impedir as outras de ultrapassar os limites pelo mesmo motivo. Por preocupação genuína, e não pelo desejo de impedi-los de crescer. Sabemos qual é o fim desagradável dos caranguejos. Primeiro, eles vão parar na água morna e, então, a água fica muito quente, eles são cozidos e não têm mais a possibilidade de serem salvos.

Todos vivemos, para nossa alegria, entre pessoas, e não sozinhos. Uma pessoa não vive em uma bolha. Você tem que ser um "torpedo Iron Head" a fim de não se retrair ou ser convencido quando "todo mundo" está sabiamente explicando por que seu objetivo é impossível, por que você não vai ter sucesso e por que não vale a pena tentar. As pessoas prometem que vão cuidar de você, que só querem o seu bem e que não o deixarão cair. Mas, na verdade, às vezes elas preferem que você fique com elas e "não faça ondas".

Essas são as pessoas que vão impedi-lo de ultrapassar seus limites e conquistar seus objetivos. Por que fazem isso? O que as fazem tentar tirar o vento das velas dos demais? A resposta está na lei da média social: se um funcionário, por exemplo (que vem de uma família onde todos foram empregados há gerações), pergunta a seu pai se deve abrir um negócio independente, é razoável presumir que ele terá como resposta: "Não, é arriscado demais". É claro que o pai o ama e se importa com ele, mas seu mundo de conceitos é composto pela sua experiência pessoal, por seus medos, suas capacidades e seus resultados. Por cenários que ele conhece, e nada mais.

Assim, o quinto e necessário passo é preservar o "torpedo Iron Head" — ser como aquele torpedo que não pode ser desviado. Ele pode não ser sofisticado ou inovador, mas, no minuto em que o torpedo Iron Head mira em um alvo, ele o alcançará. Não há outra opção.

Quando ouvi falar na competição de *Ironman* pela primeira vez, obviamente corri para falar para meus dois amigos com quem tinha corrido uma maratona o que tinha dito para todo mundo. Eles eram atletas mais experientes, profissionais e fortes do que eu.

— Vamos viajar juntos, todos nós. Vamos participar do *Ironman*. Podemos até mesmo levar nossas famílias. Vai ser incrível! Vocês podem criar um programa de treinamento para nós, como criaram para a maratona... — eu disse entusiasmado.

Então, vi a expressão no rosto deles.

— O que você tem? Por que está tão animado com isso? Só está falando assim porque não entende.

— Mas por quê? — perguntei surpreso.

— Porque você fez um *sprint* (a versão mais curta do triatlo). Há a corrida olímpica, e essa é o dobro de distância. Antes de fazer isso, participe de meio *Ironman*, depois conversamos.

— Mas que habilidades você precisa ter? — perguntei, como uma criança. — E como elas podem ser desenvolvidas?

A resposta foi curta.

— Esqueça isso. Não é realista.

Eles não foram comigo para o *Ironman* no Arizona. E éramos muito bons amigos. Lembre-se, terminamos nossa primeira maratona juntos, correndo de mãos dadas. Eles não pretendiam me machucar; em vez disso, só estavam falando com base em seu escopo. Na minha segunda competição de *Ironman*, na Áustria, eles foram comigo e participaram de várias competições de *Ironman* depois.

...

Quando comecei a dar palestras, fiz isso com um entusiasmo tremendo. Depois que a palestra "Ultrapassando os limites — A história do *Ironman*" se tornou um sucesso entre as administrações e as organizações, comecei a criar e a dar seminários também. Não demorou para que ficasse claro para mim que tinha nascido para aquilo. Era fácil e divertido, eu desfrutava de cada momento. Eu podia fazer aquilo da manhã até a noite, todo dia. E foi exatamente o que fiz: me divertia e me pagavam um bom dinheiro, numa época em que eu estava disposto a fazer aquilo de graça.

Quando minha agenda lotou, e os resultados que as empresas obtiveram depois foram excelentes, e não era mais possível dar conta da demanda, comecei a perguntar: *Por que seminários apenas para vinte pessoas? Por que não para sessenta, cem ou mesmo duzentos participantes?* Eu queria mudar, desenvolver, crescer. Lembro-me dos olhares que recebia de quem estava ao meu redor, que diziam: "Olhe, você é um cara talentoso, mas não tem ideia e é por isso que pensa assim...". Me disseram que era "impossível".

— Mas por quê? — perguntei.

— Você conhece alguém que dá seminário para um número tão grande de pessoas? Não existe uma coisa dessa. É impossível. Você poderia dar uma palestra para centenas de pessoas, isso é possível. Mas um workshop ou um seminário não é o mesmo que uma palestra.

Apesar disso, eu estava ardendo por dentro. Sabia que podia acontecer, e comecei a pesquisar um jeito. Queria ajudar cada vez mais pessoas a viver melhor.

Quando você é um "torpedo Iron Head", precisa estar pronto para pagar o preço a fim de criar seu sonho. No começo, embora eu já fosse um oficial sênior da reserva, de 43 anos, e criando uma família, estava disposto a fazer palestras diante de qualquer um que simplesmente estivesse com vontade de me ouvir.

Nada aconteceu imediatamente: não desperdicei nenhuma oportunidade que tive para começar a trabalhar seriamente no programa que tinha estruturado para mim. Em uma de minhas primeiras palestras, fui convidado pela empresa da amiga de minha esposa a falar diante de um público feminino no âmbito de um "Dia de Diversão", organizado por uma grande empresa de tecnologia para algumas de suas funcionárias mulheres. Concordamos com pagamento particularmente baixo. Quando cheguei lá, fiquei surpreso em descobrir que o local da palestra era basicamente um spa. Doze mulheres me esperavam depois de um dia de tratamentos terapêuticos, recostadas em esteiras em um ambiente descontraído, semiconscientes depois de uma massagem relaxante.

— Você precisa tirar os sapatos — disseram.

Então, eu os tirei, fiquei só de meias em uma das esteiras, e dei uma palestra sobre entusiasmo sem limites por mais de três horas.

Em outra oportunidade, fui convidado para dar uma palestra na casa de um casal mais velho, em uma sexta-feira à noite, mais uma vez por um pagamento particularmente baixo. *Vamos lá, vamos nessa*, disse para mim mesmo. É uma oportunidade para você praticar sua palestra.

Eu precisava de um projetor, então pedi para a empresa na qual trabalhava que me emprestasse um. Não consegui acreditar quando se negaram, então comprei um projetor de segunda mão e uma tela, que me custaram cinco vezes mais do que eu receberia pela palestra. No começo, eu palestrava vinte e até trinta vezes por mês, em todos os lugares e em qualquer situação, diante de poucas ou muitas pessoas, sob as condições certas, ou não. Até na praia.

Vinte e oito participantes se inscreveram e vieram ao primeiro seminário de três dias "O código do vencedor", que aconteceu em Zichron Yaakov. Hoje, posso revelar que 26 deles eram amigos e membros da família que foram "empurrados" de casa, quase à força, quando dissemos "Por favor, venham...". É assim que começa.

Em retrospecto, foi um período de treinamento fantástico: tive um número infinito de oportunidades para praticar meu material diante de uma plateia, para me tornar um pouco mais relaxado a cada evento, para aprender a improvisar durante situações imprevistas, para treinar as pessoas em tempo real diante de uma audiência ao vivo e para responder a perguntas inesperadas. Eu não acreditava que minha nova rotina era chamada de "trabalho": meu tempo dependia de mim e queria "trabalhar" cada vez mais porque sentia que tinha nascido para aquilo. Recebia em troca uma energia tremenda das pessoas simplesmente através do ato de doar. Isso não era trabalho, nem mesmo uma carreira. O poder, a velocidade e o impacto nos participantes ainda não tinham me permitido avaliar para onde tudo aquilo se dirigia.

Eu ainda não entendia, naquela época, que aquele era o meu chamado.

Ainda não entendia que logo descobriria meu destino: dar e servir de um jeito que me transformaria em uma pessoa melhor a cada dia. Ajudar a alcançar seus objetivos e seu sucesso com um poder e uma rapidez que você jamais conheceu. Comunicar para as pessoas e para empresas que é possível para elas, e para ajudá-las a realmente crescer na prática.

...

Com frequência, as pessoas mencionam Henry Ford, fundador de uma das maiores fábricas de carros dos Estados Unidos, que um dia se cansou das opiniões acadêmicas de seus engenheiros. Eles chegavam todas as manhãs e explicavam para Ford por que era impossível fazer o que ele lhes pedia; por que o objetivo que fora estabelecido para eles não era mecânica ou tecnicamente lógico.

Conta a história que, quando a paciência de Ford se esgotou, ele reuniu todos os engenheiros e disse:

— Eu pago vocês. Pedi que fizessem algo. Seu trabalho é me explicar como vão fazer o que pedi. Até agora isso não aconteceu, embora esse seja o trabalho de vocês. Portanto, se desperdiçarem mais um dia com explicações de por que o que pedi não pode ser feito, estão todos demitidos.

Um mês depois, os engenheiros de Ford apresentaram a solução para o *big boss* (literalmente). O que aconteceu? Não foi um milagre. Tampouco sorte, destino, carma ou "sem querer". Foi a história interna deles que mudou. Porque se uma pessoa diz a si mesma o dia todo por que algo não vai dar certo, por que não vai funcionar, por que não vai acontecer e por que é desperdício de tempo — por que aquilo realmente deveria dar certo para ela?

CAPÍTULO 18

Um ambiente vencedor

"Na vida, como na natureza, ou você floresce ou murcha.
Não é possível fazer ambos. Decida!"
Alon Ulman

A verdade é que o ambiente é mais forte do que a força de vontade: em qualquer grupo ao qual pertencemos, ocorrerá um processo de "equalização de pressão". Todos assumem as normas e adquirem as formas de pensar e de agir do grupo — ou seremos expulsos dele. Líderes são, é claro, a exceção, por serem aqueles que mudam seu ambiente.

Vencedores criam para si mesmos um ambiente — interno e externo — que os ajuda a permanecer no trilho (lembra do "torpedo Iron Head"?) e avançar na direção de seus objetivos e para a vida que querem criar para si mesmos.

Em relação ao nosso ambiente interno, já falamos muito sobre nossos pensamentos, nossas emoções e nossas histórias internas. É muito difícil ter sucesso por conta própria ou em um ambiente que não nos apoia. Agora, vamos examinar como criar para nós mesmos um ambiente externo que apoie o caminho que escolhemos no sexto e no último passo da Fórmula para Ultrapassar os Limites.

Passo 6: Crie um ambiente de apoio que o ajudará a ter sucesso

"Espere um minuto", as pessoas sempre me dizem quando falo sobre o sexto passo da fórmula. "Nosso ambiente não é algo que escolhemos. Nascemos nele, somos criados nele. Não temos escolha."

No Capítulo 7, contei a história dos bonsais — aquelas árvores em miniatura cujo sonho é ser sequoias grandes e impressionantes. Mas nós, para nossa sorte, não somos árvores. E, apesar do fato de que muitos de nós, muitas pessoas de sucesso e muitos líderes importantes não vieram de um background singelo, confortável ou particularmente avançado (e, para alguns, isso é dizer o mínimo), qualquer um que teve sucesso e que tem sucesso sabe que, para mudar, para florescer e não murchar, devemos nos colocar em um ambiente no qual possamos crescer e que possa nos ajudar. Em um jardim que tenha o solo fértil, vigiado, nutrido com adubo de qualidade e bem cuidado.

> "Você deve se perguntar essas coisas constantemente: Quem está ao meu redor? O que essas pessoas estão fazendo para mim? Que leituras me recomendaram? O que me fizeram dizer? Aonde estão me levando? O que me fazem pensar? E, mais importante, no que elas estão me tornando? Então, faça a você mesmo a grande pergunta: Está tudo bem? Lembre-se: sua vida não melhora por acaso; ela fica melhor por escolha."
> Jim Rohn

As normas e os valores com os quais comecei o curso de oficiais navais e aqueles com os quais saí eram bem diferentes uns dos outros, e as "novas" normas que adquiri foram aquelas que continuaram a guiar minha vida a partir daquele ponto.

Quando comecei o treinamento para a competição de *Ironman*, não perguntei a mim mesmo se podia ou não fazer aquilo. Eu me juntei a outros *Ironmen*, fiz o que eles faziam e, assim, me tornei o que eles eram. A capacidade de converter um ambiente em outro é realmente um pré-requisito para atingir o sucesso: pessoas que não avançam nos atrapalham. Às vezes, elas são ladras de energia que "roubam" nossos sonhos. É possível, e até preferível, mudar os ambientes.

Sim, isso requer um exame de consciência e exige grande honestidade consigo mesmo. Não há alternativa além de olhar para dentro de si e perceber quem ao nosso redor cria um "ambiente vencedor" e quem faz exatamente o oposto. E, ao mesmo tempo, gostaria de qualificar minhas palavras com um caso. Ao contrário de um ambiente enfraquecedor de amigos insatisfeitos, conhecidos frustrados, colegas invejosos etc., a família não muda. A família é liderada. Uma pessoa que sabe como liderar pode liderar não apenas sua família, mas também seus amigos e colegas de trabalho, e vai conseguir transformar qualquer ambiente enfraquecedor em um ambiente vencedor. Vai liderar todo mundo até o lugar que quer alcançar.

Então, como é possível criar um ambiente apoiador? Esteja alerta ao ambiente no qual você está e cerque-se de pessoas com quem quer se parecer.

Em lugares onde as pessoas fofocam, reclamam, "roubam energia", sempre falam sobre o passado e não são animadoras, será difícil ter um novo sucesso toda semana. Escolha fazer parte de grupos que desafiem suas capacidades, seja nas forças armadas (que é uma tremenda oportunidade que o Estado oferece aos seus cidadãos), em associações atléticas, em sua carreira, na sociedade. As pessoas só crescem até o tamanho do ambiente em que vivem.

Um ambiente que encoraja o desenvolvimento pessoal o obrigará a crescer.

Pense em suas expectativas de um ambiente apoiador e vencedor e, então, seja isso você mesmo — seja esse tipo de pessoa. Você terá que mostrar determinação e bastante resiliência, estar fixado em seu objetivo e pagar o preço da sua dedicação, porém verá os resultados muito rapidamente. Assim que os resultados ficarem visíveis, todos vão se reunir ao seu redor a fim de ver o que fez e serem iguais a você.

Não há atalhos nesse trabalho individual. Há um caminho que você deve trilhar, conhecimento que deve acumular e um nível de consciência que deve desenvolver. No programa anual "O Código do Vencedor — grupo *Platinum*", fico sempre animado em ver o que acontece em ambientes onde pessoas "trabalham" conscientemente com o conhecimento correto no projeto principal da vida (ou seja, na vida). Vejo agora como elas aprendem a liderar suas famílias, amigos e ambientes profissionais.

A história do Barão de Munchausen, que eu adorava ler quando criança, descreve como ele se segurou por "um fio de cabelo" para puxar a si e ao seu cavalo, com o que restava de suas forças, para fora de um pântano.

Na vida real, a fim de mudar para outra dimensão e ultrapassar os limites até um lugar em que nunca estivemos, devemos nos colocar no ambiente correto e, se tal ambiente não existe, devemos criá-lo para nós mesmos. Porque no grupo certo, e com o guia correto (líder ou mentor), a performance de todas as pessoas do grupo aumentará em 1000%.

"Nada acontece até que estejamos presentes em nossa vida. Somos nós quem escolhemos onde e quando aparecer."

Alon Ulman

No que diz respeito ao sexto passo, lembre-se de:

- estar ciente do ambiente no qual você está e criar um ambiente de pessoas vencedoras para si mesmo;
- criar para si mesmo um quadro de desenvolvimento e crescimento pessoal como modo de vida;
- aprender com o melhor — aprender com mentores e as melhores pessoas em seu campo.

A fórmula de seis passos para ultrapassar os limites

Vamos recordar os seis passos da fórmula:

Passo 1: Um objetivo digno com um desejo inflexível de alcançá-lo (objetivo tipo C).

Passo 2: Um avanço na consciência (Sim, eu posso).

Passo 3: O primeiro passo (ação) na direção do alvo.

Passo 4: Construir um plano de ação que vai garantir um movimento constante na direção do alvo.

Passo 5: Torpedo Iron Head.

Passo 6: Criar um ambiente apoiador que o ajudará a ter sucesso.

...

"Há desculpas e há conquistas". Lembra-se da placa que pendurei no meu navio lança-mísseis?

Como comandante de um navio lança-mísseis, conheci dois tipos de pessoas: aquelas que voltavam de cada tarefa que eu tinha passado para elas com uma história de cortar o coração para explicar por que não tinham conseguido, por que não estava funcionando e por que não ia dar certo. Por outro lado, havia aquelas que entravam na cabine com uma palavra nos lábios: "Feito". Quem quer que siga a fórmula de seis passos e implemente um passo por vez vai entrar no grupo dos "feito", e o sucesso será um estilo de vida para ela.

Tendo em vista que você está aqui, depois de ler essa frase, está claro para mim que você pertence ao segundo grupo. No passado, antes de me desenvolver, quando ainda era cínico, pensava que seminários e desenvolvimento pessoal não eram para mim. Eram para pessoas desequilibradas, para pessoas que não estavam bem e que tinham problemas. Eu estava muito enganado.

Hoje vim a saber (quero dizer que *sei*, e não só acredito) que é sempre possível crescer mais e doar mais. Quanto mais alto é seu ponto de partida de navegação, e mais forte é seu "motor de busca" interno, mais poderosa e rapidamente você vai efetivar e implementar mudanças.

Quanto mais capacidades uma pessoa possui, mais talentos e aspirações, mais sucesso ela tem, mais gentil ela é e mais atenta ela está em relação a si e aos demais, então mais oportunidades ela tem de mirar mais alto e de ir mais longe e de causar um impacto tremendo e abrangente no mundo ao seu redor.

Muitos dos membros do grupo *Platinum* me dizem admirados: "Alon, me entenda. Não que é minha vida não esteja 'bem'. Estava ótima. Em suma, eu tinha um bom casamento e um bom negócio... Mas eu não tinha ideia! Não tinha ideia de que podia fazer mais, como minha vida podia ser mais do que jamais ousei sonhar".

E sorrio, porque sei que eu tampouco tinha ideia, e estou feliz de ter percebido isso antes que fosse tarde demais.

...

Depois que terminei minha terceira competição de *Ironman* em Frankfurt, senti que minha carreira tinha entrado em um ritmo acelerado. Meu desenvolvimento pessoal e profissional era rápido, poderoso e empolgante. Então, numa manhã, o telefone tocou e meu amigo Danny Ohana estava do outro lado. Ele me contou animado sobre uma competição de *Ironman* com um percurso novo e ainda mais desafiador que aconteceria pela primeira vez na exótica Costa

Brava, no norte de Barcelona, na Espanha. Seria uma competição como nenhuma outra.

— Acontece em outubro — ele acrescentou.

Minha esposa Ortal escutou o que falávamos e se animou:

— Barcelona? Parece um destino perfeito para férias em família.

Por um lado, a demanda por seminários não me deixava com tanto tempo para treinar quanto antes. Por outro lado, tinha me dado a possibilidade de participar do meu quarto *Ironman* em quatro anos, e de ir com minha família!

Até então, meus filhos não tinham ido comigo para competições internacionais, e eu queria participar desse *Ironman* com eles. Queria que eles estivessem ali comigo, literalmente, para correr os últimos trezentos metros da reta final ao meu lado e cruzar a linha de chegada comigo, segurando a bandeira de Israel. Queria que eles sentissem o coração acelerado e ouvissem a torcida da multidão — essa sensação impagável: a medalha colocada ao redor do pescoço, a atmosfera na barraca dos atletas, a dez metros da linha de chegada, onde só os atletas têm permissão para entrar. Eu queria que eles tivessem essa experiência comigo e que sentissem o gostinho da emoção que acompanhava tudo isso. Talvez, então, estivessem dispostos a pagar o preço para sentir aquilo de verdade, um dia.

Notei o entusiasmo de Ortal e decidi encarar o desafio. Maxime Shachaf, um bom amigo meu, e sua esposa, se juntaram a nós. Juntamente com Danny, Anat e seus filhos, "montamos o circo completo" quando decidimos viajar em grupo. Danny e Maxime eram os dois corredores que eu conhecera há muitos anos na pista de atletismo da Escola de Comando e Estado-Maior. Eram aqueles que tinham me levado para o mundo da corrida e, desde então, percorremos juntos — em várias competições e treinos — milhares de quilômetros. A forte amizade entre nós, que começara quando erámos todos ainda oficiais das forças armadas, tinha se tornado uma forte amizade entre as três famílias.

Comecei a treinar para o desafio com meu método usual, que já se provara no passado: um programa de treinamento ordenado, acordando cedo, e com a determinação de um "torpedo Iron Head", sem a qual eu não teria sido capaz de combinar uma carreira em ascensão com uma competição tão exigente.

Cerca de duas semanas antes do dia da competição, mais uma vez, fui lembrado que "o homem faz planos e Deus ri" ou, se preferir, nos testa e vê o quanto estamos determinados para alcançar o que queremos. Em um dos fins de semana, em um horário particularmente cedo, saí com um grupo de ciclismo profissional — cuja maioria dos integrantes eu não conhecia —, no norte de Israel, para uma corrida exaustiva de 140 quilômetros. Começamos a pedalar para o norte, do cruzamento Yagur, passando Akko, Nahariyah e Rosh Hanikra. A maioria dos ciclistas do grupo era formada por atletas competitivos experientes, e a maior parte deles morava nas cidades costeiras do norte.

Na corrida de volta para o sul, o sol já não estava mais confortável e agradável como nas primeiras horas da manhã. Era o sol da tarde de Israel em agosto, na hora mais quente do dia. O grupo pedalava em uma velocidade que só aumentava conforme eles conseguiam "sentir o cheiro do celeiro", enquanto se aproximavam de casa, pedalando cada vez mais rápido só para terminar com aquilo; e eu pedalei com eles com toda minha força.

Em um posto de controle, nos dividimos: eles foram para a direita, na direção das cidades costeiras, e virei para a esquerda. Estava por conta própria.

Eu tinha menos de quatro quilômetros de percurso pela frente, ao longo de um planalto, na direção de Nesher. Estava suado e exausto, e tudo o que queria era chegar no ar-condicionado do meu carro, que estava onde eu o estacionara antes do nascer do sol. Seguia pelo lado direito da estrada, como sempre. Estava pedalando curvado sobre meus cotovelos, dobrados naquela posição aerodinâmica de "combate" que eu amava tanto, inclinado sobre os guidões especiais da minha bicicleta de treino.

Por um milésimo de segundo — talvez um pouco mais —, olhei meu relógio de pulso. Foi o necessário para que meu plano do dia mudasse de uma vez. Atingi o meio-fio com muita força, a uma velocidade de cerca de 35 quilômetros por hora. Com a força do impacto, fui arremessado no ar, enquanto meus pés continuavam presos nos pedais e, basicamente, presos no lugar. Eu me vi sendo arrancado da bicicleta enquanto uma das minhas pernas raspava contra ela, sendo cortada no comprimento do membro. Ouvi um baque alto contra a estrada — *post factum* entendi que era o capacete que eu usava que tinha se chocado contra a rua. Encontrei-me de braços abertos na estrada escaldante, em uma via principal com tráfego intenso, com minha bicicleta a trinta metros de mim, perto da grade do acostamento. Levantei rapidamente, mais por instinto animal, para sair da estrada imediatamente e não ser atropelado.

Eu me lembro exatamente da sensação. Já passou por isso? Você entende que algo ruim aconteceu, um acidente: é você e está acontecendo naquele instante. Você quer voltar no tempo, apenas meio segundo, e promete a si mesmo que estará concentrado e não olhará o relógio, e que não vai acertar o meio-fio. Mas é impossível.

Só então caí em mim e percebi que tinha sofrido um acidente, e todas as respostas físicas me atingiram de uma só vez: fiquei coberto de suor frio e apavorante. Olhei para a perna que sangrava e percebi que o corte era longo e profundo. Minhas mãos também estavam ensanguentadas. Só quando limparam e desinfetaram meus ferimentos no hospital que percebi que o sangramento vinha de cortes no alto dos meus braços. *Só não na cabeça, só não na cabeça*, eu pensava comigo mesmo, lembrando que ouvira o barulho do meu capacete acertando o chão. Uma semana mais tarde, encontrei um ciclista que tinha caído no meio da rua e, embora estivesse usando capacete, seu ferimento parecia sério e assustador.

Tirei o capacete, esfreguei a cabeça e verifiquei que não havia cortes ou sangramentos do crânio. Respirei fundo. Fiz uma anotação mental para mim mesmo: *Uau, capacetes são importantes.* Meu pensamento seguinte foi: *Maldição, aí se vai a competição em Barcelona.* Imediatamente depois disso, outra onda de medo. Uma ansiedade verdadeira que inundou os sentidos.

Precisei de um segundo para me recompor, para mobilizar minha experiência e conhecimento e praticar a escolha dos meus pensamentos em tempo real: eu sabia que medo era a última coisa de que eu precisava naquele instante; eu tinha a capacidade de me controlar de modo a responder e gerenciar meus pensamentos daquele momento em diante.

As condições no campo não estavam ao meu favor: pedalar sem estar acompanhado por outro ciclista não é seguro. Pedalar sem escolta e sem celular beira à irresponsabilidade. E ali estava eu, a quatro quilômetros de um grupo de ciclistas, sozinho, sem telefone (que eu entregara naquela semana para uma atualização) e, para completar o quadro, Ortal estava fora do país naquele momento. *Maravilha. O que eu faço agora?*

Fiquei parado no acostamento da estrada e fiz sinal com a mão para mostrar aos motoristas que eu precisava de ajuda. Os carros passavam por causa da velocidade, ignorando meu aceno. *Há uma pessoa parada ali, coberta de sangue no acostamento da estrada e ninguém está parando*, lembro de pensar comigo mesmo. *Tudo bem, talvez seja assustador parar para uma pessoa coberta de sangue no meio da estrada em um país como o nosso, que é assolado pelo terror.* Talvez tenha havido um segundo de autopiedade e raiva, contudo, minha consciência já estava em um lugar diferente. Já tinha feito a acrobacia mental, se quiser chamar assim, necessária para poder experimentar uma revolução de pensamento, para escolher conscientemente me concentrar só em pensamentos que me levariam adiante: *o que vai me mover adiante neste momento?*

Foco, eu disse para mim mesmo. *Preciso de energia para me concentrar em uma ação que me fará avançar agora e que me ajudará a parar um carro e ser levado para o hospital o mais rápido possível.* No momento em que comecei a pensar de forma ativa, positiva e prática, o medo desapareceu, como se nunca tivesse estado lá. Ele simplesmente não tinha lugar naquela situação: eu o converti em sentimento de gratidão por não ter um ferimento na cabeça. Até mesmo um sentimento de felicidade e um pequeno orgulho surgiram, agora que eu realmente tinha assumido o controle dos meus pensamentos, sentimentos e ações.

Uau, essa coisa que você ensina funciona, disse para mim mesmo e, então, em resposta: *Eu cresci. No passado, não conseguia ver sangue, em especial meu próprio sangue, e manter esse tipo de controle.*

Talvez eu não fosse tão corajoso quanto queria ser, mas sabia que o músculo da coragem precisa se exercitar e, naqueles momentos, me concentrei nisso e senti que estava ficando mais forte.

Como se tornar mais corajoso? Estou parado ali, sangrando, no acostamento da estrada, sei que é um momento dramático e, mesmo assim, quero parar aqui para me concentrar no tópico da *coragem*. As pessoas nascem com este tipo de qualidade entranhada em sua genética ou é um conceito abstrato expresso apenas em momentos excepcionais de desafio e heroísmo? Coragem é também uma habilidade que pode ser entendida, aprendida, adquirida e refinada.

É, definitivamente, possível treinar "o músculo da coragem" e se tornar gradativamente uma pessoa mais corajosa que antes. É possível diferenciar entre medo e coragem — talvez não sempre de modo consciente no momento, mas na vida cotidiana, definitivamente, sem dúvida. E uma pessoa que escolhe ser corajosa na vida se permite agregar mais valor ao seu entorno.

Visto que a coragem é um comportamento, como qualquer ação que é repetida várias vezes, pode se tornar um hábito e pode ser adaptada. Você se lembra do que falamos sobre medo, que é natural, e da necessidade de agir apesar do medo e de não esperar que ele passe? Desenvolvemos nossa coragem quando confrontamos nosso medo. Escolhemos ultrapassar e abandonar nossa zona de conforto e realizar ações (todo dia) que nos assustam e que, temporariamente, não nos são confortáveis. Vamos admitir a verdade: a maioria dos nossos medos ("maioria", não o medo durante um ataque de mísseis) tem como fonte de pensamento "o que aconteceria se" e "o que vai acontecer". Esses pensamentos se voltam constantemente na direção de um desastre, de um acidente, de um fracasso, de um descuido, uma doença, perda, pobreza etc.

Esses medos são imaginários, medos simulados, e são basicamente uma história interna, um pensamento que temos sobre algo que poderia acontecer — e que, em geral, não acontece. A maioria dos nossos medos é assim. O tipo de medo que marca nossos limites como seres humanos. A coragem os expande, nos ajuda a entender quem somos, o que estamos fazendo, o que pensamos de nós mesmos e o que as pessoas pensam de nós.

Medos irreais nos impedem de agir e danificam os resultados que almejamos — portanto, danificam nossa autoimagem. É difícil ficar calmo, relaxado e feliz quando estamos sendo governados pelo medo (que vive em nossa mente) de coisas que podem acontecer potencialmente e sequer acontecem na realidade. Em uma situação como essa, é realmente difícil ser corajoso e superar com sucesso os desafios da vida.

Mas, quando decidimos agir apesar de nossos medos e preocupações, vamos descobrir o grande segredo que toda pessoa corajosa sabe: atrás da grande muralha do medo, na maioria dos casos, se esconde... Nada! Nada. Não há nada.

Quantas vezes em sua vida você fez algo do qual tinha medo (como erguer a mão na aula e falar, aproximar-se de uma garota na mesa ao lado da sua e deixar um bilhete, ir a uma entrevista de emprego, cantar, dançar, manter sua opinião etc.) e, depois de fazer, perguntou a si mesmo: "O quê? É isso? Do que eu tinha medo"?. É como desenvolvemos a coragem: escolhendo fazer coisas que nos assustam, as coisas que não estamos confortáveis em fazer.

Aqui estão três modos práticos que nos ajudarão a exercitar nosso "músculo da coragem" e nos tornarmos mais corajosos:

1. Ação: diminui o medo, a dúvida e a indecisão. Quando agimos, nos movemos adiante.

2. Prática: escolher expandir nossas limitações e fazer isso várias vezes. Por exemplo, imagine que está caminhando em um safari. De repente, aparece um leão e começa a correr em sua direção. O que você faz?

- Uma opção é tentar correr dele (o que a maioria das pessoas faria). Mas você, claramente, não tem chance, e o leão vai pegá-lo. Da mesma forma, na vida, fugir correndo não é um jeito bom ou eficaz de atingir objetivos e metas ou de superar dificuldades.
- A outra opção é ficar imóvel no lugar. É mais provável que isso não vá ajudá-lo. É difícil viver assim na realidade: ficar imóvel significa ficar preso e não se mover adiante. Ficar em sua zona de conforto e não ultrapassar limites. Em última instância, isso leva à negligência e à destruição, não ao crescimento e ao florescimento.
- E qual é a terceira opção? É se virar na direção do leão, pegar uma pedra grande ou um galho e correr ao encontro dele com loucura nos olhos e um grito de batalha. Há uma boa chance de que o leão ficar surpreso e dar meia-volta para fugir. É perigoso? Sim. Assustador? Definitivamente. E exige uma grande dose de coragem. Mas é a ação com maior probabilidade de sucesso. Também funciona assim na vida. O jeito de sair de uma situação difícil — seja pessoal, financeira ou uma crise social — é agir com coragem e lutar contra seus medos.

3. Liderança: seja um líder! Primeiro, de si mesmo, depois das pessoas ao seu redor. Foque em definir um exemplo para seus filhos, para seu cônjuge, para seus empregados e seus amigos. A liderança e o estabelecimento de um exemplo pessoal vão aumentar significativamente sua coragem. Quando se enxergar como um líder, você vai se tornar mais corajoso no mesmo instante. Não há como evitar. Líderes lidam com o que a situação precisa e não com o que eles precisam. Além disso, o ambiente aprecia a coragem: as crianças amam pais corajosos, e é um ótimo jeito de levantar sua autoestima. Sim, nós também pensamos coisas melhores sobre nós mesmos e nos amamos mais quando agimos com coragem!

É verdade que não é confortável. Não é confortável se levantar de manhã para alcançar um objetivo. Não é confortável seguir adiante na batalha e não é confortável fazer um esforço para ultrapassar limites. Mas vale a pena, e muito. Física, mental, emocional e espiritualmente, em termos de satisfação e em termos de realização.

...

Vamos voltar à estrada, no momento seguinte ao meu acidente. Quando vi que nenhum carro ia parar, fui para o meio da estrada, ergui as mãos e fiz sinal para o primeiro carro que vi passar. Era uma motorista mulher, depois dela um ciclista também parou. Ambos perguntaram se e como podiam me ajudar. Pedi ao ciclista que cuidasse da minha bicicleta até que eu pudesse voltar para buscá-la. Era uma bicicleta profissional bem equipada, na qual eu tinha investido bastante dinheiro e, naquele momento, eu confiava na fraternidade entre ciclistas, que já conhecia bem e por meio da qual já tinha me provado confiável para outros. Quem pensaria que um ciclista roubaria a bicicleta de outro ciclista, em especial quando ele estava ferido?

— Tome conta dela — pedi. Na minha ingenuidade, acrescentei:
— É uma bicicleta de oito mil dólares.

Fui até a janela da motorista do carro que parara uma dúzia de metros diante de mim. Uma garotinha estava em um assento no banco de trás, comendo uvas. Vi a indecisão nos olhos da mulher no banco do motorista: ela iria me ajudar ou a visão daquele homem sangrando ia assustar sua garotinha? Eu pedi que ela me desse uma carona de volta ao meu carro, para que pudesse ir ao Hospital Rambam. Ela abriu uma toalha no assento ao seu lado, eu entrei, sentei-me e, imediatamente, senti que ia desmaiar.

— Se eu desmaiar — disse para a mulher que demonstrava compostura exemplar —, me leve para o hospital, ok? E... Por acaso você tem algo doce?

Ainda espero um dia encontrá-la para poder agradecer. Ela não titubeou. Virou-se e pegou as uvas da mão de sua garotinha. Comi sem pensar duas vezes. Também acho que bebi um pouco do suco da garotinha. Eu estava bem mal, mas tentei confortar a garotinha, para que ela não entrasse em pânico com aquele homem desconhecido e sujo que entrou em seu carro de repente e que teve coragem de roubar sua comida e sua bebida.

Hoje, na era dos smartphones, quem se lembra de números de telefone de cor? Para minha alegria, me lembrava do número do telefone da casa dos pais de Ortal. Liguei para eles do telefone da mulher do carro, rezando para que estivessem em casa e atendessem. Depois de uma espera desesperadora (dez segundos) e um tom de chamada irritante — *sim!* —, Israel atendeu ao telefone. Combinamos que ele partiria imediatamente e me esperaria no Hospital Rambam. Também liguei para Dudi, um bom amigo que vivia nas redondezas, e pedi que fosse até o local do acidente com seu jipe e pegasse minha bicicleta com o ciclista que ficou cuidando dela. Fiz questão de dizer para todo mundo:

— Nem uma palavra para Ortal. Não quero preocupá-la.

Quando parei ao lado do meu carro, tentei sair e, mais uma vez, fiquei tonto.

— Você está certa — disse para a gentil mulher cujo nome nunca perguntei. — Não consigo dirigir como estou. Você pode, por favor, chamar uma ambulância?

A ambulância chegou em um minuto, e eu me deitei em uma maca. O paramédico que me examinou e tomou minha pulsação, tentou discutir comigo:

— Você não pode ter estado em um acidente. Está com a pulsação muito baixa.

Assim, enquanto seguíamos na direção do hospital, me peguei explicando para ele sobre o nível de preparação física exigido para ser um *Ironman*. Que maneira sofisticada de ter uma conversa e permanecer consciente.

Na entrada do pronto-socorro, os pensamentos começaram a correr pela minha mente novamente. Sabia que tinha vários motivos para estar zangado comigo mesmo naquele momento — pela minha falta de atenção, pela minha perda de foco, pela fração de um segundo que causou esse acidente estúpido e frívolo, e em momento tão ruim. Mas também sabia que tinha a possibilidade de escolha; podia me concentrar em "O que tem de bom neste momento?" em vez de em "O que eu fiz de errado?" em tempo real, com toda a irritação e frustração. Entendi que estava em um lugar diferente. *Eu não era assim no passado.* Esse pensamento era muito fortalecedor. Se chamasse de "iluminação", soaria dramático. Mas ali, na entrada do tão familiar pronto-socorro do Hospital Rambam, entendi que quem estava parado perto do balcão da enfermaria era um Alon Ulman diferente, alguém que tinha mudado desde as outras vezes que estivera ali.

Insisti em entrar caminhando no cubículo de exame, embora estivesse coberto de arranhões e cortes, sangue seco e sangue fresco — uma visão realmente desconfortável. A equipe ali não ficou surpresa. Aparentemente, ciclistas machucados eram uma presença bastante comum no pronto-socorro, em especial nos fins de semana.

— Ali, outro ciclista — uma das enfermeiras apontou.

Por algum motivo, era importante, para mim, corrigir o erro dela.

— Não sou "outro ciclista". Meu nome é Alon Ulman.

Com a habilidade de uma profissional que já viu aquilo tudo, ela rapidamente me deitou na cama e limpou meus ferimentos abertos com movimentos ágeis e confiantes. Pela primeira vez na vida, eu estava feliz por minhas pernas estarem depiladas, pois ficou mais fácil desinfetar a área. A enfermeira, concentrada em seu trabalho, passou para minhas mãos e meus cortes.

— Deve haver algo de bom aqui também — disse para ela. — O que pode haver de bom em tudo isso?

Ela me olhou com uma expressão preocupada.

— Tem certeza de que você está bem?

Imaginei que ela pensasse que um ferimento na cabeça estivesse me fazendo murmurar coisas incompreensíveis. Mas a conversa com ela melhorou a situação de um momento para outro. Me peguei começando uma palestra para ela sobre meus valores, explicando para ela sobre escolher os pensamentos, sobre como todas as pessoas enfrentam dificuldades; que a diferença é como nos relacionamos com elas: se ficamos embaixo e olhamos para cima ou para a dificuldade.

— Há aqueles que desistem — continuei com meu discurso. — Há pessoas que estacionam e pessoas que escalam. Os alpinistas fazem perguntas diferentes. Entre outras: o que tem de bom nisso?

Meu Deus, ela tinha muita paciência.

Eu estava feliz por conseguir permanecer focado e calmo e dizia para mim mesmo, sem parar: *Não é tão mal. É só um corte.* Olhava ao meu redor e via que minhas condições eram excelentes se comparadas às dos outros pacientes.

— Você tem que fazer um raio-X — a informou a enfermeira. — Parece que tem algumas fraturas.

Com uma confiança que surpreendeu a mim mesmo, respondi:

— Não tenho fratura alguma.

Aparentemente, aprendera a ouvir não só minha alma, mas também meu corpo, e talvez fosse o treinamento físico intenso que me deixara mais atento e conectado a ele. O raio-X verificou minha sensação: apesar da suspeita de fratura, todos os meus ossos estavam inteiros.

O tempo no pronto-socorro passava lentamente. Enquanto isso, o telefone de Israel tocou. Era Dudi no outro lado da linha.

— Estou aqui no local — avisou —, e não tem bicicleta alguma aqui.

— Não pode ser — respondi. — Ele não pode ter levado. Existe um código de ética entre ciclistas.

Mas ele insistiu.

— O lugar é este. Seu capacete está aqui no chão, sua garrafa d'água... E seu sangue.

Pensei comigo mesmo que certamente eu tinha destruído a bicicleta e esperava que o ciclista tivesse decidido levá-la consigo, já que ele percebeu que ela não poderia ser pedalada. Tinha certeza de que ele encontraria meu cartão de visitas, que sempre estava na bolsa presa à bicicleta, e que entraria em contato comigo. Não seria difícil de encontrar, se ele tentasse — o cartão tinha uma foto minha pedalando. Ele poderia fazer uma postagem rápida em um fórum de ciclistas ativos na Internet e teria me encontrado em um segundo.

Mas, em determinado momento, descobri que, aparentemente, nada disso ia acontecer. Postei na Internet sobre o roubo e destaquei que era uma bicicleta rara: *Não há mais do que três bicicletas deste tipo em Israel.* Apesar de tudo, ainda não a encontrei. Só posso esperar que o ciclista que a pegou esteja se mantendo na linha.

Em qualquer acontecimento, sempre há um lado positivo a ser encontrado. Em determinado momento, fiz questão de fazer seguro para a bicicleta. Graças ao seguro, não só me livrei do prejuízo, mas foi o contrário. Dá para dizer que consegui um *upgrade.*

...

Então, me vi sem condições de treinar, pouco antes do *Ironman* Barcelona. Os médicos começavam cada frase com "Seja grato que..." e o restante dos meus entes queridos afirmava: "é um sinal de que você precisa descansar — é impossível trabalhar tantas horas, servir a tantas pessoas e ainda participar do *Ironman*. Por favor". A verdade é que aquilo não era nada confortável, mas eu tinha prometido às crianças. Sentia que precisava superar os ferimentos e fazer todo o possível para estar na linha de largada da competição. Você se lembra do jogo de tabuleiro *Chutes and Ladders* (também conhecido como *Snakes and Ladders* e, no Brasil, como *Serpentes e Escadas*), que jogávamos quando crianças? Se você parasse em uma casa com uma escada, avançava no jogo. Se o dado não estivesse a seu favor e você parasse em uma rampa ou serpente, escorregava e precisava refazer a rota que já tinha percorrido. O acidente de bicicleta poderia ter sido uma rampa ou uma serpente para mim — significando que eu perderia minha forma física e teria uma queda mental também. E então, enxerguei uma oportunidade de subir a rampa e transformá-la em uma escada!

Eu sabia que, provavelmente, não venceria um título de campeonato europeu, algo que não aconteceria mesmo sem o acidente; mas, se insistisse em trabalhar duro e em continuar meu programa de treinamento para completar e ultrapassar meus próprios limites, desta vez eu teria sucesso em realmente superar minha lesão e não a deixar me deter, mas permitir que me ajudasse a crescer e avançar.

Não lembro quem disse uma vez que "cicatrizes são como tatuagens e têm uma história por trás delas". Essa frase me tocou. Contei e descobri que eu tinha um total de dez cicatrizes e, embora não tivesse pedido nenhuma por minha própria iniciativa, eu definitivamente merecia cada uma delas, e cada uma delas tem uma história. As duas cicatrizes que permaneceram daquele acidente sempre me recordavam da encruzilhada na qual eu tinha ficado (literalmente) e o fato de que escolhi não desistir.

Em 4 de outubro de 2009, como planejado, me posicionei com meu traje de banho na linha de partida às margens das belas águas da Costa Brava com mais dois mil atletas. Quando meus pés estavam na areia suave da praia, e minha e esposa e filhos me cercaram, me dando abraços e beijos antes do sinal de largada, eu estava bem animado. *Vencedores nunca desistem*, recitei para mim mesmo, *mesmo quando têm todos os motivos corretos para isso. Vencedores sempre, sempre terminam a corrida!*

CAPÍTULO 19

Como conquistamos controle na vida e aumentamos o valor que trazemos?

A Costa do Maresme, região costeira ao sul de Costa Brava, esperava a mim e Danny a oitenta quilômetros de Barcelona. A Costa Brava, em si ("a praia selvagem"), é uma faixa litorânea ao norte da Catalunha, Espanha. Estende-se da fronteira com a França e os Pirineus. A costa ganhou esse apelido graças à paisagem selvagem que a caracteriza: montanhas que "surfam" até o mar, pequenas baías e uma beleza inacreditável, de tirar o fôlego.

Nós nos instalamos na cidade turística e saímos para uma pedalada relaxada ao longo da praia. Havia um clima de férias no ar. Depois de quatro dias em um seminário lotado e intensivo em Roma, do qual eu participara, cheguei à Espanha muito confiante que dar seminários como aquele — com a participação de centenas de pessoas — também era totalmente possível para mim. Maxime tinha ido direto de Israel e nos encontrou lá e, então, continuamos a treinar como um trio, em uma atmosfera que também demonstrava a alegria do nosso encontro. Ao contrário da sensação de tensão que caracterizou minhas competições prévias, desta vez eu podia realmente sentir a diversão no ar e me permitir me soltar um pouco mais. Sabia que Ortal e as crianças viriam e torceriam por mim durante toda a competição, o que também me dava confiança e alegria. *Mesmo assim*, me recordava o tempo todo, *não se esqueça de que é o Ironman. Não é um acampamento de verão.*

A manhã da competição chegou. Mais uma vez, me levantei, sorri, prendi o chip à perna, me alonguei e me certifiquei de respirar profunda e conscientemente; me vesti enquanto substituía quaisquer preocupações com declarações positivas e entrei no estado mental desejado, enquanto explicava para mim mesmo que *Não importa o que aconteça* — só coisas boas sairão daquela corrida — *ou estabelecerei um recorde pessoal ou terei uma experiência maravilhosa.*

Depois de uma hora organizando meu equipamento, me vesti com o traje de mergulho (que cria um estado mental de ser um lutador pronto para sair em incursão) e descemos até a beira da água na praia, exatamente enquanto o sol se erguia bem diante de nossos olhos.

Os membros da família e outros acompanhantes tiveram que acordar bem cedo também, e as crianças vieram tirar fotos comigo na linha de partida. Maxime e eu tínhamos sido designados para um grupo, e Danny para outro. Ganhei mais abraços e beijos da minha família, e mais uma foto, então entrei na área demarcada que indicava a linha de largada, permitida apenas para competidores. Minha família ficou esperando do outro lado das cordas.

Não estava concentrado o bastante, o que me incomodava. Chamei minha própria atenção. Coloquei a touca de natação, ajustei os óculos sobre os olhos. *Não compita com os outros — faça sua própria competição*, disse para mim mesmo. Nos últimos anos, conforme deixava de ser uma pessoa competitiva para me tornar uma pessoa ambiciosa e motivada, um empreendedor esclarecido, eu tinha internalizado uma citação de Lao Tzu ("Como ela não compete com ninguém, ninguém pode competir com ela") e transformei isso em um estilo de vida.

"Sua felicidade não vem de ser melhor que os demais, vem do progresso – de ser melhor a cada dia do que você era no dia anterior."
Alon Ulman

No instante em que ouvi o sinal de largada, saltei nas ondas e comecei a dar braçadas. Nadei rápido, indo atrás dos pés do nadador diante de mim. Em determinado ponto, senti que o número de competidores ao meu redor tinha diminuído. Quando ergui a cabeça e tentei encontrar as boias de marcação, percebi que estavam fazendo sinal para nós de um navio de vigilância e que tínhamos nos desviado uns quinhentos metros do percurso. Acelerei o ritmo a fim de diminuir essa desvantagem inesperada. Quando terminei a prova de natação e saí da água, meu coração afundou. O relógio marcava uma hora e dezoito minutos. Mesmo na minha primeira competição de *Ironman*, quando eu era "fresco" e inexperiente, tinha conseguido um tempo de uma hora e treze minutos. O erro de perder a boia me custara momentos preciosos.

Durante uma competição dessa, você não é só um competidor, mas também um treinador. *Você precisa pensar no lugar do treinador em todos os aspectos: o que ele me diria agora? Em tempo real, ele não me repreenderia. Não questionaria o incidente e, certamente, não me criticaria pelo erro.* Aqui estamos nós, e está tudo acontecendo exatamente agora. Ele me encorajaria, certo? Então, encoraje-se!

Mais uma vez, me lembrei de escolher um pensamento progressista, não um que estragaria meu humor e atrapalharia minha concentração e energia. *Sem estresse*, disse para mim mesmo. *Sou forte na bicicleta. Vai dar tudo certo.*

Atravessei o percurso de bicicleta com relativa facilidade. Eu me sentia bem, até consegui apreciar a paisagem ao meu redor e notar as pessoas paradas no acostamento da estrada. O mar e as falésias diante de mim eram realmente inspiradores. Desta vez, consegui um bom resultado no fim do percurso e fiquei satisfeito com isso, mas rapidamente transferi meu foco para o próximo objetivo: a corrida, a terceira e última etapa da competição. Prometi a mim mesmo que, desta vez, me divertiria durante a corrida. *Tudo é relativo, certo?*

Comecei o percurso, saindo da cidade, em direção às vastidões verdes da vila. Até notei outro competidor israelense correndo ao meu lado. Trocamos um encorajador: "E aí?", e continuei correndo, me sentindo forte e leve. A certa altura, decidi desacelerar e até perdi um pouco o ritmo. *Aqui não é o Arizona*, lembrei a mim mesmo. Desta vez, estava claro para mim que eu terminaria a prova. Correr sem o elemento da preocupação e da dúvida era mais fácil. Já provara a mim mesmo que tinha a força mental necessária, mas senti que uma velocidade rápida me apresentaria desafios e preferi "trabalhar com sabedoria" para correr a uma velocidade segura. Apesar da dificuldade física (desta vez não estava preparado e treinado como nas competições na Alemanha e na Áustria, por causa do tempo relativamente curto que pude dedicar aos treinos), eu tinha a força mental que superava qualquer problema. Saber que Ortal e as crianças me esperavam na linha de chegada me estimulava, como um cabo de segurança que me alimentava de adrenalina.

Com eles lá e eu aqui, a possibilidade de não terminar simplesmente não existia para mim. Na última parte, o trecho que leva os finalistas até a linha de chegada, eles se juntaram a mim. Foram momentos de pura alegria e uma sensação de júbilo: ergui as mãos deles, seguramos a bandeira de Israel juntos e corremos. Foi o momento clímax da competição — a multidão aplaudia, e os últimos passos da corrida foram dados com uma sensação de flutuação.

Naquele ponto, ninguém pergunta a si mesmo se tem força ou não. Você sente que é isso — acabou — e uma nova dimensão de possibilidades se abre. Meus filhos continuaram a correr comigo até que cruzamos a linha de chegada juntos, acenando com as mãos no ar, corados de cansaço e empolgação. Conseguimos. Juntos!

Sorrimos para a câmera, inalando e exalando, pegamos a medalha e eles seguiram comigo até a barraca dos finalistas.

São momentos preciosos que guardarei comigo pelo resto da vida. Queria que meus filhos experimentassem uma sensação de orgulho de mim e de si mesmos. Que eles pudessem se conectar com essa frequência emocional e fossem inspirados por esse momento que era tão especial para mim — como indivíduo e como pai deles. Quando nossos pés cruzaram a linha de chegada, entendi, ao mesmo tempo que tinha essa sensação de catarse edificante, que tinha conseguido um objetivo e estabelecido outro para mim mesmo, no mesmo exato segundo: daquele momento em diante, eu sabia que teria o privilégio de liderar pessoas até as altas montanhas, para que elas também pudessem conquistar o cume de suas próprias vidas.

...

Na barraca dos finalistas, encontrei competidores que eu já conhecia. Trocamos histórias, compartilhando uns com os outros os resultados que tínhamos obtido. Então, também ficou claro que o "desafio", como era chamado, era difícil para todo mundo — muito mais do que pensávamos no início. Uma vez que já tinha um alto nível de consciência, isso mudou toda minha perspectiva sobre as dificuldades.

Tudo isso foi graças à revolução da consciência que experimentara, gradualmente e com trabalho duro. Na verdade, eu tinha, de fato, experimentado um aumento constante e contínuo de consciência e, de acordo com isso, também no nível de controle da minha vida, e um novo jeito de ver a felicidade como um progresso. Hoje, como parte do "O código do vencedor", ensinamos e lideramos pessoas a fazer isso de forma deliberada e consciente. Consegui mudar a frequência que me movia, e é um processo que leva tempo e requer experiência, similar a andar de bicicleta. Um indivíduo pode ter diferentes níveis de consciência em distintas áreas de sua vida.

Dá para ter um alto nível de consciência nos negócios e em ganhar dinheiro e, ao mesmo tempo, ter um baixo nível de consciência na área dos relacionamentos.

A autoinspeção e o reconhecimento dos nossos vários níveis de consciência podem nos ajudar a elevar nosso nível em áreas que percebemos que não estão avançando. Para mim, essa percepção foi, e ainda é, uma mudança de vida.

Muitas pessoas, como mencionei (mas você não), têm um *nível básico de consciência*. Quando pergunto para essas pessoas o que elas estão fazendo, a resposta é: "Me virando" ou "Sobrevivendo". Elas passam o tempo a fim de "chegar no fim do mês", "pagar as contas", "Sabe como é". E o que acontece se elas conseguem alcançar seus objetivos? Você já sabe: elas pagam as contas.

Esse tipo de nível de consciência não permite que essas pessoas levantem a cabeça da água e vejam o que acontece ao seu redor. Nesse nível de consciência, tudo o que sobra para alguém fazer é correr de um lado para outro, enquanto culpa fatores externos pelo o que acontece com ele. Esse tipo de pessoa se coloca, todo santo dia, como vítima das circunstâncias da vida. Definitivamente, não são pessoas que governam sua vida com base em um senso de escolha e responsabilidade.

A situação financeira dessas pessoas é decretada exclusivamente (segundo sua forma de pensar) pelas decisões tomadas pelo governo. Sua condição ocupacional é resultado de uma enorme variedade de circunstâncias (que, em sua opinião, não depende em nada delas) que as levaram ao ponto em que estão insatisfeitas e não realizadas com o local em que trabalham. Seus relacionamentos também são uma restrição imposta a elas, não uma fonte de felicidade e apoio.

Segundo essa perspectiva, fatores, principalmente externos, afetam suas vidas e as deixam com pouquíssimo espaço para serem capazes de fazer uma escolha. Por isso, na maioria das vezes, essas pessoas vivem com uma sensação de serem vítimas das circunstâncias: coisas "acontecem" com elas, embora elas não "mereçam".

No início do livro, quando descrevi três modos de lidar com dificuldades, também tratei da diferença entre o criador e a vítima. Há três padrões comportamentais típicos das vítimas: reclamam, culpam os outros e se justificam ou justificam os resultados que alcançam, embora queiram resultados diferentes, na verdade. Uma vítima sempre culpa os demais por sua situação, e uma pessoa que culpa as outras por sua situação em cada área da vida tem um baixo nível de consciência.

Para subir a escada da consciência, devemos, antes de mais nada, parar de culpar os outros pela nossa situação. Pare imediatamente de reclamar. E se, real e honestamente, queremos resultados distintos, devemos assumir a responsabilidade pelas escolhas em nossa vida. Pensar "O que vai me fazer avançar?" e não "O que é impossível?" e "Por que não?". A primeira ponte para sair da condição de vítima envolve receber novo conhecimento. Foi o que mudou minha vida.

Muitas pessoas fazem o que aqueles que estão ao redor delas fazem. Porque é assim que as coisas parecem funcionar: nós fazemos "o que temos que fazer" e "o que todo mundo faz", sem perguntarmos a nós mesmos se é o que queremos ou o que escolhemos, ou se é o que nos move. A maioria das pessoas escolhe seu campo de estudos, local de trabalho, local de residência e faz várias outras escolhas que afetam sua vida inteira segundo o que é comum e aceito em seu ambiente social, e não segundo suas próprias escolhas e desejos. É basicamente como perpetuamos a "lei da média social", e continuamos a viver no mesmo lugar em que "todo mundo" vive, dirigimos os mesmos carros, vamos aos mesmos locais nas férias, comemos nos mesmos restaurantes, usamos as mesmas roupas etc. Isso não quer dizer que é bom ou ruim, mas quer dizer que a pessoa que sempre faz o mesmo que as outras em seu ambiente social vai alcançar os mesmos resultados que as demais alcançam... As pessoas em seu ambiente social.

A fim de ascender ao próximo nível, devemos estar cientes dessa situação e decidir — em relação a cada área e campo em nossa vida — se isso nos faz avançar ou se é certo ou não para nós. Se não, é possível ultrapassar os limites e sair da zona de conforto, exatamente como descrevi neste livro até agora.

Quando as pessoas não estão satisfeitas com a média social e querem alcançar mais — mais dinheiro, amor, amigos, saúde, paz, felicidade, realização —, a grande voz interior claramente ressoa dentro de nós: "Você pode fazer mais", "Você pode ter mais", "Você pode ser mais" e "Você merece mais desta vida!".

Quantas vezes você ouviu sua voz interior dizer: "Você pode fazer mais, você pode ser mais"? Bem, você está certo.

Chamo esse estado de consciência de "chamado interno de seu Ano da Revolução pessoal". Mas nada se atualiza ainda, além do entendimento de que as coisas não precisam ser como são. Há outras opções. É comum dizer que a percepção de um problema é metade do caminho para a solução, entretanto, muitas pessoas costumam ficar presas nesse nível de consciência. Elas dizem: "Um dia farei isso". Quando? Depois das férias. Quando as crianças crescerem. Quando existir paz no mundo... Algum dia. Como já sabemos, não basta querer mais. Também precisamos fazer mais a fim de alcançar os resultados desejados em nossa vida. Uma pessoa que continua a crescer e ouve sua voz interna pode se desligar de "todo mundo" e se focar no que realmente quer.

Nesse estágio, começamos a entender o que atualizar nossas aspirações envolve e, então, várias questões e preocupações aparecem. Infelizmente, a maioria das pessoas não passa desse estágio.

O motivo pelo qual a maioria das pessoas tem medo de seguir na direção de grandes objetivos e do sucesso é porque quer muita certeza de sucesso. Quer ter garantia do sucesso e só então estará disposta a subir o Monte Everest. Mas todos sabemos que o sucesso não pode ser garantido, e que os maiores alpinistas foram, e ainda são, aqueles dispostos a escalar até o topo, apesar de ninguém garantir nada ou prometer que conseguirão chegar lá.

Para isso, é preciso ter *coragem, uma vontade de ferro, uma decisão inequívoca e estar pronto para pagar o preço e manter a autodisciplina.*

Autodisciplina — e, como resultado, a disposição para agir e investir esforços — é direcionada para o objetivo e é um dos componentes necessários do sucesso na vida, aparentemente, até mais do que talento. Isso quer dizer que dei uma ordem a mim mesmo e a cumpro da melhor maneira possível: "Isso é o que quero fazer e isso é o que precisa acontecer para chegar lá". Parece simples, mas a maioria das pessoas não está pronta para dar uma ordem a si mesma e cumpri-la. Ser motivado ou parar de fumar, por exemplo.

Todos começamos a corrida. Os vencedores são aqueles que a terminam. São aqueles que não permitem que suas vozes internas, demônios, fantasmas e temores (que todos nós temos) os desencorajem. Eles sabem que não é cada coisa que fizerem que necessariamente vai se tornar um grande sucesso na vida, mas, ao contrário de outros, isso não os dissuade. Eles caem, levantam-se e tentam novamente.

O medo é uma resposta aprendida: todos chegamos ao mundo lindos, cheios de energia, curiosos, ousados e destemidos (fora ter medo de cair ou de barulho) e rapidamente aprendemos a temer o fracasso e a dor. No passado, aquelas "vozinhas internas" me paravam também. Sempre que elas tentavam me desencorajar e falavam comigo sobre o passado, em uma tentativa de me impedir de ultrapassar um novo limite, aprendi a dizer: "Obrigado por compartilhar isso comigo". Eu lhes agradecia por cuidar de mim e por tentar me proteger, então considerava o que estavam dizendo, tomava uma decisão e seguia em frente.

Já falamos muito sobre como a coragem é adquirida. Com a combinação de novos conhecimentos, nova consciência, determinação e fé, isso pode ser alcançado. *Coragem exige autodisciplina:* esse é o estágio de desenvolver hábitos vencedores. Autodisciplina pode levar você longe. Autodisciplina é uma qualidade importante para o sucesso, não menos que talento. Só o talento não o fará ir longe, *mas ter autodisciplina, com o tempo, pode também melhorar o talento.*

Os comandantes dos navios lança-mísseis, em geral, falam para os oficiais juniores (assim como disseram para nós) que, para ganhar um ano de experiência no mar, você deve navegar por um ano. Não há atalhos na jornada para o sucesso. O que significa que não dá para ganhar experiência sem trabalhar diretamente e fazer esforços naquele sentido, contudo, quando fazemos isso, conseguimos o que queremos — e a experiência do sucesso aumenta nossa sensação de confiança e cria consciência. Por fim, eu não só *sei* isso, estou *consciente* disso. O que significa que "eu sei que sei". E isso leva a uma sensação de controle — controle real.

Saber que estamos no controle da vida, que criamos nossa vida e não somos vítimas das circunstâncias, que fazemos escolhas conscientes e não estamos apenas sobrevivendo, reagindo ou seguindo com a multidão. Esse entendimento é liberdade. A liberdade de escolha. Estou liderando minha vida!

Não significa que, daquele momento em diante, os céus vão se abrir, os pássaros vão cantar e não haverá mais dificuldades ou fracassos. Pessoas que têm controle sobre sua vida não têm controle sobre as circunstâncias — este é o trabalho de Deus. Mas elas controlam suas escolhas. Podem ter um resultado indesejado e, temporariamente, não ter sucesso, mas não vão parar por isso. Lá no fundo, elas sabem que podem alcançar os resultados desejados repetidas vezes. Tire todo o dinheiro de um bilionário e veja como ele terá sucesso nos negócios novamente em pouco tempo. Tire a forma física de um atleta e veja como ele rapidamente a recupera.

Assim, o sucesso de muitos processos, como parar de fumar, correr uma maratona ou começar um negócio próprio, depende do nível de controle que alcançamos na vida.

É como esquiar. Uma pessoa que aprendeu e praticou, esquia de forma elegante, rápida, poderosa e desfruta da sensação de liberdade e da amplitude do entorno. Mesmo quando está em um caminho íngreme, parece fácil, simples e agradável. Por quê? Porque essa pessoa está no controle. Outra pessoa, que não aprendeu técnica alguma, que não praticou, mesmo que esteja esquiando em uma descida muito mais moderada, vai cair a todo minuto, sentir-se sem controle, parecer desajeitada e não vai desfrutar de nada daquilo.

Como pode? É o mesmo percurso, o mesmo sol, a mesma neve, as mesmas condições. É como acontece na vida.

É perigoso esquiar a uma velocidade de 35 a cinquenta quilômetros por hora? A resposta não é um simples "sim" ou "não". Se você não estiver no controle, é perigoso, é letal. Mas se estiver no controle, é divertido. Assim como no esqui, é nos negócios, nos relacionamentos e na vida em geral.

Se queremos viver com velocidade, poder e prazer, a chave para isso é aumentar consistentemente nosso nível de conhecimento e controle, nos tornarmos mestres. Novo conhecimento, liderança, ambiente e as ferramentas certas vão permitir que cada pessoa siga na direção de ter controle de sua vida.

> "O que conseguimos deste mundo é uma
> função do valor que agregamos."
> Alon Ulman

O Triângulo do Valor

Como já mencionado, com o tempo, as pessoas recebem um pagamento real na vida segundo uma única coisa: o valor que agregam ao mundo e para as demais pessoas. Quanto mais valor agregamos aos demais, mais vamos receber.

Então, como aumentamos o valor que agregamos?

Um dos modelos que desenvolvi para explicar às pessoas como aumentar nossa contribuição e o valor que agregamos ao mundo é o "Triângulo do Valor".

Figura 7: O Triângulo do Valor

O Triângulo do Valor é uma pirâmide composta por cinco camadas construídas uma sobre a outra.

O jeito de aumentar o valor que agregamos passa por se familiarizar com nossas histórias internas e transformá-las naquelas que nos farão avançar, com nosso processo de aprendizado e desenvolvimento pessoal, aumentando, assim, nossos padrões pessoais e nos permitindo desenvolver habilidades relevantes.

Conforme aprendemos, investimos cada vez mais em nós mesmos e nos desenvolvemos em diferentes áreas da vida que, por sua vez, faz uma mudança real em nossas histórias internas e as transformam no tipo que nos fará avançar. É uma forma espiral de crescimento. Quanto mais aprendemos e nos desenvolvemos, mais somos capazes de ter histórias internas mais progressistas com relação a nós mesmos e nossas capacidades.

Quando nossa história interna muda, somos capazes de aumentar nossos padrões. Por exemplo, ser preciso é um padrão — ser pontual e enviar projetos no prazo. Nossas expectativas sobre nós mesmos e sobre os demais, os objetivos que estabelecemos para nós mesmos, são também derivados dos nossos padrões. Queremos só passar na prova? Só terminar o trabalho e ir para casa? Ou pretendemos nos destacar no que quer que façamos?

Padrões são uma ponte. Formam valores que vão consolidar comportamentos. Quanto mais nossas normas e padrões se elevam, mais vamos crescer como pessoas — e, queiramos ou não, teremos mais. Contudo, no fim, para produzir bons resultados, precisamos de capacidade.

Pessoas que têm padrões elevados entendem que capacidades maiores trarão muitas possibilidades na vida, portanto escolhem desenvolver suas habilidades. Quem se concentrar em corrigir suas fraquezas vai se tornar medíocre. Quem se concentrar em melhorar suas forças se tornará uma estrela. Invista em desenvolver suas forças, aquilo em que você tem consciência de que é bom e também naquilo que você ama.

Seu Triângulo de Valor inclui uma espiral constante de adquirir conhecimento e expandir consciência. Novamente, quanto mais expandimos nossa consciência, mais nos esforçamos para ganhar conhecimento e melhorar nossas capacidades. Melhoramos nosso ambiente e as pessoas com quem passamos tempo. Uma pessoa que se coloca em um ambiente de desenvolvimento pessoal vai crescer quase inevitavelmente — sua consciência vai se expandir, seus padrões vão ficar mais elevados e ela vai desenvolver habilidades como estilo de vida. Todas essas coisas aumentam o valor que proporcionamos para cada pessoa em cada interação nas quais nos envolvemos.

Sua habilidade-chave

Considere a seguinte questão: que habilidade, se fosse fortalecê-la, teria o maior impacto em seus resultados?

____

____

____

Quando nosso valor aumenta e temos mais para dar aos outros, é mais fácil fornecermos e contribuirmos com a abundância que temos. E, quando fornecemos para os outros, nosso lucro, bem-estar, influência e, claro, felicidade, crescem.

Para realizar a importante transição de se concentrar em doar, o conselho mais importante que posso dar é: deixe cada pessoa ou situação que você encontrar em uma condição melhor do que estava antes. Quando este é o foco de cada um de nós, coisas incríveis acontecem conosco.

Enquanto agregarmos mais e fornecermos mais valor para as demais pessoas — nosso cônjuge, nossos filhos, nossos clientes e em geral —, teremos tudo o que desejarmos. Este é nosso papel: dar, e é também um atalho para a felicidade.

Contudo, uma pessoa só pode dar ao outro aquilo que tem dentro de si para dar por isso devemos ter o crescimento e o desenvolvimento como estilo de vida, como meta, para que tenhamos mais para dar.

"Torne um hábito deixar cada pessoa
e cada situação em uma condição
melhor do que estavam antes de encontrá-las."
Alon Ulman

Depois da minha primeira competição de *Ironman*, quando entendi que eu tinha mais em mim e mais que poderia fazer, isso realmente aconteceu. Aconteceu porque cheguei à inquietante percepção de que, até aquele momento, tinha vivido minha vida com o uso mínimo das minhas habilidades. Era como se estivesse funcionando com um pistão, em vez de oito. E não pretendia que isso continuasse nem por mais um minuto.

Dá para dizer que o colapso do meu pulmão e todo o processo posterior me levaram a níveis diferentes de consciência, até um nível de controle e percepção. Eu sabia, na linha de chegada no Arizona, no pleno sentido da palavra, que era capaz de fazer mais; até então eu tinha "jogado pequeno". E é o que acontece com a maioria de nós, até que despertamos (afinal, consciência = despertar).

Fiquei cheio de vontade de crescer e de doar. Para crescer e para doar.

"Pessoas de sucesso lutam para agregar valor e para
contribuir em todo ponto de contato."
Alon Ulman

"O paradoxo da vida é que as pessoas estão
cansadas demais e ocupadas demais
para encontrar significado na própria vida.
Com o que estão ocupadas? Do que estão cansadas?
De viver uma vida que não amam.
É realmente cansativo."
Alon Ulman

CAPÍTULO 20

Liberando o vencedor dentro de você

Em 1º de janeiro de 2011, uma data bonita, significativa e simbólica, estabeleci formalmente a empresa *The Winner's Code* e decidi oferecer atividades para o público em geral, não apenas para companhias. Por fim, dei um nome exato para aquilo no qual eu estava me especializando: Sucesso Prático. Liderar pessoas, equipes de funcionários e organizações para definir e alcançar seus objetivos e sucesso com poder e velocidade que nunca conheceram. Liderar qualquer um que se esforce para decifrar o código (e já concordamos que não é questão de sorte, acaso ou destino) em seu caminho para receber as medalhas que a vida sabe conceder.

A palestra "Ultrapassando os limites — A história do *Ironman*" (que mais tarde mudou para "Ultrapassando os limites — Como conquistar a vida que você sempre quis") tornou-se, em pouquíssimo tempo, a palestra motivacional e de liderança mais procurada em Israel. No momento em que foi aberta para o público em geral, esgotou por dez anos consecutivos.

É um evento de quatro horas, no qual os participantes recebem as ferramentas para alcançar objetivos ousados em suas vidas, inspiração, energia e motivação para agir apesar de seus medos e bloqueios, e para derrubar de uma vez por todas os limites familiares do que é possível para eles.

Auditórios com quinhentos a 1.200 assentos ficam lotados algumas semanas antes do evento. Menciono isso com grande animação, pois fico empolgado sempre que vejo quantas pessoas desejam crescer. Em setembro de 2011, um artigo muito simpático de Raanan Shaked (um jornalista muito aclamado) foi publicado sobre mim no suplemento *Seven Days*, no *Yediot Aharonot*, o maior jornal de Israel. No texto, Shaked contava minha história pessoal e o caminho que eu trilhara até me transformar no principal mentor no país. O artigo fez alarde e, na sequência, minha equipe na "O código do vencedor" me informou que íamos falar para um auditório de 1.200 pessoas na Universidade de Tel Aviv.

Mil e duzentas? Me falem uma coisa, vocês enlouqueceram? Quem eu sou? Mick Jagger? Claro que fiquei preocupado. Até pedi uma cortina, para que, se apenas setecentas pessoas aparecessem, pudéssemos dividir o anfiteatro. Mas esse evento também esgotou, e cerca de duzentas pessoas ficaram de fora, pois não havia mais ingressos disponíveis.

Lembro de chegar ao estacionamento da Universidade de Tel Aviv e ser surpreendido ao ver que não havia vagas disponíveis e muita gente caminhava na direção da universidade. Nos portões, perguntei para o segurança se havia aula às sextas-feiras. Quando ele disse que não, perguntei aonde aquelas centenas de pessoas que eu vira estavam indo. Ele respondeu: "Tem uma palestra de um mentor famoso no Auditório Smolarz...".

Só então entendi. Aquelas pessoas vinham me ver e ouvir o que eu tinha a dizer. Fiquei emocionado. Foi um daqueles momentos nos quais a pessoa percebe que está fazendo algo bom. Às 9 horas da manhã, 1.200 pessoas se reuniram em um auditório lotado para experimentar e aprender, para receber inspiração e motivação com a palestra "Ultrapassando os limites — A história do *Ironman*" e para embarcar em uma jornada pessoal a fim de realizar seus sonhos e objetivos. Em 4 de outubro de 2019, cerca de dois anos depois que a edição hebraica deste livro foi publicada, dividi um palco com Tony Robbins no maior espetáculo de desenvolvimento pessoal já feito em Israel, diante de 7.500 pessoas. Desde então, cada vez que subo no palco, me sinto maravilhado, grato e realizado novamente. Toda vez, me anima ver pessoas que se preocupam em ir a palestras e seminários e em treinar equipes na "O código do vencedor", a fim de elevar a vida ao próximo nível. Fico feliz por todas elas.

Essa palestra e seu sucesso, além do pedido das pessoas para mais desta "coisa", me ajudaram a concretizar meu sonho de criar um modelo prático e metódico de sucesso, cujo propósito é tornar toda a informação disponível de um jeito que possa ser implementado imediatamente e no longo prazo.

Este é o seminário "Código do Vencedor", nosso evento principal. Ele inclui três dias poderosos de mudança de vida, nos quais as pessoas recebem um sistema passo a passo de como viver a vida que sempre quiseram. Quando participa desse evento, a pessoa descobre quais são as regras do sucesso, como elas funcionam e o que realmente quer. Você vai criar uma imagem vencedora de si mesmo e construirá um programa para alcançá-la. Vai entender o que o detém (e o que o deteve até agora) e como criar um ambiente para si próprio que apoie as mudanças que deseja. Vai ganhar controle imediato sobre sua vida e fazer mudanças duradouras e sustentáveis.

É claro que a maioria das pessoas não vive a vida que gostaria de viver. Mas eu sei (eu costumava acreditar nisso, e agora eu *sei*, já que vejo milhares de pessoas fazendo isso) que quando as pessoas entendem as leis e constroem uma imagem vencedora, o caminho para conquistar controle imediato na vida — e seguir no "Grande Eu" e ser a melhor versão de si mesmas — é possível e muito mais curto do que costumavam pensar.

No seminário, as pessoas recebem as ferramentas, o conhecimento e o ambiente, assim como a paixão e a motivação que as ajudarão a viver como vencedoras em seus relacionamentos, carreiras, bem-estar físico e na realização de suas aspirações. Em todos os aspectos da vida.

A ênfase é sempre no "sucesso prático": dar às pessoas o conhecimento e as ferramentas para fazer mudanças simples e significativas na vida. Para você fazer uma mudança imediata a fim de ir para o próximo nível. Para viver a vida que realmente deseja viver.

...

Em 2014, fui entrevistado por Vered Ramon-Rivlin, editora da revista de negócios *Lady Globes*, em Israel, para uma longa matéria de capa em uma edição que tratava de realização pessoal. O título dizia: "O *rock star* da indústria o ensinará a treinar sua consciência para se tornar mestre dos maiores projetos de sua vida: é sua vida, e ele não vai parar até alcançar um milhão de israelenses".

Quanto a mim, quando Aviad me falara, tempos atrás, que um dia eu seria um *rock star*, pensei que ele estivesse só tentando ser gentil.

Então, seminário após seminário, várias pessoas animadas vinham até mim no fim do evento para perguntar como poderiam continuar um processo mais longo e mais profundo de desenvolvimento pessoal comigo e transformar isso em um estilo de vida.

Entendi que havia uma necessidade real ali e, depois de um período de preparação e consideração, estabeleci a estrutura da O código do vencedor — grupo *Platinum*. Esse é nosso programa premium, e tenho muito orgulho dele. Principalmente dos resultados que criou na vida de milhares de pessoas. O processo dura cerca de dez meses e é destinado apenas a graduados nos seminários (que depois passam por um processo de seleção), e é fascinante, empolgante e muito poderoso.

A companhia que criei rapidamente se tornou líder no ramo. Na estrutura dos eventos de "O código do vencedor", em geral, conduzo o seminário principal de "Código do Vencedor", o "Código do Dinheiro" e uma manhã de "Ultrapassando os limites" para o público em geral e, claro, o programa do grupo *Platinum* baseado nos métodos de "O código do vencedor". Dentro da estrutura da empresa "Quebrando limites", lidero e ofereço consultoria para empresas e gerências de empresas israelenses líderes, proporcionando a elas palestras e processos aprofundados a fim de melhorar suas organizações nos aspectos da liderança, performance, motivação e aumento nos lucros e produtividade. Hoje, a organização original se expandiu para incluir as seguintes cinco companhias:

- "O código do vencedor": palestras, seminários e programas de treinamento de equipes para audiências privadas sobre tópicos do "Sucesso prático" e "Como produzir a vida que você sempre quis (pessoal, negócios, relacionamentos)".
- "Quebrando limites": palestras e workshops para organizações, gerências e executivos sobre como produzir o desempenho máximo.
- "O código do coach": uma academia para *treinamento* e certificação de coaches que também inclui o Stage Code.
- "O código do estágio": como se apresentar no palco e conquistar qualquer audiência.
- "O código do vencedor para jovens": um programa de sucesso prático para crianças, que é ensinado em escolas por toda Israel, tanto em sala de aula quanto no formato digital.

Assim como cada pessoa pode fazer a jornada para seu "Grande Eu", a mesma coisa pode acontecer com cada indivíduo, empresa e organização. Depois de compreender os princípios, você pode levar as pessoas da sua organização a alcançar objetivos inovadores.

Nossa missão, em todas as atividades do grupo "O código do vencedor" , é ajudar as pessoas e organizações a alcançar seus objetivos e sucesso com uma velocidade e poder que nunca conheceram. Tudo isso é baseado em quatro premissas fundamentais, as quais mencionei brevemente na introdução deste livro, e que empregamos diariamente no trabalho em "O código do vencedor":

1. Sucesso não é sorte: o sucesso de uma pessoa, organização, projeto, time de futebol, casamento, família, empresa ou país não é resultado do acaso, da sorte, dos genes, do horóscopo e assim por diante. Existem leis do sucesso.

2. Pessoas comuns podem alcançar resultados extraordinários: mesmo resultados "extraordinários" são alcançados por meros mortais. Em anos recentes, trabalhei com pessoas de muito sucesso em várias áreas. A maioria delas não nasceu nas áreas nas quais operam hoje. Realmente existem mecanismos por trás de como pessoas comuns podem produzir resultados extraordinários. Cada pessoa pode alcançar em sua vida muitas vezes mais do que já alcançou até agora e do que acredita ser possível para ela.

3. Nós escrevemos o roteiro das nossas vidas, dentro das nossas circunstâncias, é claro. Sempre haverá circunstâncias. Pelas nossas escolhas, sejam conscientes ou não, escrevemos nosso roteiro que, é claro, impacta nos roteiros dos demais. A melhor maneira de prever nosso futuro é criá-lo, como dizia Abraham Lincoln.

4. É possível aprender o sucesso e ganhar controle imediato de nossa vida. É possível aprender como transformar nossa vida em uma história de sucesso e em uma obra-prima. Se as pessoas entendem as leis do sucesso e agem segundo elas, o sucesso é inevitável.

Hoje, quando me perguntam "Alon, no que você trabalha?", respondo que parei de trabalhar. Eu costumava ter um "trabalho" — e ficava esperando que ele terminasse. Então, tive uma carreira

— sempre quis avançar — e hoje estou em uma missão. Só quero fazer cada vez mais disso, ajudar pessoas. Meus dias são repletos, ocupados, dando e fazendo. Trabalho mais horas do que jamais trabalhei, mas não sinto que seja trabalho. Eu e as pessoas que estão comigo, os "comandos" da "O código do vencedor", nos levantamos de manhã para tornar este mundo um lugar melhor, para servir as pessoas e para liderá-las até lugares mais altos que elas pensavam poder alcançar.

Compartilho com elas o conhecimento e as percepções que reuni e fico sempre empolgado ao vê-las ultrapassar limites. Quero permitir que as pessoas vivam melhor. Quando é bom para elas, é bom para seus filhos.

São pessoas corajosas, famintas pela vida e que desejam um propósito, que ouvem o disparo na linha de largada da vida e escolhem segui-lo, e à sua voz interna. Eu os encontro diariamente nos seminários e equipes da "O código do vencedor", em palestras, reuniões e e-mails, mensagens que me escrevem no Facebook e Instagram, tão tocantes que com frequência me levam às lágrimas. Estas pessoas estão provando a si mesmas, diariamente, que uma vida rica em significado é questão de escolha e que tudo — tudo — é verdadeiramente possível.

"Recebemos um tempo precioso aqui. Não devemos
viver nossa vida adequadamente?"
Alon Ulman

No fim de um seminário, membros da organização me contaram animados que meu filho mais novo, Gal (que em geral trabalhava nos meus seminários nas férias), tinha recolhido garrafas de água vazia para vendê-las para a reciclagem. Gal tinha quatorze anos na época e estava determinado a economizar dinheiro para comprar um carro quando fizesse dezessete.

Cada seminário dura três dias, então, no primeiro dia, ele pedira que todos o ajudassem a recolher as garrafas vazias dos participantes. Depois de um longo dia, levou uma sacola imensa, cheia de garrafas, até o supermercado ao lado. No caminho, viu uma mulher sem-teto cercada de sacolas e cobertores. Sua boa alma imediatamente entrou em ação, e Gal resolveu dar as garrafas para ela, sabendo que os 50 reais eram uma soma decente para ele, mas para ela... Era provável que aquilo determinasse se ela teria algo para jantar naquela noite ou se ficaria com fome. Combinou que ela deveria passar no dia seguinte e que ele lhe daria outra grande quantidade de garrafas. A partir daquele momento, ele tinha uma missão: pediu para que todos o ajudassem para que, no dia seguinte, a mulher sem-teto tivesse o dobro de garrafas. A iniciativa de Gal me tocou e tocou a equipe inteira. Quando um indivíduo nota as pessoas ao seu redor e é generoso com elas, e lhes dá o que tem, essa pessoa descobre a grandeza. Mais tarde, perguntei a Gal de onde ele tinha tirado aquela ideia e fiquei surpreso com sua resposta.

Já mencionei que, quando Gal era mais jovem, com quatro ou cinco anos de idade, eu servi como presidente voluntário da Mesa Redonda em Haifa. Durante os doze anos de serviço na Mesa Redonda, iniciei muitas atividades de caridade para a comunidade. Ajudávamos crianças sem-teto, mulheres agredidas, pessoas com necessidades especiais e outra mais. Cada ano, durante a Páscoa, distribuíamos comida para os necessitados. Levei Gal nessas atividades. Ele se lembrava das pessoas; e as reações delas — as reações daqueles que não podiam acreditar que desconhecidos simplesmente lhes dariam comida — ficaram gravadas em sua memória.

Eu era voluntário e investia meu tempo em atividades comunitárias e, quanto mais eu participava, mais completo me sentia, até que percebi que dar é a coisa mais importante. Hoje, sei que é a essência da felicidade e fiz questão de incluir meus três filhos em várias atividades dessa natureza. Em vários lugares onde fui ajudar, recebi inspiração e lições para a vida. Cada vez que contribuí, as pessoas a quem ajudei contribuíram ainda mais comigo.

Lembro especialmente de uma noite em 2014, na Shanti House, um centro de atendimento para crianças em risco, onde dei uma palestra em um evento de caridade. Desde então, meus laços com as pessoas encantadoras, corajosas e generosas que dirigem essa incrível iniciativa cresceram cada vez mais e, uma noite, fui com minha esposa e filho a uma cerimônia de Cabalat Shabat na Shanti House. Outras cinquenta ou mais pessoas estavam conosco, com belos olhos cintilantes das almas preciosas, jovens adolescentes com origens familiares difíceis que tinham escolhido pedir ajuda a fim de mudar de vida. Essa foi uma noite que sempre guardaremos com carinho e, desde então, realizamos a prática do "Shanti" em casa nas noites de sexta-feira. Cada membro da casa partilha algo alegre que aconteceu durante a semana e que deseja para si na semana seguinte.

Este entendimento — o reconhecimento de que o desejo de dar (e não o desejo de receber) é o propósito da vida — traz verdadeira felicidade, significado e prosperidade. É o entendimento mais significativo da vida. Hoje, em tudo o que faço de manhã até a noite, na minha vida privada e profissional, o foco é, no que me diz respeito, servir e dar — ajudar pessoas e organizações a alcançar o que querem, poderosa e rapidamente. Ajudá-las a entender e reconhecer suas habilidades e o que lhes é possível. Proporcionar-lhes as ferramentas, o ambiente, a mentoria e a inspiração para que alcancem seus objetivos. A felicidade está em doar. Mas, para doar, você deve ter algo para oferecer. Uma pessoa só pode dar o que ela tem, portanto, a fim de crescer continuamente, você deve dar. *Para crescer e dar.*

Resultados são algo ao qual realmente me conecto, você sabe. Mas acredito que exista algo que vem antes do resultado — e são os valores. No fim, são os valores que vão liderar você ao resultado que deseja. Todo nosso comportamento deriva dos nossos valores e os reflete. É daí que vem o resultado.

Propósito e valor

(do site da "O código do vencedor")

Propósito: liderar pessoas e organizações a ultrapassar limites e conseguir alto desempenho por sua própria grandeza.
Nossa missão é ajudá-lo a alcançar seus objetivos e sucesso com velocidade e poder que você nunca conheceu.
O modo: expandir a consciência sobre o que é possível para nós e proporcionar inspiração, conhecimento, ferramentas, sistemas, mentoria, ambiente, energia e paixão para se mover nessa direção.

Valores:
1. L.A.P (Leve a palavra): ser uma fonte de inspiração – "ser a mudança sobre a qual vão falar" – e "servir como exemplo pessoal". Saber algo significa viver esse algo.
2. Liberdade: a habilidade de escolher um pensamento e uma resposta em qualquer situação como estilo de vida. Agir sabendo que "escrevemos o roteiro" de nossa trajetória, em qualquer situação, e passar isso para outras pessoas.
3. Excelência: um padrão de desempenho e resultados excepcionais como estilo de vida.
4. Crescimento: aprendizado e avanço constantes ao longo da trilha crítica no dia a dia como estilo de vida.
5. Criar valor: deixar cada pessoa, organização e situação em uma condição melhor do que estava antes que a encontrássemos. Agir com base em um desejo de agregar alto valor.
6. Uma paixão pela vida: viver e desempenhar de forma poderosa, vívida e com paixão. Estar presente em cada momento, aqui e agora.
7. Tudo é possível: tudo é possível! A questão não é se eu posso, mas "o que estou disposto a fazer para que isso aconteça"?.

Se você leu todo este livro e chegou a este ponto, já entendeu que o *Ironman* é basicamente um tipo de parábola. Cada um de nós tem seu próprio *Ironman.*

Tenho confiança de que está claro para você que o caminho até a melhor versão de nós mesmos não é restrito a algumas celebridades ou a pessoas cujo nome começam com "A". É aberto a qualquer um que ouse e deseje pagar o preço que precisa ser pago para viver a vida em sua plenitude.

Lembre-se:

"Para atingir qualquer objetivo, meta ou sonho, a questão relevante que deve ser feita não é 'eu consigo?', mas 'o que estou disposto a fazer para que isso aconteça'?"
Alon Ulman

Uma pessoa que diz que *"A vida não é um ensaio; é a apresentação"* está certa. O ensaio acabou, nossa vida está acontecendo agora. É isso.

Quem entre nós realmente vive a vida como ator principal em uma estreia comemorativa com uma performance única, fascinante e particularmente excelente?

Bem, é isso — é possível!

...

Se eu não tivesse vivido minha história e descoberto o *Ironman* dentro de mim, talvez não soubesse tudo isso. Mas acredito e sei que mora um "*Ironman*"em cada um de nós. A questão é: ele é capaz de emergir? Vamos decidir nos mover na direção de nossas maiores versões na vida? Se sua resposta for "sim", então tem diante de si treze princípios que o ajudarão a atualizar o *Ironman* que está dentro de você — uma metáfora para o sucesso e para atualizar sua imagem vencedora. Use-os como equipamentos para a estrada:

13 princípios para liberar o *Ironman* em você

1. O *Ironman* sempre tem uma imagem vencedora. Ele sabe o que quer alcançar, que pessoa quer ser e o que quer para si. A maioria das pessoas só sabe o que não quer.

2. O *Ironman* sabe que escreve o próprio roteiro. Ele assume a responsabilidade e o controle de sua vida. Outras pessoas são dependentes das circunstâncias e acham que isso depende de carma, destino, da situação. (Cá entre nós: há alguém que realmente pensa que ficar sentado em casa, reclamando do governo, vai mudar a situação?)

3. O *Ironman* pensa "Como Sim?". Outras pessoas sabem o que não querem. Cada um de nós tem dois filtros na mente: por um, passam os pensamentos de como podemos. Esse é o filtro do vencedor. Pelo outro filtro, passam os pensamentos de por que não podemos, por que não agora e por que é impossível. Essa é uma forma de pensar e pode ser mudada. Em nosso ambiente interno, alguns pensamentos do tipo "Como eu posso?" valem mais do que muitos pensamentos de "Por que não".

4. O *Ironman* é maior do que seus problemas e dificuldades. Não há ninguém sem problemas. Não há ninguém que não tenha dificuldades. A diferença está entre aqueles que permitem que isso restrinja seus passos e determine o limite de seus sonhos e aqueles que crescem acima de seus problemas e dificuldades.

5. O *Ironman* tem medo, mas age apesar do medo. Não há ninguém que não tenha medo. Mas os vencedores agem apesar do medo. Quando seu objetivo os empolga e os assusta ao mesmo tempo, eles agem.

6. O *Ironman* tem objetivos empolgantes. A maioria das pessoas tem objetivos de sobrevivência, e uma pessoa que trabalha a vida toda para alcançar objetivos de sobrevivência vai ter sucesso em sobreviver. Uma pessoa que defina para si mesma objetivos empolgantes — e vimos na Fórmula para Ultrapassar os Limites como isso é feito — terá uma vida empolgante e significativa antes mesmo de alcançar seus objetivos.

7. O *Ironman* investe, diariamente, em seu ativo mais produtivo — ele mesmo, e seu pessoal. Invista em si mesmo e você terá mais, será capaz de ajudar os outros. Quem é o seu pessoal? Você decide. Esse é o ativo mais produtivo que você tem. Um ativo que pode produzir mais de 100% de rendimento ao ano! Chama-se a "Lei do x 50". Tudo o que você coloca nisso vai crescer cinquenta vezes — o que atende exatamente à definição de um investimento: a renúncia do recurso no presente em prol do crescimento no futuro.

8. O *Ironman* se esforça para agregar valor e contribuir em cada e em todo ponto de contato. Esse é um pensamento que mudou minha vida. Transforme isso em um estilo de vida você também: em qualquer interface, em qualquer ponto de contato com qualquer pessoa, situação ou acontecimento, deixe-os em melhores condições do que estavam quando os encontrou. Em qualquer ponto de contato, concentre-se na pergunta: "Como posso deixar isso em uma situação melhor do que encontrei"? Faça isso também em relação a toda pessoa que se deparar, mesmo que ainda não as conheça de verdade. Pense sobre como maximizar o que você dá em cada situação, não no que pode tirar e no quanto pode fazer. A pergunta é: como você pode ajudar? Quanto pode ser dado? Tudo se baseia em valor. Quanto mais oferecemos um alto valor para mais pessoas, mais rápido e mais poderosamente teremos tudo o que desejamos: dinheiro, amor, poder, respeito. É importante lembrar que uma pessoa só pode dar o que tem. Queremos ter um valor mais alto? Devemos crescer, ajustar nossas histórias internas, elevar nossos padrões e aumentar nossas habilidades, e então o valor que agregamos vai crescer.

9. O *Ironman* vive poderosamente, com uma paixão ardente de estar presente em cada momento. Há pessoas que sempre falam do passado ou sobre o futuro. Mas tudo está acontecendo agora. Podemos falar do passado agora, e o futuro pode ser planejado agora. Já vimos que a maioria das pessoas se sente mal em relação ao passado, reclama do presente e se preocupa com o futuro. Você se lembra do que os vencedores fazem? Eles aprendem com o passado, deles e dos outros, o que é muito progressista. Escolhem o presente — tomam decisões e, simplesmente, ao fazer isso estão criando o futuro. Vivem com paixão, aqui e agora. Cada dia, cada momento. O tempo é precioso.

10. O *Ironman* serve como fonte de inspiração e como exemplo para os que estão ao seu redor. A expressão "exemplo pessoal" pode ser batida, mas é uma das pedras fundamentais do comando e da liderança. Mahatma Gandhi disse: "Seja a mudança que deseja ver no mundo". Seja tudo o que você gostaria que acontecesse em seu ambiente. É o único jeito de funcionar. Lembre-se: por que uma criança deve fazer o dever de casa se vê que os pais "não fazem o dever de casa": não aspiram ajudar, se desenvolver, crescer? Tudo o que você quiser receber em seu relacionamento, dê. Qualquer mudança que queira ver nos seus arredores, faça-a em você mesmo. Seja o herói de seus filhos — seja a inspiração deles.

11. Para alcançar qualquer meta, objetivo ou sonho, a pergunta relevante não é "Eu consigo?" mas "O que estou disposto a fazer para que isso aconteça?". Já discutimos sobre a frase "Não consigo" — "não consigo superar, não consigo me focar, não consigo...". Tenho alguns "Testes do Alon Ulman". Um deles é o teste da clareza: as coisas são claras e compreensíveis até mesmo para uma criança de sete anos? O segundo é o teste da disposição: se a vida de nossos filhos dependesse disso, estaríamos dispostos a fazer? Se sim, é um sinal de que podemos, mas não estamos dispostos. Disposição é uma palavra muito profunda: o que estou disposto a fazer? Que preço estou disposto a pagar? O que estou disposto a aprender? Do que estou disposto a abrir mão? A vida dos nossos filhos depende da nossa disposição: em como olhamos, falamos, sentimos, amamos e damos amor. E quanto ganhamos, em nossas normas e padrões, no exemplo que proporcionamos, e cada vez mais. A disposição é o que nos separa dos objetivos que queremos alcançar. E quanto mais aumentamos nossa disposição, mais sorte teremos!

12. Tudo é possível! Quer pense que tudo é possível ou pense que nada é possível, em ambos os casos você vai descobrir que está certo. Lembra do programa de ação? Um pensamento cria uma emoção, uma emoção cria uma ação, uma ação cria um resultado. Então, não é preferível e vale mais a pena pensar que você consegue? E se pensa que não é possível para você, quem vai pensar que é? O ministro da Economia? Seus filhos? Nós determinamos o tamanho do nosso "Eu" de acordo com a extensão do nosso escopo, no nosso reino da consciência. Trata-se de ultrapassar os limites. Agora é nossa hora. Então, qual será seu *Ironman*? E qual será o primeiro passo na direção dele?

13. Se você ama seus filhos (e obviamente ama), invista em si mesmo e se desenvolva! Para ser um exemplo, para crescer, para ser o herói deles e para termos um país melhor e um mundo melhor, sim!

O rabino Shlomo Carlebach disse: "Toda criança precisa de pelo menos um adulto que acredite nela". Se olhar ao seu redor, você vai vê-las. Pessoas que crescem com uma espinha dorsal forte, confiantes em si, sabendo que, se a tempestade desabar ao seu redor, vão manter o espaço interior, a estabilidade e o equilíbrio. Conheci pessoas assim nas Forças Armadas, quando era um jovem oficial, e me perguntava o que elas tinham que outras não tinham. Hoje, já estou familiarizado com o que é feito o DNA do sucesso e sei que essas pessoas tiveram no passado um adulto que acreditou nelas e alimentou a sensação de capacidade e a confiança tranquila.

Infelizmente, a maioria das crianças não tem um adulto assim na vida. Um dos papéis mais importantes e significativos que temos como adultos, senão o mais fundamental, é ser um desses adultos. Não o educador condescendente, o sabe-tudo que exige: "Você faz o que eu lhe digo para fazer", ou o educador que ordena: "Limpe seu quarto". Mas a pessoa que acredita nas habilidades da criança e entrega constantemente uma mensagem de apoio, apesar das circunstâncias e dos resultados alcançados. O que faz a diferença são a intenção, o esforço que ela investe e o desejo de crescer. Se nutrimos isso, uma pessoa inteira e resiliente emocional e mentalmente, capaz de alcançar qualquer objetivo, sairá para o mundo.

Não são só as crianças que precisam de um adulto que acredite nelas. Os adultos também precisam, e a maioria de nós — como você provavelmente já adivinhou — nem sempre tem alguém assim. E, cá entre nós, se não acreditamos em nós mesmos e nas nossas habilidades para ter sucesso, por que alguém deveria acreditar? Se você não tem alguém que o apoia ao seu lado, diga você mesmo o quanto acredita em si — e, mesmo se tem, comece a ser você mesmo alguém que acredita em si. Já temos todo o material inato, o *software* e tudo o que é necessário para conseguir, para viver uma vida adequada. Ser bons pais, parceiros maravilhosos e amorosos. Para ter sucesso financeiramente, viver uma vida de segurança, alegria, significado, amor, crescimento e generosidade.

Então, lembre diariamente aos seus filhos que você acredita neles. Que eles têm tudo o que precisam para sonhar e realizar seus sonhos. Repita em seus ouvidos: "Sempre se lembre de como você é talentoso e inteligente. Você pode ser qualquer coisa que quiser ser". Claro que é importante ensiná-los e educá-los sobre os limites do "sim" e do "não", mas jamais diga aos seus filhos o que eles podem ou não podem ser. Não projete suas histórias internas neles. Diga para eles: "O que quer que você faça, faça com excelência. Jamais desista de seus objetivos tipo C, dos seus sonhos. E, não importa o que aconteça, sempre se lembre do quanto nós o amamos".

"Se você soubesse que tudo o que escolher é o que será, que vida escolheria para si mesmo? Nós nos tornamos o que escolhemos ser + o que estamos dispostos a fazer para que isso aconteça."
Alon Ulman

Onde você está em sua vida?

Eu o convido a parar um momento agora para pensar onde você está na sua vida e onde gostaria de estar.

Onde estou hoje:

Saúde (esportes, peso, aparência, sentimentos, hábitos)

Trabalho / carreira / negócios

Condição financeira / independência / liberdade financeira / dinheiro

---

Relacionamentos (parceiro, filhos, amigos, colegas/empregados)

Desenvolvimento pessoal / conhecimento / sensação de realização e felicidade

---

Defina três objetivos tipo C para este ano:

Pessoal

___

Carreira

___

Relacionamentos

___

Cinco questões que me ajudarão a atingir meus objetivos:

Quais são os motivos pelos quais escolhi esses objetivos?

___

Quais são minhas forças motivadoras que vão me ajudar a realizar esses objetivos?

___

Que dificuldades prevejo ao longo do caminho?

___

Quais são as ações mais importantes que devo fazer agora mesmo?

___

Onde posso encontrar conhecimento, ferramentas, ambiente e pessoas que possam me ajudar?

___

Onde quero estar em um ano depois de terminar de ler este livro?

Saúde (esportes, peso, aparência, sentimentos, hábitos)

Trabalho / carreira / negócios

Condição financeira / independência / liberdade financeira / dinheiro

---

Relacionamentos (parceiro, filhos, amigos, colegas/empregados)

Desenvolvimento pessoal / conhecimento / sensação de realização e felicidade

---

Onde quero estar em cinco anos depois de terminar de ler este livro?

Saúde (esportes, peso, aparência, sentimentos, hábitos)

Trabalho / carreira / negócios

Condição financeira / independência / liberdade financeira / dinheiro

---

Relacionamentos (parceiro, filhos, amigos, colegas/empregados)

Desenvolvimento pessoal / conhecimento / sensação de realização e felicidade

---

CAPÍTULO 21

Agora é sua hora! Um apelo pessoal

Peço perdão se alguém se sentiu magoado por algo escrito nestas páginas, se coisas que apareceram aqui o incomodaram ou tocaram de alguma forma em um ponto sensível. Falo (e escrevo e vivo) com vontade e desejo de ajudar, mas sei como isso pode e ou parece soar algumas vezes. Vejo o que acontece com as pessoas quando elas sobem na "esteira universal" e crescem até se tornar seu "Grande Eu". Tudo aqui foi dito e escrito com amor e desejo de doar, sem uma única palavra de cinismo. Nossa vida é preciosa e importante, meu amigo. Vamos nos relacionar com ela dessa maneira. O tempo continuará e fará o que faz de melhor — vai passar. O que acontece conosco e com nossos filhos enquanto ele está passando depende do que *nós fazemos.*

Você já sabe que é impossível desperdiçar o tempo. É possível desperdiçar a vida, mas só nossa própria vida. Não dá para desperdiçar a vida de alguém. E é possível ganhar vida.

Nossa vida é a coisa mais preciosa que temos. É preciosa. Você vive assim? Como se fosse preciosa?

Eu me dirijo ao seu coração:

Invista em si mesmo. Comprometa-se a trabalhar nesse projeto central que é chamado "nossa vida". É nosso principal projeto e inclui nossos filhos, carreira, relacionamentos, saúde, missão, comunidade e contribuição para o mundo. Invista nesse projeto, aprenda sobre ele; dê a si mesmo o que você merece, o corpo que você merece, o relacionamento que merece, a carreira que merece, a saúde que merece e a habilidade que merece. Lembre-se de que somos nosso ativo mais produtivo para nós mesmos e para nossos filhos. Se você está entre aquelas pessoas que, para investir nos outros, (aparentemente) não investem em si mesmas, tente imaginar um campo estéril queimado pelo sol, onde nada cresce. É impossível. Uma pessoa doente, cansada e fracassada não pode ajudar ninguém; ao contrário, só oprime os demais. Agora imagine um campo verde, fértil, frutífero. Você sabe quanta vida há nele. Invista em um ativo que produza mais do que 100% de rendimento ao ano: você mesmo.

Exercite-se, exercite-se, exercite-se. Se há uma pílula que pode mudar a vida de uma pessoa, aqui está ela. Vejo como as pessoas que vêm aos nossos seminários se transformam de "viciados em televisão" em atletas, em maratonistas, em *Ironmen*, em pessoas que correm dez quilômetros regularmente. Esportes não são só uma questão física: são um microcosmo de tudo. Ao se exercitar, você muda sua autoimagem, sua felicidade e alegria. *Onde a alma vive?* No corpo. Nosso corpo é um reflexo da nossa alma, segundo Wittgenstein. Se perdemos nossa saúde, não faz diferença o que mais temos agora, nós não temos nada. Com todas nossas habilidades, se não temos um corpo forte e saudável o bastante para agir e ajudar as pessoas, então não seremos capazes de ajudar ninguém, só de perturbá-las. Invista nele. Hoje em dia, as pessoas não se movem tanto quanto no passado. Antes, o movimento era uma coisa natural. O jeito mais rápido de influenciar um estado emocional é por meio do esporte. Levante-se de manhã, coloque seu tênis e vá correr.

Viva poderosamente. Todo dia, uso dois elásticos no punho: um vermelho e um azul. Cada vez que esqueço por um segundo o quanto a vida é preciosa, o quanto é importante viver cada momento com paixão, estalo o elástico para lembrar a mim mesmo. Sim, às vezes esqueço. Mas a maioria das pessoas sequer se lembra... Meu amigo, o ensaio acabou. *A vida acontece aqui e agora.*

Qual é a melhor maneira de entender algo? Ensinando. Escolha dois tópicos do livro que o tocaram particularmente e os ensine para pessoas queridas. Veja como vai ser divertido!

Conte-me sobre seu sucesso. Estou interessado em saber! Compartilhe seu sucesso e me escreva no Facebook, no Instagram, por e-mail ou qualquer outro meio de comunicação. Eu me importo com isso. Isso empolga e inspira a mim e a outros.

Gostou deste livro? Ele foi bom para você? Compre-o para dar de presente para duas pessoas que você ama.

Eu o amo e desejo que tenha uma vida maravilhosa, cheia de amor, felicidade, realizações e sucesso.

Agregue muito valor aos outros. Seja a melhor versão de si mesmo. Viva poderosamente!

O CÓDIGO DO VENCEDOR

"O Pedido de Boa-Noite"

Toda noite, antes de dormir, escreva:

Três coisas boas que aconteceram comigo ou que eu fiz hoje:

1 ______________________________

2 ______________________________

3 ______________________________

Cinco coisas que valorizo e que sou grato por ter em minha vida:

1 ______________________________

2 ______________________________

3 ______________________________

4 ______________________________

5 ______________________________

Quando aplicável, responda às seguintes questões:

O que fiz hoje para melhorar meu casamento/relacionamento?

____

O que fiz hoje para melhorar meu relacionamento com meus filhos/amigos?

____

O que fiz hoje para melhorar minhas relações de negócios/carreira?

____

EPÍLOGO

"O impossível só existe nos sonhos,
e os sonhos são feitos para serem realizados!"
Alon Ulman

Muito bem. Agradeço por você chegar até aqui. "Você terminou a corrida"! Chegou ao fim. Terminaremos em mais um minuto. Peço que volte comigo ao momento em que abriu este livro. Imagine um avião que está a 33 mil pés de altitude. Estou neste voo, voltando para Israel depois de férias na Turquia. E de repente não tenho ar. Não consigo respirar... Você se lembra? Se alguém entrasse no Hospital Rambam e me dissesse que, em poucos anos, eu terminaria uma competição de *Ironman* e me tornaria um mentor requisitado e palestrante para dezenas de milhares de pessoas todos os anos, teria exigido que essa pessoa fosse internada imediatamente. Não havia chance no mundo de eu acreditar que algo assim seria possível. *Esse deve ser algum maluco vagando pelos corredores do hospital e está tentando deixar os outros doidos.* Mas isso, de fato, aconteceu. Na minha vida. Na realidade. Não em um filme de Hollywood. Escrevi sobre a jornada que tenho feito desde então para tornar o conhecimento e as ferramentas acessíveis para qualquer um que queira ser fortalecido. Minha história é só uma plataforma. O que realmente importa é sua história, a história da sua família, a história dos seus filhos. Para onde você está navegando este barco? O que está fazendo com seu tempo?

No fim, todo mundo morre. No caminho, alguns também vivem.

Acredite em si mesmo. Viva poderosamente,

Do seu,
Alon Ulman

AGRADECIMENTOS

Ninguém faz sucesso sozinho, e não sou exceção.

Agradeço a você, minha amada esposa Ortal, por nosso casamento incrível. Estamos casados há trinta anos, e nosso laço só fica mais forte. Eu a amo mais a cada dia.

Aos meus filhos queridos, Bar, Gaya e Gal. Eu os amo tanto, tenho orgulho e aprecio muito vocês.

Aos meus pais, Shalom e Yehudit. Obrigado por tudo — eu os amo e cuidarei eternamente do que me deram.

A Dafna, minha amada irmã. Obrigado por me ajudar a começar o "O código do vencedor" e, em geral, amo você.

A Rachel e Israel Inbar, a Shimon (em memória abençoada) e a Gila Nakash, obrigado pela ajuda na criação de nossos filhos e por nos permitirem investir tanto em nossa missão. Vocês são pessoas justas, e eu os amo.

A Einat Niv, ex-editor chefe da Keter, obrigado pela confiança, pelo profissionalismo e pelo longo e complexo processo de escrita que se desenvolveu bem diante dos nossos olhos com nosso próprio crescimento pessoal no decorrer do tempo.

A Galia Aloni-Dagan. Um agradecimento especial por sua ajuda na organização, refinamento e polimento dos meus pensamentos para a versão hebraica deste livro.

Muito obrigado às pessoas maravilhosas da Keter Publishing, e um agradecimento especial para Roni Modan por me acompanhar e pelos bons conselhos que deu. Obrigado a Keren, Sharon e Naama por abraçar este livro e pelo carinho e conexão profissional.

Um grande agradecimento à editora Watkins, em primeiro lugar ao grande Etan Ilfeld, por acreditar em mim e no meu livro à primeira vista, na palestra que dei em Londres, onde nos conhecemos. Muito obrigado a Ella e Fiona pelo trabalho excelente nas versões em inglês e internacional. A Sue, por toda sua ajuda, a Daniel, o editor-chefe, muito obrigado.

Às pessoas maravilhosas do "O código do vencedor", para todo o "comando", como chamamos a nós mesmos em nossa linguagem interna, as pessoas que trabalham comigo 24 horas por dia, sete dias por semana com dedicação sem fim e enorme paixão para tornar este mundo um lugar melhor, para ajudar as pessoas a viver vidas melhores e para possibilitar uma vida melhor para seus filhos.

Um agradecimento especial a Adi Elkayam-Refaeli, por seu espírito, dedicação e talento, pelo seu alto padrão de desempenho, por sua devoção e comprometimento, e por sempre estar ao meu lado em toda tarefa e em qualquer momento, e por sua contribuição para este livro.

Um agradecimento especial para Ofir Halperin, o diretor da equipe da "O código do vencedor", pela dedicação, pelo comprometimento, pelo investimento e pela participação que deu ao longo do caminho. Você é maravilhoso. Amo você.

Obrigado aos muitos professores que tive na vida — alguns cara a cara, outros que não conheci pessoalmente e alguns que não estão vivos há décadas e até mesmo centenas e milhares de anos —, suas pesquisas, desejo de saber, seus escritos e seus *insights* na vida iluminaram meu caminho.

Aos meus comandantes e subordinados no passado e ao Comando Naval das Forças de Defesa de Israel, aos vários bons amigos das várias fases da minha vida, meus parceiros ao longo do caminho, e aos colegas com quem aprendi lições de vida e de quem recebi inspiração.

Aos formados e participantes da equipe do "O código do vencedor" — vocês são parte da minha família.

À minha audiência, aos participantes das palestras e seminários, obrigado por me permitirem viver meu destino e fazer do mundo um lugar melhor.

A todos os homens e mulheres de hoje e do passado que têm uma paixão por entender a essência da vida, que compartilharam e estão compartilhando seu conhecimento com o mundo, nos permitindo entender a nós mesmos com mais clareza.

Obrigado, Deus, Universo, pela mensagem clara que me enviou na forma da dificuldade que teve como objetivo me despertar. Quem sabe o que eu estaria pensando, sentindo e fazendo, e quais seriam os meus resultados na vida e minha contribuição para o mundo se nada daquilo tivesse acontecido?

E, se você está lendo estas palavras agora, quero agradecer pela oportunidade. A alguém que está segurando este livro e está em sua jornada pessoal para realizar e atualizar sua grandeza, e a caminho de se tornar uma versão melhor de si mesmo. A verdade é que você está fazendo do mundo um bom lugar. E sou cheio de gratidão e apreço por você fazer isso.

Primeira edição (maio/2021)
Papel de miolo Pólen Soft 70g
Tipografias Lucida Bright e TT Norms
Gráfica PlenaPrint